쉽게 배우는
역할극

Susan El-Shamy 저
이호선 역

학지사

역할극을 다루는 이 책은 수잔 엘 샤미(Susan El-Shamy)의 『Role Play Made Easy』(2005)를 번역한 것이다. 현재 우리나라에서 역할극은 심리치료나 상담 혹은 인력 개발 등 여러 분야에서 사용된다. 그러나 종종 역할극은 싸이코드라마 혹은 그와 유사한 것으로 오해받는다. 역할극에 관한 입문서조차 없는 현 상황에서 그러한 오해는 불가피하다. 역자 역시 역할극에 관한 강의를 하고 또 여러 곳에서 역할극을 진행하였으나, 마음 한켠에 과연 역할극에 대한 의미가 제대로 전달되고 수행되는지 점검하고 참조할 만한 마땅한 교재가 없어 답답했다. 그러던 차에 이 책을 발견하고 또 번역하게 되어 매우 기쁘다.

저자는 이 책을 '역할극에 필요한 모든 것을 총망라한 책'이라고 소개한다. 독자는 이 책의 풍성하고 구체적이면서도 효율적인 설명을 읽으며 저자의 말에 선뜻 동의하게 될 것이다. 구체적으로 역할극에 대한 이해와 기술, 역할극 참여자와 그들의 문제를 다루는 기법, 세부적인 역할극 운영에 대한 지침, 역할극 리더가 만족할 만한 체크리스트, 자세한 역할극 상황에 필요한 각종 자료와 구체적인 대본, 예상치 못했던 영어 역할극 등이 균형 잡힌 구성과 분량으로 제시된다. 역할극의 시작부터 끝까지 필요한 모든 것을 담고 있어 이른바 '역할극 종합선물세트'로 부를 만하다.

역할극을 해 본 적이 있다면 알겠지만, 역할극이라는 것이 얼마나 역동적인가! 예상치 못했던 인원 변동, 공간 부족 혹은 너무 넓은 공간, 매번 다른 분위기, 분위기를 애써 가라앉히려는 듯한 냉소적인 참여자의 시위(?) 등 역할극을 실시할 때마다 여러 상황에 대처하며 가슴을 쓸어내린 리더나 상담가가 많았으리라. 역할극 전문가인 저자는 이들의 고충을 누구보다 잘 이해한다. 이 책은 역할극을 이끄는 사람이 훌륭한 리더십을 발휘할 수 있도록 오랫동안 쌓인 저자의 경험으로부터 나온 싱싱한 통찰과 조언을 아끼지 않는다. 상담가이자 역할극 지도자인 역자에게 개인적으로 가장 유용했던 부분은 다양한 체크리스트와 여러 양식이었다. 체크리스트나 양식을 찾아보고 만들어도 보았지만 권위 있게 참조할 만한 모델을 구하기란 좀처럼 쉽지 않았다. 이 책의 내용은 마치 내가 처한 상황을 정확히 꿰뚫어 보고 "이것이 필요하지 않았어요?" 하고 묻고 그것에 대한 답안을 보여 주는 착각을 불러일으켰다. 아마 대부분의 독자 역시 이 즐거운 착각을 하게 될 것이다.

25개의 구조화된 역할극은 대부분 문제 상황을 처리하거나 까다로운 사람을 다루는 내용으로 구성되어 있다. 어느 하나 버릴 것 없이 빈번히 일어나는 문제와 주제들이다. 역자의 경우, 이 25개의 역할극을 대부분 사용해 보았고 매번 거의 성공적이었다. 상황이 다소 다를 경우에도 책의 내용을 일부 변경하거나 첨삭하면 매우 효과적인 참고서가 되었다. 역할극을 처음 지도하는 상담가조차 이 상황을 적용하거나 융통성 있게 조절하며 사용하는 데 큰 어려움이 없었다. 집단의 역동도 중요하지만 상담가가 어떻게 역할극을 잘 운영하는가가 역할극의 성패를 좌우한다. 역자는 이 책이 일반인에서 심리치료자, 상담가, 교육자, 집단의 리더, 기업의 인력 개발 담당자에게 이르기까지 삶의 실제적인 도움을 제공하고, 제공받고자 하는 이들에게 좋은 지침서가 될 것이라고 믿는다.

우리나라에서는 아직 낯선 역할극에 관한 책의 출판을 기꺼이 허락해 주신 김진환 사장님 이하 (주)학지사 직원들께 감사한다. 또한 사랑하는 남편 김학철 박사와 번역을 하는 내내 지루함을 견디며 엄마를 기다려 준 자인이, 아인이에게 고마움과 사랑을 전한다. 마지막으로 부족한 역자에게 상담의 길을 열어 주시고 이끌어 주신 나의 선생님 정석환 교수님께 이 책을 바친다.

2009년 2월
이호선

　여러분은 훈련 프로그램에 참여하는 동안 자신의 생각에 생명력을 불어넣는 쉽고
빠른 방법이나 학습한 행동을 삶에 연결하는 법, 참가자가 학습하는 것을 즉시 적용
하게 하는 방법을 알면 좋겠다고 생각해 본 적이 있는가? 역할극은 바로 이것을 가능
하게 하는 역동적인 기술 개발 도구다.

　여러분이 참가자에게 역할극을 지도할 때, 그들이 여러분이 가르친 대로 역할극을
할 것이라는 기대를 할 필요는 없다. 여러분은 다만 참가자에게 가르친 것을 그들이
어떻게 실행에 옮기는지 지켜보고 지도하면서 그들이 점점 더 잘할 수 있도록 인도
해 주면 그뿐이다. 역할극이 제공하는 즉각적인 적용을 통해 참가자의 학습이 강화
되고 학습 현장을 넘어서 행동 변화가 일어날 것이다.

　역할극의 이점은 수도 없이 많다. 역할극은 말할 수 없이 다양한 목적으로 사용할
수 있을 뿐 아니라 다양한 학습 상황에서 유용하다. 역할극은 영리 집단이나 비영리
집단, 대규모 집단이나 소규모 집단, 교실이나 모임 등 어떠한 유형의 조직에도 효과
적이다. 또한 의사소통과 대인관계 기술, 고객 서비스와 판매, 마케팅, 실적 향상, 갈
등 관리, 임원 훈련 연수, 코칭과 멘터링, 리더십과 관리 개발 등 폭넓은 프로그램에
매우 유용하다.

　역할극은 견고한 학습 원리에 근간을 두고 있기 때문에, 훈련에 투자한 시간과 에
너지를 보상받는 차원에서 보면 선택의 기술이라고도 할 수 있다. 역할극은 주요 정
보의 반복과 강화, 새로운 개념의 적용, 즉각적인 피드백 제공과 같은 기본적인 학습
원리를 통합하는 활동이다. 나아가 관찰, 토론, 분석과 반영을 바탕으로 하는 통찰적

인 보고 활동을 통해 부가적인 이익을 얻을 수 있다. 이러한 학습 원리를 통합하는 역할극 활동은 학습자의 기술을 형성하고, 자신감을 향상시키며, 교실에서 배운 것을 실제 삶에서 응용하게 하는 강력한 도구가 된다.

역할극은 여러분이 무작정 뛰어들어서 되는 대로 굴리는 그러한 기술이 아니며, 쉽게 터득되는 기술도 아니다. 오히려 그것은 양날의 칼과 같다. 역할극은 기술 개발에 관해서는 놀라운 도구인 반면, 오용되거나 비효율적으로 사용될 때는 아니한 것만 못한 것이 되어 버리기 때문이다.

역할극이라는 양날의 칼을 날카롭게 하고 그 가능성을 극대화하기 위해서는 교수자 스스로 역할극이 무엇이고, 해서는 안 되는 것이 무엇인지를 이해해야 한다. 또한 교수자는 가능한 한 많은 유형의 역할극에 능숙해져서 그것을 자유자재로 구사할 수 있어야 한다. 그리고 역할극을 보다 쉽고 효과적이게 하기 위해서, 역할극 활동을 철저하게 계획하고 준비한 다음, 이 활동에서 사용할 수 있는 학습상의 많은 이점을 의식적으로 떠올리면서 신중하게 실시해야 한다.

이 책은 역할극 각각의 중요한 특징을 설명하고, 유익한 정보와 더불어 이 모든 이점을 활용할 수 있는 비법을 여러분에게 알려 줄 것이다. 이 책은 상담가와 교수자가 역할극을 보다 쉽게 기획하도록 도우며, 학습자에게는 효과적인 역할극 활동을 구현하도록 기획된 종합 지침서다. 그리고 교수자가 역할극 활동을 쉽고 성공적으로 해 낼 수 있도록 차근차근 진행된다. 훈련이나 교육 프로그램으로 역할극을 사용하는 사람이면 누구든, 심지어 그가 노련한 교수자라도 이 책을 통해 역할극 활동을 좀 더 쉽게 전달하고, 학습자에게 보다 적절하고 의미 있게 다가가며, 학습과 기술 개발에 예리하게 접근하도록 돕는 정보와 조언, 비결과 기술을 발견하게 될 것이다.

역할극에 대한 기본 지침서인 이 책은 학습자가 역할극 활동을 통해 성공적인 행동 기술을 형성하기를 바라는 상담가 및 교수자를 위한 것이다. 여기서는 두려움을 표현하고 역할극 상황에서 공통적으로 나타나는 실수를 다루는 수십 가지의 간결하면서도 검증된 방법을 제공할 것이다. 나아가 다양한 훈련 상황에 유용한 25가지의 역할극 역시 제시된다.

왜 이 주제가 중요한가

역할극은 학습자와 교수자 모두에게 놀라운 유익을 주는 역동적이고도 참으로 매력적인 기술 개발 도구다. 역할극이 다양한 훈련 프로그램에서 의미 있는 훈련 기법으로서 제대로 실시되고 올바르게 활용된다면, 참여자의 자신감이 향상되어 행동 변화와 같은 상황을 증가시킨다. 반면에 역할극이 오용되거나 비효율적으로 사용된다면, 매우 실망스러운 결과를 가져올 수 있어서 많은 상담가들이 쉽게 역할극을 시도하지 않는다. 그러나 그럴 경우 역할극이 가지고 있는 많은 이점 역시 놓치게 된다. 상담가나 교수자는 이 강력한 도구의 잠재성을 최대한 이끌어 냄과 동시에, 보다 쉽고 효과적인 역할극의 활용법을 배워야 한다. 이 책은 이를 위한 매우 적절한 지침서다.

이 책은 어떻게 구성되었는가

이 책은 총 3부로 구성되어 있다. 제1부는 역할극이란 무엇이고, 효과적이고 쉬운 역할극 활동은 어떻게 계획하고 준비하고 실시하는지를 실제적이고 분명하게 설명한다. 제1장에서는 역할극을 정의하고, 이와 관련한 용어를 설명하며, 역할극의 몇 가지 형식과 기능에 대해 살펴본 다음, 이 기막힌 학습 도구의 수많은 장점과 유익한 점을 제시하면서 제대로 된 역할극을 하는 것이 왜 중요한가를 설명한다. 제2장과 제3장, 제4장은 모두 역할극을 훌륭하게 해내는 방법에 대한 것이다. 제2장은 공포에 대처하는 다양한 기술과 기법을 개관함으로써 역할극에 대한 저항을 극복하는 법을 다룬다. 제3장에서는 여러 가지 양식과 체크리스트 그리고 역할극을 실시하기에 앞서 이루어져야 하는 철저한 계획 및 제반 사항 절차를 다루게 된다. 제4장에서는 역할극을 쉽고 효율적으로 하도록 돕는 전략과 구조화된 예를 살펴볼 것이다.

제2부에서는 학습, 리더십 개발, 기술 형성을 위한 25가지의 역할극 활동이 제시된다. 이 역할극은 모두 5가지 범주로 나뉜다. 역할극은 워밍업 역할극, 행동시연 역할극, 세부 모델 적용이나 제시된 안내 지침을 활용하는 역할극, 특정 문제 상황과 문제

인물을 다루는 역할극, 즉석에서 상황을 다루는 즉흥 역할극으로 세분화된다. 그리고 이상의 모든 활동은 역할극 이전에 준비해야 할 것과 진행되는 동안 해야 할 것, 역할극 종료 이후에 해야 할 것 등으로 구분하여 차근차근 자세히 다루어질 것이다. 이 활동들은 모든 단계 수준에 있는 상담가와 교수자가 사용할 수 있도록 다양한 주제를 대상으로 고안되었다. 그리고 역할극이 어떠한 유형의 학습 상황에서 가장 효과적인가를 보여 주는 표가 제2부 서두에 제시되어 있다.

제3부는 여러분만의 역할극 연출에 대한 것이다. 제10장에서는 전반적인 계획 과정으로서 역할극 활동을 위한 학습 목표 설정부터 역할극 유형 결정하기, 세부 항목 결정하기, 상황 전반에 대한 밑그림 그리기, 필요한 것 준비하기, 역할극 실행하기 등에 대해 다루고 있다. 끝으로 제11장에는 역할극의 계획과 실행에 도움이 되는 여러 가지 양식과 다양한 역할극 활동에 사용되는 유인물 3가지를 수록하였다.

이 책을 활용하는 방법

이 책은 다양한 방식으로 활용될 수 있다. 이 책은 여러분이 '역할극에 관하여 알아야 하는 모든 것'을 담고 있기 때문에 이제 막 역할극 세계에 뛰어든 분들에게 이상적인 입문서가 될 것이다. 또한 언젠가는 한번쯤 역할극을 하리라 기대하면서 이런저런 난감한 상황에 대한 새로운 아이디어나 다소간의 도움을 얻고자 하는 분들에게도 훌륭한 참고서가 될 것이다. 이 책은 처음부터 끝까지 순차적으로 읽을 수도 있지만, 필요한 부분을 찾아가며 읽는 것도 이 책을 활용하는 좋은 방법이다.

필자는 이 책에서 지금까지 논의되고 실행되어 온 방식 그대로 역할극의 일관된 형식을 유지하려고 노력했다. 이 책의 제2부에 제시된 25가지의 역할극은 제1부에서 역할극을 계획하고 실행하는 법을 기술할 때 사용한 것과 동일한 형식을 따랐다. 따라서 제1부를 읽은 독자라면, 제2부에서는 그와 관련된 많은 예를 볼 수 있다. 또한 제2부에서 특정 내용을 읽고 역할극을 실행하는 것과 관련한 보다 많은 정보를 원하는 독자라면, 제3장과 제4장으로 되돌아가서 좀 더 찬찬히 살펴봄으로써 유용한 정보를 얻을 수 있다.

역할극 만들기에 관한 내용인 제3부는 '나만의 역할극 계획하기'와 유사한 기본 형식을 따른다. 이러한 구성과 내용의 반복은 학습을 강화하고 독자로 하여금 이 책의 다양한 부분을 두루 살펴보게끔 한다.

여러분이 처음으로 역할극을 접하든지 혹은 역할극 전문가로서 매우 익숙하든지 간에, 이 책은 여러분에게 여러 가지 기술과 요령, 아이디어와 접근법을 제공할 것이다. 역할극 활동은 다양한 교육 상황에서 구체적인 용도를 위해 쉽게 선택되고 사용된다. 또한 역할극을 계획하는 과정과 여기에 사용되는 양식은 필자가 이전에 역할극을 계획할 때 사용했고, 지금도 사용하고 있는 것들이다. 필자는 이 책에서 제안하는 역할극 기술과 활동이 여러분이 배우게 될 역할극의 양날의 검을 예리하게 하여, 가능성을 극대화하고, 능란한 기술을 형성하며, 자신감을 고취시켜 행동 변화를 촉진하는 것은 물론, 훈련 성과를 증진시킬 것이라고 자신한다.

차 례

PART 3 나만의 역할극 만들기

PART 1

최고의 역할극 만들기

제1부는 역할극이 무엇인지, 효과적이고도 쉬운 역할극 활동을 어떻게 계획하고 준비하며 실시하는지에 대해 실제적이고도 분명하게 설명해 준다.

제1장에서는 역할극에서 사용되는 용어에 대해 살펴보고, 역할극의 형식과 기능을 설명한 후에 역할극의 많은 이점과 장점들을 개괄하는 것으로 결론을 맺는다. 제2장과 제3장, 제4장은 모두 역할극을 가능한 한 쉽고도 효과적으로 하는 방법에 대한 내용이다. 제2장에서는 참가자들이 역할극을 할 때 갖게 되는 저항과 두려움을 극복하는 방법을 다루면서 역할극을 보다 쉽고 효과적으로 실시하기 위한 다양한 비법과 기술들을 소개한다. 제3장은 실제 역할극을 실시하기 전에 역할극 전반에 대한 계획을 세우고 체계를 정리하는 법을 다루고 있다. 제4장에서는 역할극을 체계적으로 실시하기 위한 구조화되고 점진적인 접근법들을 살펴볼 것이다. 여기서는 다양한 체크리스트와 적절한 조언을 제시하면서 하나씩 차근차근 접근하기 때문에, 여러분은 어떠한 역할극 활동이라도 쉽고 성공적으로 다룰 준비를 훌륭히 갖추게 될 것이다.

이 책을 통해 간단히 모델을 따라 하는 역할극 활동을 사용하건 아니면 각 회기마다 난이도가 증가하는 3회기용 역할극을 사용하건, 여러분은 도전을 맞이할 준비가 되어 있으리라고 확신한다.

역할극 이해하기

ROLE PLAY MADE EASY
CHAPTER #01

　　필자는 상담센터 소속 상담가로서 첫발을 내딛은 당시에, 역할극에 대해서 편협한 입장이었다. 당시에는 역할극을 일부 집중 기술 개발 프로그램에 주로 사용되는 기법이라고만 생각했다. 물론 분명히 그렇다. 그러나 필자는 역할극이 학습 상황 전반에 사용될 수 있다는 것과 그것이 얼마나 효과적인지를 당시에는 미처 알지 못했다. 이후 필자는 개인의 경력 개발을 향상시키기 위해 일하게 되면서 참가자의 직업 만족 욕구 향상에 관한 짧은 역할극을 해야 하는 상황에 부딪히게 되었다. 필자는 이 과정에서 참가자가 그들의 직업 만족 욕구에 대해 배운 것을 즉시 적용하고 욕구에 대해 서로 나눌 수 있는 수준까지 끌어올리고 싶었다.

　　결국에는 짧고도 매우 집중적인 역할극 활동을 시작했고, 참가자는 파트너를 정해 번갈아 가면서 전문상담가 역할을 했다. 그리고 스스로 자신의 직업 만족 욕구에 대해 토론을 펼쳤다. 필자는 "여러분이 전문상담가에게 이야기를 한다고 생각해 보세요. 전문상담가는 여러분의 말에 귀를 기울이면서 여러분의 눈을 보고 말하겠죠. '수잔, 말해 봐요. 직업이 당신에게 왜 중요한 것인지요. 당신이 직업을 통해 발견하고 싶은 중요한 의미는 무엇인가요?' 그때 여러분은 직업에 대한 자신의 욕구를 상담가에게 이야기하는 것입니다."라고 말하면서 역할극을 이끌었다.

이러한 방식으로 전체 활동을 하는 데 20분 정도가 소요되었고 참가자들은 역할극 활동에 만족해했다. 필자 역시 만족스러웠다. 활동은 집중적이었고, 학습자가 특정 상황에 대해 명확하게 학습했을 뿐만 아니라, 역할극에 대한 이해와 평가의 지평을 넓혔기 때문이다. 필자는 역할극이 참가자가 주어진 상황에서 하나의 역할을 맡아 연기하는 과정이라는 것, 또한 구조화되고 목적 지향적인 학습 기술이라는 것도 알고 있었다. 그러나 그때서야 역할극이 여러 가지 형태를 통해 수많은 기능을 할 수 있고, 가능성이 무한한 학습 도구라는 것을 깨닫게 되었다. 그중 가장 최상은 역할극이 잘 수행될 경우, 그것은 학습을 위한 놀라운 도구가 된다는 점이다.

이제부터는 역할극을 좀 더 심도 있게 살펴볼 것이다. 역할극을 좀 더 깊이 있게 정의하는 것을 시작으로, 역할극 활동에 사용되는 용어들을 살펴볼 것이다. 이후 역할극의 몇몇 공통된 형태들을 알아보고, 그것이 교육과 상담에서 수행하는 기능도 살피고자 한다. 끝으로 역할극의 독특한 이점과 그것이 왜 그렇게도 강력한 학습 도구가 되는지도 알아볼 것이다.

역할극의 정의

교육과 상담 영역에서 역할극은 참가자가 수업 자료로 제공되는 행동을 연습하거나 즉석에서 정보를 제공하는 특정 상황에서 역할을 해내는 방식의 구조화되고 목적 지향적인 학습 기술이다. 참으로 긴 정의다! 그러나 이 정의의 핵심은 역할극이란 구조화되고 목적 지향적인 학습 기술이라는 것이다. 역할극은 구조화되어야 한다. 즉, 계획을 짜고, 체계적으로 수립해 나가야 한다. 역할극은 목적에 부합해야 하며 목적은 단순히 아무것이나 되는 것도, 쉽게 목적에 부합되는 것도 아니다. 특히 역할극은 학습 목표에 부합해야 한다.

역할극의 요약된 정의를 보라. '수업 자료로 제공되는 행동을 연습하거나 정보를 제공한다.' 학습 기술로서 역할극은 학습 상황에서 연구되는 자료를 즉각적으로 적용한다. 예를 들어, 경력 개발 수업에서 참가자는 그렇게 간단한 역할극 활동을 통해 다른 사람에게 자신의 직업 만족 욕구에 대해 표현할 수 있게 되었다. 고객 서비스 수업에서의 역할극은 참가자가 까다로운 고객을 다루는 연습을 하는 데 사용되며, 관리 개발 수업에서의 역할극은 문제 해결 모델을 연습하거나 수행평가 학습법을 시연하는 데 사용된다.

역할극은 단순한 흥미나 카타르시스를 위해 무작위로 아무 상황이나 연기하는 것이 아니다. 효과적인 역할극 활동을 위해서는 특수한 결과를 가져올 만한 특정 행동을 사용하는 방향으로 나가야 한다. 물론 역할극이 흥미나 카타르시스적인 요소를 포함할 수도 있겠지만, 주요 목적은 특정 행동의 사용을 점검하고 시도하며 개발하는 것이다.

역할극은 단순한 모의실험(시뮬레이션)이 아니다. 역할극과 시뮬레이션은 외견상으로는 유사해 보이지만, 이 둘은 그 복잡성(시뮬레이션은 대개 역할극에 비해 더 길고 복잡하다.)과 목적 면에서 서로 다른 학습활동이다. 역할극이 일부 시뮬레이션을 포함하고, 또 시뮬레이션 역시 역할극의 일부 형식을 포함하기는 하지만, 역할극과 시뮬레이션은 그 디자인과 구조가 다르기에 보통은 학습 목적에 있어서도 차이를 보인다.

학습자는 대부분 시뮬레이션을 통해서 바람직한 행동을 연습하며, 학습 목적 역시 특수한 상황을 이해하고 경험하는 것을 포함한다. 시뮬레이션을 통해 여러분은 노숙자, 화난 고객, 외국인을 맞닥뜨리는 것과 같이 특수한 상황과 유사한 경험을 하게 되고, 그러한 경험은 학습으로 이어진다. 한편 역할극은 그 활동에 있어서 시뮬레이션보다 간결하고 집중적으로 진행된다. 역할극의 목적은 노숙자 인터뷰하기, 화난 고객 응대하기, 외국에서 길 물어보기와 같이 주어진 상황에서 특정 행동을 연습하는 것이다. 즉, 역할극 연습은 기술 개발로 이어진다.

역할극 용어

역할극 과정에서 참가자에게 주어진 역할을 기술하기 위해 사용되는 많은 어휘와 용어가 있다. 여러분은 아마도 다음의 용어들 중 익숙한 것도 많을 것이다. 물론 여러분이 사용해 본 적이 없거나 들어 보지 못한 것도 있을 수 있다.

○ **학습활동(learning activity)** 학습활동은 연구된 주제의 정보를 제공하거나 그 주제를 직접 시연하기 위해 고안된 교육 활동으로, 역할극은 학습활동의 한 유형이다. 다른 유형으로는 교육용 게임, 시뮬레이션, 사례연구, 구조화된 토론, 지필 활동 등이 있다.

○ **역할극(role playing)** 역할극은 구조화되고 목적 지향적인 학습활동이다. 이것은 참가자에게 정보를 제공하거나 학습 자료로 제시된 행동을 연습할 기회를 제공하기 위해 고안된 특정 상황에서의 역할 연기를 포함한다.

○ **개별 역할극(individual role play)** 개별 역할극은 한 참가자가 다른 참가자와 주어진 상황을 연기하는 특수한 상호작용이다. 그동안 또 다른 참가자는 이들의 상호작용을 관찰하며, 녹화 장비가 있는 경우, 나머지 참가자가 이를 녹화한다. 개별 역할극은 한 번 실행한 다음 바로 피드백과 토론을 하거나, 역할극을 한 다음에 피드백과 토론을 하고 이후 상호작용을 증진시키기 위해 다시 한 번 활동을 시도할 수 있다.

○ **역할극 회기(round of role playing)** 역할극 회기는 집단의 각 참가자가 특정 상황을 통해 개인 활동을 끝마치게 되는 개인 역할극 시리즈다. 각 참가자는 단 한 번만 개인 역할극을 할 수도 있고, 역할극을 한 다음 피드백을 받고 다시 역할극을 할 수도 있다. 그리고 간혹 한 참가자가 같은 역할극을 두세 번 하기도 한다. 또한

각 역할극의 난이도를 증가시키는 방식으로 진행할 때도 역할극 회기라고 한다.

○ **2회기 역할극(second round of role playing)** 2회기 역할극은 소그룹의 모든 참가자가 각자 개인 역할극을 완수하고 다른 상황에서 두 번째 개인 역할극을 끝마쳤을 때 사용하는 용어이다. 다중 회기 역시 첫 회기에는 비교적 쉬운 상황으로 하고, 두 번째 회기는 좀 더 어려운 상황으로 그리고 세 번째 회기에는 훨씬 더 어려운 상황을 사용하여 점진적으로 난이도를 높여 나갈 수 있다.

○ **단회기 역할극(single role play)** 단회기 역할극은 종종 '공개 역할극(fishbowl role play)'이라고도 하는데, 이것은 소그룹에서 자원하는 참가자가 전체 집단 앞에서 한꺼번에 하는 역할극을 말한다.

○ **역할 교대(role rotation)** 역할 교대는 역할극 유형의 활동을 변화·적용시키는 것으로 주인공 역할이 한 참가자에게서 다음 참가자에게 그리고 그다음 참가자에게로 넘어가는 것을 말한다.

○ **피드백(feedback)** 피드백은 역할극상의 상호작용에 대한 정보와 기술 개발을 위한 유용한 자료를 제공하는 상호작용으로 구성된다. 피드백은 구두나 글 혹은 역할극 비디오테이프 등을 통해 이루어진다.

○ **보고(debriefing)** 보고는 역할극에 관한 정보를 제공하기 위하여 극이 끝난 이후에 질문 과정을 시행하는 것을 말한다. 학습활동에서 보고는 학습자가 이제 막 경험한 과정들을 명료화하며 역할극에서 무엇을 배웠고, 학습한 것을 실제 상황에 어떻게 적용할 것인가에 대해 이야기하는 것이다.

여러분이 역할극 활동을 구조화하고 실시할 때 겪게 되는 어려움 가운데 하나는 다른 역할을 맡은 사람에 대한 호칭 문제다. 필자는 수년에 걸친 경험을 통해 참가자가 맡게 될 각각의 역할에 대한 별칭을 짓는 것이 유용하다는 사실을 알게 되었다. 또한 역할극을 소개하고 구성하면서 이러한 별칭과 개개인의 역할과 임무, 활동을 함께 정의하였다. 몇 가지 정의를 소개하면 다음과 같다.

- **첫시연자(initiator)**   개별 역할극의 중심인물이자 어떤 방식을 사용하거나 특정 행동을 증진시키는 연습을 하는 사람으로서 피드백이 사용되는 경우, 피드백을 받는 사람을 일컫는다.

- **배우(actor)**   다른 역할을 연기하는 사람으로서 그 역할을 어떻게 수행해야 할지에 관해 첫시연자의 지시와 도움을 받는다.

- **관찰자(observer)**   역할극을 관찰하여 첫시연자에게 구두나 문서 형태로 피드백을 주는 사람을 말한다.

- **녹화 기록원(recorder)**   역할극을 녹화하기 위해 캠코더를 작동하는 사람으로서 간혹 관찰자를 대신하거나 관찰자와 녹화 기록원을 겸하는 경우도 있다.

- **코치(coach)**   역할극에 직접적으로 참가하지 않고, 첫시연자를 가르치거나 인도하여 용기를 북돋우는 사람을 말한다.

- **시간 기록원(timekeeper)**   시간을 확인하면서 제한된 시간 내에 역할극이 의도된 방향으로 흘러가도록 안내하는 사람이다. 이 사람은 관찰자, 녹화 담당 혹은 코치 역할을 겸할 수도 있다.

역할극 활동의 유형

역할극은 다양한 교육 목적에 맞게 사용될 수 있으며 그 형식도 다양하다. 역할극 활동은 단순하고 반복적인 기본 어구를 계속 반복하는 것부터 어려운 상황을 복잡하고 즉흥적으로 연기하는 것까지 그 범위도 매우 넓다. 여기서는 많은 상담과 교육 프로그램에서 사용되는 역할극을 5가지의 기본 유형으로 나누었다. 물론 몇 가지 유형이 더 있고 그에 대한 변형 역할극도 있지만 여기서는 역할극의 가장 일반적인 5가지 유형에 대해 살펴보고자 한다. 다음 설명을 모두 읽고 난 후에, 여러분들이 사용한 적이 있거나 전에 참여했던 역할극을 되돌아보고 어떤 영역에 해당하는지 살펴보기 바란다.

○ **워밍업(warm-up)** 워밍업은 짧고 간단한 역할극 활동으로 보다 어렵고 복잡한 역할극의 시도에 앞서 시행하는 준비 단계라고 할 수 있다. 워밍업은 참가자 간에 서로에 대해서 알게 하고, 수업 내용과 특정 행동에 익숙해지도록 하기 위해 사용된다. 참가자는 워밍업 역할극을 통해 서로 사귀고 부대끼면서 이 과정에 대한 각자의 기대 등을 공유할 수 있다(제5장의 역할극 '2. 이런 곳에서 뭐 하고 계세요?'를 참고하라).

○ **행동시연(behavior rehearsal)** 행동시연은 기준이나 지정 어구 혹은 특정 행동을 반복적으로 사용하는 역할극이다. 행동시연은 특정 기업에서 요구되는 행동을 연습하거나 학습자가 특정 행동 패턴을 일상에서 사용하도록 조건을 형성하기 위해 사용된다. 예를 들어, 고객 서비스 부서의 참가자는 '특별 고객 사은행사' 역할극을 통해 고객에게 자기소개를 하는 행동시연을 사용할 수 있다(제6장의 역할극 '6. 인사하기, 악수하기'를 참고하라).

○ **적용 활동(application activity)** 적용 활동에서 참가자는 특정 형식이나 지침에

편안해지거나 익숙해지도록 특별한 형식을 사용하거나 주어진 지침을 따르는 연습을 한다. 예를 들면, 지도감독 기술 시간에 학습자의 행동 변화를 촉진하는 데 사용될 수 있다(제7장의 역할극 '11. 미치겠네!'를 참고하라).

○ **문제 중심, 사람 중심 역할극(problem-and people-focused role play)** 문제 중심, 사람 중심 역할극은 참가자가 특수한 문제 상황을 다루거나 유달리 까다로운 사람을 다루는 기술을 형성하는 소그룹 활동이다. 참가자가 불만족스러워하는 고객이나 부정적인 사람들을 다루는 연습을 하는 활동이 문제 중심, 사람 중심 역할극의 좋은 예가 될 것이다(제8장의 역할극 '18. 너는 왜 그렇게 사람들을 힘들게 하니?'를 참고하라).

○ **즉흥 역할극(impromptu role play)** 즉흥 역할극은 주로 참가자가 역할극을 준비할 시간이 거의 없는, 완전히 구조화되지 않은 역할극을 말한다. 이 즉흥 역할극은 종종 예상하지 못했던 상황을 빠르고 효과적으로 다루는 기술을 형성하거나 어떠한 형식이나 지침을 자동적으로 적용하는 학습자의 능력을 테스트할 때 사용된다. 또한 이것은 비효율적이거나 나쁜 습관에 대한 토론을 시작할 때 최고의 방법이기도 하다. 예를 들어, 업무 향상을 위한 모임에 관한 수업 활동을 시작할 때, 형편없는 회의에 대한 즉흥 역할극은 많은 회의에서 발견되는 일반적인 문제를 이끌어 내는 데 흥미로운 방법이 될 수 있다(제9장의 역할극 '22. 미쳐 버릴 것 같군!'을 참고하라).

이처럼 역할극 활동은 다양한 교육 목적을 위해 사용될 수 있으며, 단순한 것에서 복잡한 것까지, 잘 구조화된 것에서 비구조화된 것까지 다양하게 계획할 수 있기 때문에 학습 상황에 두루 사용된다. 이와 같은 역할극의 즉흥성, 융통성, 학습의 잠재력은 강의에 있어서 중요한 이익과 강점이 될 것이다.

🐙 역할극의 긍정적 측면

역할극은 1970년대 초 당시 영향력이 컸던 사이코드라마 치료 기법을 수용·변형한 인기 있는 교육 기법이자 상담 기법이었다(Blatner, 1988). 현재의 역할극은 교육 현장과 적절한 훈련 환경에 가져온 많은 이점과 장점으로 인하여 하나의 표준 학습 도구로 자리 잡았다. 마이클 갈브라이트와 보니 젤레넥(Michael Galbraith & Bonnie Zelenak, 1991)은 역할극의 장점을 어떠한 행동이나 태도의 강점과 약점, 중요성을 포함하고, 다른 관점을 설명하며, 대인관계의 탐색과 이론적이고 철학적인 개념에 생명력을 부여한다고 설명하였다.

참가자는 비교적 짧은 기간에 역할극의 정형화된 조건에서 정보를 즉시 점검하고, 새로운 행동을 시도하게 되며, 일상을 어떻게 느끼고 조절하며 재정립할 수 있는지를 알게 된다. 또한 이 모든 것은 안전하고 통제된 환경에서 시행되며, 혹시 부정적인 결과가 발생하더라도 미미한 수준에 그친다. 효과적인 역할극 활동을 위해서는 형식의 유연성, 내용의 응용성, 시간의 융통성 등이 요구된다. 참가자는 이 활동에서 서로 간에 배울 기회가 무궁무진하다. 이제 역할극의 장점과 이점에 대해 좀 더 구체적으로 살펴보도록 하자.

🐙 학습 개념의 즉시 적용

학습자의 행동 목록을 수업에서 즉시 적용시키는 학습 형태는 역할극의 중요한 특징이다. 행동을 일상의 정보로 즉시 연결하는 것은 매우 큰 장점이다. 학습자는 훈련 과정을 통해 학습을 보다 구체화하고 정보를 사용할 기회가 증가하며 행동이 학습된다.

정보와 생각, 방법과 전략, 행동 등 학습 내용을 제공하는 교수자의 주요 관심사는 학습자가 학습 내용에 대해 생각하고, 분석하고, 사용하고, 시도해 보고, 연습하게끔 하는 것이다. 학습자의 행동 기술에 학습 내용이 즉시 적용되면, 학습에 관한 접근의 폭을 보다 넓힐 수 있다. 무엇보다도 이러한 적용은 현실적인 시간과 삶의 토대인 일상에서 행동으로 응용해 볼 때 가장 효율적이다. 예를 들어, 만일 학습자가 컴퓨터의 새로운 프로그램을 사용하는 법에 대해 배우고 있다면, 그 학습 내용을 즉시 일상생활에 적용하는 가장 좋은 방법은 교수자에게 정보를 제공받은 즉시 교실에 있는 컴퓨터로 따라 해 보고, 이리저리 시험해 보는 것이다.

또한 학습 내용을 역할극을 통해 마치 일상생활에서 다른 사람들과 상호작용하는 것처럼 적용하게 할 때, 교수자가 할 수 있는 선택은 교실 외부에서 사람을 데려오거나 학습자를 활용하는 2가지 방법이 있다. 외부인(실험실 자원봉사자, 동료, 친구 등)을 데려오는 경우, 가장 일반적인 방법은 학습자가 주어진 상황에 대한 역할을 연기하는 것이다(이때 외부인은 청중 혹은 평가자 역할을 하게 된다 _역자 주). 예를 들어, 발표 능력을 향상시키기 위한 기술 형성반에서는 구성원들이 돌아가면서 청중 역할을 하여 발표를 하고, 실제 발표자와 청중이 하는 것처럼 질의응답하는 방식을 사용한다. 그리고 회의 진행반에서 참가자는 특정한 회의의 참가자 역할을 하고 반에서 논의된 행동을 시연하는 모의회의를 통해 새로운 기술을 연습할 수 있다.

이와 같이 학습 개념을 직접 적용하는 활동은 행동을 즉시 점검하고, 방법을 연습하고, 안내 지침을 따르고, 연속적인 행동 개발을 유도하는 등의 확실한 강점이 있다. 교수자로서 여러분은 자신이 가르치는 학습 내용을 참가자가 제대로 사용하고 적용하는지를 살피고 잘 안내해야 한다. 그렇게 할 때 교수자는 참가자의 능력이 적재적소에 맞게 향상될 수 있도록 도울 수 있다. 이러한 역할극의 즉시성은 현장에서 행동 기술을 익히게 하여 학습을 강화시키고, 학습 현장을 벗어난 참가자가 직장에 돌아가서도 학습한 기술을 지속적으로 사용하도록 이끌 것이다.

안전하고 구조화된 피드백의 실제

우리는 모두 "연습이 대가를 만든다"는 격언을 듣거나 인용해 본 적이 있다. 그리고 여러분이 올바른 행동을 시도하고 그것을 반복적으로 연습해 본 경험이 있다면 이 말의 의미를 공감할 수 있을 것이다. 역할극 활동을 통해 학습자가 바로 연습한 행동에 있어서 대가가 될 수 있다. 참가자는 다양한 상황의 구조화된 지도 활동을 통해 특정 행동을 연습하고, 이에 대해 직접적인 피드백을 받고, 반복적인 연습을 함으로써 행동에 숙달되게 된다.

즉석 피드백은 활동 향상을 위한 강력한 도구이다. 학습자는 효과적인 피드백이 제공되는 역할극 활동에서, 무리하게 새로운 행동을 시도하지 않는다. 대신 그들은 자신의 활동에 대해 즉각적으로 유용한 정보를 얻고, 실행한 부분과 실행되지 않은 부분을 토의하면서 느낀 점을 나누고, 자신이 변화하고자 하는 행동을 선택하여 반복해서 같은 행동을 시도하게 된다. 이처럼 교실 상황에서 즉시 행동을 수정하고 개발하는 것은 참가자가 직장으로 돌아가서도 일반화할 가능성을 증폭시킨다.

이때 반복은 중요한 학습 원리이기 때문에, 반복 학습은 특정한 행동을 통제하거나 증가시키는 데 도움이 된다. 역할극은 새로운 학습의 반복일 뿐만 아니라, 이 반복 과정에서 긍정적 강화가 형성되기도 한다. 역할극 상황에서 주요 정보는 반복적으로 언급되므로 참가자는 새로운 모델이나 접근법을 여러 번에 걸쳐 연습하면서 긍정적인 연상이 연속적으로 나타나게 된다. 즉, 참가자는 이러한 결과에 만족함으로써 역할극의 모든 과정(새로운 정보와 기술 등)이 행동으로 연결되면, 직장으로 돌아갔을 때 연습한 행동이 그대로 유지될 가능성이 높아진다.

참가자 역시 안전하고 구조화된 무대에서 적절한 행동을 연습하고 개발하는 것을 보다 선호한다. 교수자는 학습자에게 신뢰감을 주고, 정확한 행동 모델과 이어질 지침을 제공하고, 이후 연습 장면을 회기마다 신중하게 지도 · 감독함으로써 이 같은 환경을 조성할 수 있다. 안전하고 구조화된 역할극 환경을 제공하기 위한 이 모든 과정은 이어지는 몇 개의 장에서 다룰 것이다. 안정적이고 구조화된 환경에서 역할극을 실행하는 것이 학습자에게 새롭고도 어려운 행동을 시도하고 개발하는 데 효과적이며 안정감을 준다는 내용과 관련해서 여기서는 이 정도만 살펴보기로 한다.

🍪 용도와 내용의 융통성

대부분의 역할극 활동은 융통성이 있으므로 다양한 학습 환경에 들어맞는다. 역할극을 하는 데 있어 소요 시간, 연습량, 난이도, 내용의 타당성 등은 조절이 가능하다. 이 같은 요소들의 융통성에 근거하여 역할극을 통해 현실의 행동 변화와 의미 있는 수행의 향상을 원하는 학습자의 수요에 전적으로 초점을 맞추는 것이 가능하다.

대부분의 역할극은 피드백 이후에 상호작용이 반복되건 아니건 간에 단일회기로 진행된다. 단일회기의 경우, 시간상 약간의 융통성을 가지며 시간이 허락되면, 2~3회기까지도 가능하다. 반대로 2회기를 계획했다가 1회기만 실시할 수도 있다.

교수자로서 여러분은 학습 과정을 감독하고 필요한 경우, 연습을 첨삭할 수 있다. 역할극은 또한 학습자와 교수자 모두가 학습을 평가하고 내용의 적합성을 따져 볼 수 있는 직접적인 기회를 제공하기도 한다. 개인 학습자는 학습 정보에 대한 개인적 이해와 특정 행동의 수행을 평가하고, 더 많은 정보를 탐색하면서 역할극 상황의 난이도를 일정 수준 이상으로 끌어올릴 수 있다. 교수자는 참가자가 학습한 내용을 적용하는 활동을 관심 있게 지켜보면서 역할극 주제를 발견하고, 주의나 명료화가 좀 더 필요한 프로그램의 부분을 찾을 수 있다. 더불어 활동 중에 타임아웃을 외치고 발견한 문제를 지적하거나, 프로그램을 끝낸 이후에 조언해 줄 수도 있다. 역할극 과정에서 서로 다른 관점에서 학습을 평가하는 것은 역할극 과정을 개선하고 학습 효과를 최대화시키는 데도 도움을 준다.

🐙 다른 사람들에게서 배우기

집단 학습활동이 갖는 가장 큰 장점 중 하나는 다른 사람들에게서 배울 수 있는 기회가 주어진다는 점이다. 다양한 형태의 역할극 활동은 모두 학습자에게 다른 참가자들로부터 듣고, 보고, 상호작용하는 등의 학습 기회를 제공한다. 많은 사람에게 자신을 노출시킴으로써 얻게 되는 이점은 서로 간에 관찰과 모방을 통해 학습 효과를 증가시키고, 다른 사람의 관점에서 상황을 인식하여 지평을 넓히며, 개인적인 이해의 수준을 높이는 것 등이다. 많은 사람을 관찰함으로써 학습하는 대리 학습은 기술개발에는 최고로 유익하다. 역할극 활동에서, 특히 소집단 활동에서 참가자는 다른 사람들이 모델을 활용하고 학습한 기술을 적용하는 것 등을 자세히 관찰하게 된다. 이러한 관찰을 통해 학습자는 수업 내용을 적용하는 새롭고도 다양한 방법을 알게 되고 보다 폭넓은 행동 범위를 개발하게 된다. 이 같은 관찰은 기술을 형성하고 자신감을 강화하는 정신적 시연(mental rehearsal)의 한 형태이기도 한다.

역할극 활동에 대한 토론과 피드백은 참가자가 자신의 문제와 상황에 대해 많은 사람과 논의함으로써 다른 사람의 생각과 의견을 들을 수 있는 기회를 제공한다. 이를 통해 참가자는 다른 관점에서 보고 현실을 인식하는 방법을 알게 되고, 자신이 전혀 생각하지 못했던 문제와 상황에 대해 배우게 된다. 그들은 이러한 경험을 통해 시야를 넓히고 타인을 이해하며 공감하게 된다.

교수자는 참가자가 다른 참가자로부터 피드백을 받고 토의 과정을 거쳐 자신의 행동에 대해 통찰하는 것은 물론 자신의 행동이 다른 사람들에게 미치는 영향을 이해할 수 있도록 이끌어야 한다. 피드백은 참가자로 하여금 다른 사람이 자신을 어떻게 보고, 사람들이 자신의 행동에 대해 왜 그렇게 반응하는지에 관한 이해를 돕는다. 이렇게 고양된 자기 인식은 행동 수정을 도와 직업상으로나 직업 외적인 면에서 긍정적인 상호작용과 관계를 촉진시킨다.

또한 보고(debriefing)를 통해 다른 사람들에게서 배우는 기회를 더 많이 가질 수 있다. 보고는 학습자가 방금 경험한 과정을 진술하고 명료화함으로써, 학습 내용을 실제로 어떻게 적용할 것인가를 설명할 때 사용된다. 참가자 개개인과 소집단은 자신이 학습한 것을 논하고, 어떻게 학습하고 무엇을 발견했으며, 자신에 대해 깨달은 것은 무엇인지, 어떻게 학습에 적용할 계획인지 등을 토의하면서 학습 효과는 두세 배로 증가한다. 제2장과 제3장에서는 강력한 보고를 위한 방법과 기술에 대해 다루고 있다.

🍪🍪 전체 적용

역할극은 참가자에게 학습 자료에 제시된 행동을 연습하거나 정보를 적용할 직접적인 기회를 주기 위해 특정한 상황에서 하나의 역할을 맡아 연기하는 구조화되고 목적 지향적인 학습 기술이다. 역할극은 어떠한 상황에서나 아무 행동이나 연기하는 산만한 활동이 아니다. 역할극이 효과적이기 위해서는, 주어진 상황에서 특정 결과를 가져올 만한 특정 행동을 해야 한다.

역할극 활동은 참가자를 준비시키는 간단한 워밍업 활동부터 핵심 문구나 행동을 반복적으로 하는 것, 나아가 다양한 상황을 복잡하게 연기하는 것에 이르기까지 그 범위가 넓다. 역할극 참가자는 안정적이고 구조화된 환경에서 제안된 정보를 즉시 적용하여 새로운 행동을 시도할 수 있다. 그리고 역할극은 형식과 내용에 있어서 융통적이고 적용 가능성이 높으며, 참가자 간에 서로의 모습을 통해 학습하는 강점이 있기 때문에 학습, 기술 개발 및 자신감 형성을 위한 매우 효과적인 영역이다.

상담가와 교수자는 역할극의 모든 이점을 충분히 활용하기 위해서 역할극을 가능한 한 효과적으로 사용하는 법을 배워야 한다. 이를 위해서는 '역할극' 하면 연상되는 두려움과 망설임에 대해 논하고 최소화하는 것이 중요하다. 신중한 계획과 실행 절차를 거친 역할극 활동을 위해서는 구조화된 접근이 필수적이다. 이 모든 내용은 다음의 3개 장에서 다룰 것이다. 이제 많은 경우에 사람들이 역할극에 대해 가지고 있는 저항에 관해 이야기해 보도록 하자.

역할극에 대한 저항 극복하기

ROLE PLAY MADE EASY
CHAPTER #02

여러분은 강의실에서 "지금부터 역할극 활동을 시작하겠습니다."라고 말했을 때 학생들이 불평하거나 욕을 하거나 인상을 찌푸리는 일을 경험해 본 적이 있는가? 필자는 이러한 일을 지금도 강의실에서 종종 경험하고 있다. 어떤 학습자는 역할을 맡게 되거나 익숙하지 않은 방식으로 행동하도록 요구받으면, 매우 곤란해하면서 힘들어한다. 물론 참가자가 역할극에 대한 저항을 갖게 되는 몇 가지 요인이 있다. 많은 참가자가 실수를 할까 봐, 미숙해 보일까 봐 염려하며, 특히 피드백을 받을 때 다른 사람이 하는 평가에 대해 심하게 걱정한다.

실수를 하고 싶거나 다른 사람들 앞에서 어수룩해 보이고 싶은 사람은 없다. 그럴 경우, 대부분의 사람은 당황하거나 최악의 경우, 굴욕감을 갖게 될 수도 있다. 이 같은 이유로 참가자는 역할극에 참여하는 것을 주저하게 된다.

그렇다면 참가자가 보이는 저항이나 거부감을 어떻게 다루어야 할까? 답은 교수자에게 있다. 교수자는 이처럼 역할극에 대해 누구나 갖게 되는 저항 요인을 다루는 방법, 즉 어색함과 실수 및 당혹감 등을 극복하는 방법을 찾아야 한다. 또한 안전하고 효과적인 피드백 방법도 익혀야 한다. 이 장에서 여러분은 이 같은 저항을 다루는 본격적인 방법을 익혀서 역할극에 흥미를 갖고 있는 많은 사람들이 역할극에 보다 쉽게 접근하고 효과적으로 활용하도록 돕는 방법을 배우게 될 것이다.

역할극에 대한 두려움 극복하기

사람들이 역할극에 대해 갖는 두려움은 중요한 것에서부터 사소한 것에 이르기까지 다양하다. 그러나 대부분은 다음의 3가지 기본 범주 중 하나에 속한다. 즉, 실패에 대한 두려움, 바보같이 보일 것에 대한 두려움 그리고 자기 노출에 대한 두려움이 그 것이다. 실패에 대한 두려움과 바보스러워 보일 것 같은 두려움은 다른 사람들이 자신을 어떻게 받아들일지에 대한 두려움과 관련되어 있다. 인지정서 행동치료의 창시자인 앨버트 엘리스(Albert Ellis, 1975)는 이 두 가지 두려움을 많은 사람들이 가지고 있는 두 가지 과도한 욕구와 연계시키고 있다. 즉, 경쟁력 있게 보이고 자신이 하는 모든 것을 항상 성취하고자 하는 욕구와, 사람들이 자신을 좋아하고 자신이 하는 모든 것에서 인정받고자 하는 욕구가 그것이다. 이 공통된 욕구와 관련된 두려움은 대부분의 역할극 상황에서 참가자들이 어느 정도 수준에서 보이는 것들이다.

역할극에서 참가자가 갖는 두려움에는 실패에 대한 두려움과 바보스러워 보일 것에 대한 두려움, 실수에 대한 두려움, 무능해 보이는 것에 대한 두려움, 충분히 잘 해내지 못할 것 같은 두려움 등 그 종류나 상황도 다양하다. 특히 다른 사람들 앞에서는 누구도 무식하다거나 한심하다거나 혹은 서툴다거나 어색하다거나 무능해 보이고 싶어 하지 않는다. 결국 교수자가 참가자의 실패나 바보스럽게 보일 가능성을 줄일 수 있다면, 높이 평가되고 역할극의 효율이 강화될 것이다.

자기 노출에 대한 두려움은 아무래도 사람들의 인성과 선호하는 대인관계 스타일과 연관이 있다. 어떠한 사람들은 천성적으로 조용하고, 내성적이며, 개인적이다. 이러한 사람들은 MBTI(성격 유형 검사 _역자 주) 검사 결과에서 매우 높은 내향성을 보인다(Dunning, 2002). 이들이 자신의 개인사를 드러내고 동료 혹은 잘 알지도 못하는 사람과 사적으로 상호작용하도록 강요받는 것은 매우 괴로운 일일 수 있다. 교수자는 참가자의 이 같은 두려움을 알고 있어야 하며, 사적이고 자기를 노출하는 역할극 활동은 최소화하도록 해야 한다.

만약 훈련 프로그램에서 역할극을 많이 사용할 예정이라면, 프로그램을 시작할 때 두려움의 문제를 다루어야 한다. 참가자에게 이러한 두려움은 누구나 가지고 있는 것으로 매우 자연스러운 현상이라고 설명해 주고, 역할극에서 공유한 정보에 관하여 집단이 비밀보장의 원칙에 동의하도록 하라. 그리고 원하지 않는 경우, 참가자 그 누구에게도 역할극을 강요하지 않을 것임을 알림으로써 그들을 안심시켜라.

이제 역할극에서 나타나는 두려움을 다루는 10가지 방법을 살펴보도록 하자.

역할극에 대한 두려움을 다루는 10가지 방법

1. 역할극에 서서히 익숙해지게 하라.
2. 워밍업을 하고 간단한 연습회기를 사용하라.
3. 참여를 강요하지 말라.
4. 명쾌하고 정확한 지침을 제공하라.
5. 역할극 과정 모델을 선보여라.
6. 기초 단계에서부터 점차 난이도를 높여라.
7. 실수를 줄이는 선택을 하게 하라.
8. 긍정적 강화를 하라.
9. 안전한 피드백을 하라.
10. 재미있게 하라.

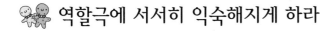 역할극에 서서히 익숙해지게 하라

참가자에게 자신이 하게 될 활동에 대해 생각하고 토론하고 준비할 시간을 제공하라. 프로그램 시작 시, 내용이 본론으로 넘어가는 과정에서 단계를 설정하고 그날 역할극 활동이 있을 예정이라고 미리 말해 주는 것이 좋다. 역할극 활동의 이점을 참가자에게 설명하면서 이 활동이 쉽고 효과적인 학습 방법임을 확신시켜라.

만일 역할극을 시작하기 전에 참가자 간에 주요 주제의 문제를 토의하거나 프로그램에 새로운 행동이 필요한 상황과 연결되는 부분이 있다면, 참가자가 좀 더 효과적으로 다룰 수 있는 특정 상황을 적용시키도록 하라. 또한 참가자가 역할극에서 하게 될 상황을 이후에도 적용하고 싶은지 물어보라. 이는 참가자에게 역할극 활동의 상황에 대해 미리 생각할 시간을 주고 역할극에 자발적으로 참여하는 동기를 자극하게 될 것이다.

워밍업을 하고 간단한 연습회기를 사용하라

만일 역할극을 해야 하는 상황이라면, 먼저 워밍업 활동을 하라. 참가자가 어떠한 방식으로든 연기나 역할 수행을 할 수 있는 간결하고도 위협적이지 않은 활동을 시도해 보라. 워밍업은 말 그대로 역할극에 대한 생각과 기법에 대한 참가자의 의욕을 북돋우는 데 의미가 있다.

또한 참가자가 능동적으로 말하거나 특정 질문을 계속 반복하는 방법을 연습하게 함으로써 참가자의 의욕을 고취시킬 수 있다. 이 방법은 유쾌하게 진행되어야 하며 긴장을 풀고 질의응답하는 과정을 통해 연습하도록 한다. 처음에는 그룹 전체를 대상으로 실행하고, 필요하다면 좀 더 작은 그룹으로 나누어 하도록 한다.

예를 들어, 관리기술 개발 분야 집단이라면, 먼저 집단의 분위기를 부드럽게 한 뒤, 좋은 예가 될 만한 활동으로 집요하게 요청하는 기술을 연습해 보면 좋다. 집단에게 상담가가 '예, 하지만(yes, but)'의 변명 기법을 사용하여 결제 보고 요청에 대응하는 사원 역할을 하게 될 것이라고 말하라. 그리고 상담가가 변명 문구를 반복하면, 참가자에게 "당신은 매주 금요일에 결제보고서를 올려야 합니다."라고 말하도록 요청하라. 상담가가 처음 한두 번 답변하는 법을 보여 주는 것도 도움이 될 것이다. 다음과 같은 방식으로 진행하면 된다.

상 담 가 : 예, 하지만 제가 보고서 작성이 서툴러서요.

집   단 : 당신이 아무리 보고서 작성이 서툴러도, 매주 금요일에는 결제보고서를 올려야 합니다.

상 담 가 : 예, 하지만 금요일이 가장 바쁜 날이거든요.

집   단 : 금요일이 가장 바쁘더라도, 매주 금요일에는 반드시 결제보고서를 올려야 합니다.

상 담 가 : 예, 하지만 보고서 형식이 너무 긴데요?

집   단 : 보고서 형식이 아무리 길어도, 매주 금요일에는 결제보고서를 올려야 합니다.

상 담 가 : 예, 하지만 빌은 팀원들에게 금요일에 보고서를 제출하지 말라고 하던데요?

집   단 : 빌이 그렇게 말했더라도, 매주 금요일에는 무슨 일이 있어도 결제보고서를 올려야 합니다.

상 담 가 : 예, 하지만 그것은 공평하지 않습니다.

집   단 : 그것이 불공평하게 여겨지더라도, 매주 금요일에는 결제보고서를 올려야 합니다.

상 담 가 : 예, 하지만 엄마는 그렇게 할 필요가 없다고 하셨어요.

집   단 : 당신의 엄마가 어떻게 말했든지 간에, 금요일에는 결제보고서를 올려야 합니다.

이 워밍업 모델 활동을 한 다음 참가자를 소그룹으로 나누어 같은 활동을 반복하게 하라. 이러한 과정의 형태를 '걸음마 단계(baby step)'라고 하며, 이를 통해 참가자를 보다 쉽게 역할극에 참여하도록 이끌 수 있다.

🍪 참여를 강요하지 말라

교수자는 "모두가 역할극에 참여해야 한다."라고 말해서는 안 된다. 특히 예민하거나 참여 의사가 별로 없는 학습자를 위해 초기 과정을 잘 살펴보아야 한다. 이러한 학습자에게는 조심히 접근하고 가능한 한 주의를 끌지 않도록 하라. 그의 관심사가 무엇인지에 대해 이야기를 나누고 관심사와 관련된 내용으로 한번 시도해 보라고 격려해 주어라.

만일 그가 지나치게 두려워하거나 그에게 어떠한 방법도 도움이 될 것 같지 않거나 그들이 참여 의사가 확고히 없다면, 그의 선택을 받아들여라. 그에게는 비디오 녹화나 시간 기록원의 역할을 맡기는 것도 좋은 방법이다. 그가 마음을 바꾸어 나중에 참여할 가능성은 얼마든지 있다. 그러나 그가 설사 역할극에 대한 태도를 바꾸지 않더라도 방관자로서 관찰하거나 스텝으로 참여함으로써 많은 것을 배울 수 있다.

🍪 명쾌하고 정확한 지침을 제공하라

참가자에게 그들이 앞으로 무엇을 하게 될지, 어떻게 하게 될지를 정확히 말해 주면 그들의 불안 수준을 낮출 수 있다. 구체적으로 역할극의 시간 배정과 각 시간대에 무엇을 하게 되는지 설명하라. 특히 역할극의 부분마다 각 파트의 책임이 있다는 것을 강조하라. 즉, 참가자에게 첫시연자(initiator)와 배우(actor) 그리고 관찰자(observer)의 역할을 맡게 될 경우, 무엇을 하게 되는지 설명하라. 만일 역할극을 비디오로 녹화할 예정이라면, 그 테이프를 어떻게 사용할 것인지도 설명하라.

또한 역할극 지침을 준비하여 모든 참가자가 쉽게 볼 수 있는 곳에 두거나 각각의 참가자에게 프린트물을 나누어 주어라. 혹은 이 2가지를 모두 병행해도 좋다. 이때 지침의 내용은 분명하고 정확한 것이어야 한다. 만일 피드백을 사용할 예정이라면, 지침에 사용 예정인 피드백 절차와 유형에 대한 정보를 넣도록 하라.

지침을 나누어 준 다음, 처음부터 끝까지 지침을 설명하고 모든 사람이 지침에 제시된 역할극의 진행과 관련된 내용을 숙지했는지 확인하라. 지침에 대한 참가자들의 질문이 있는지 물어보고, 질문이 있을 경우 명확하게 답해 주고, 힘을 북돋워 주어라. 제3장에서 역할극 과정을 효과적으로 구조화하기 위한 보다 심층적인 제안과 방법을 살펴볼 것이다.

역할극 과정 모델을 선보여라

참가자가 역할극 과정 전체를 볼 수 있게 하는 것은 많은 도움이 된다. 특별히 조금 부족한 듯한 모델을 예로 들어 준다면 훨씬 더 도움이 될 것이다. 교수자는 완벽한 행동을 보여 줄 필요가 없다. 역할극에서 교수자의 시연은 기술을 형성하거나 행동을 개발하기 위한 도구로 사용될 뿐이다. 교수자의 역할극 시연을 통해 모든 것이 완벽할 필요는 없다는 사실을 알게 된 참가자는 다시금 용기를 내게 된다. 이것은 그들에게 실수가 충분히 용인될 수 있다는 안도감을 제공한다.

짧고 간단한 역할극을 하기 위해 교수자는 직접 그 모델을 만들어야 하지만, 보다 복잡한 역할극의 경우 참가자 중 자원자를 뽑아서 함께 시연해 보는 것도 고려해 보라. 어떠한 방법을 사용하든지 간에, 그 과정을 진행하는 동안 지금 하고 있는 것이 무엇인지를 계속 설명해야 한다는 점을 유념하라.

기초 단계부터 점차 난이도를 높여라

대개는 쉬운 역할극에서 시작하여 좀 더 어려운 역할극으로 넘어가는 것이 좋다. 이것은 역할극 활동뿐 아니라 어떠한 프로그램에서건 마찬가지다. 점차 난이도를 높이는 것은 실패를 최소화하고 기술과 자신감을 점진적으로 확실하게 향상시킨다.

처음에는 쉬운 워밍업 활동을 해 보고 이후에 보다 도전적인 행동시연이나 소그룹 활동을 시도해 보라. 만약 특정한 역할극 모델을 연습하거나 안내 지침을 따르는 것이라면, 참가자가 진행하는 것을 따라가면서 난이도를 조절하는 아주 짧은 역할극 시리즈를 사용하면 좋다. 소그룹 중심의 집중 활동을 할 경우 3회기 역할극을 사용할 수 있는데, 이때 첫 회기는 쉬운 상황으로, 두 번째 회기는 그리 쉽지 않은 상황으로 그리고 마지막 회기는 어려운 상황으로 난이도를 조절하는 것이 좋다.

상당히 도전적이고 복잡한 형태의 역할극 상황을 다루는 경우라면, 간단하고 쉬운 상황으로 역할극 활동을 시작하여 좀 더 어려운 주제로 옮겨 가는 것은 훨씬 더 중요한 문제가 된다. 흔히 참가자가 맨 처음부터 가장 도전적인 상황에 직면하려는 경우가 많은데, 이러한 접근은 역할극에 대한 좋은 성과를 내는 데 적절하지 않다. 만약 이 같은 상황에 직면했다면, 이것을 잘 해결하도록 충분한 시간을 제공하는 것이 바람직하다.

난이도가 증가하는 역할극의 회기의 경우, 참가자가 피드백과 요약하기 혹은 각 회기 사이의 계획까지 하게 하라. 개별 역할극에서 참가자가 각 역할극의 내용을 선택하게 하고 난이도 수준을 알려 주어 용기를 북돋워 주어라.

실수를 줄이는 선택을 하게 하라

역할극 과정은 짜임새 없이 비구조화되어 첫시연자와 배우가 즉석에서 하는 것부터, 고도로 구조화되고 문자 그대로 철저히 대본에 충실한 것까지 그 범위가 매우 넓다.

이때 비구조화된 것에서부터 고도로 구조화된 것에 이르기까지 그리고 연속적으로 이어지는 어떠한 상황에서도 가능한 한 참가자가 실수를 하지 않도록 돕는 도구와 기술이 있다. 이 중 가장 일반적인 3가지 방법은 학습 정보를 정보카드나 표식을 사용하여 시각적으로 내용을 상기시키거나, 격려자나 코치와 같은 보조원을 활용하거나, 안내 지침 프린트물이나 연습 대본과 같은 지필 자료를 이용하는 것이다. 이들 도구나 기술 중 어떠한 것이라도 참가자가 좀 더 효과적이고 성공적으로 역할극을 하도록 안내하고 지원할 것이다.

시각 자료를 이용하라

역할극에서 시각 자료는 참가자에게 상당한 도움이 된다. 시각 자료는 특히 참가자가 사용하는 모델에 대해 전 과정을 기억하거나 안내 지침에 있는 모든 정보를 기억해야 하는 복잡한 역할극을 할 때 유용하다. 첫시연자의 구두 발표에서 초점을 맞추어야 하는 중요한 문구나 강조해야 할 문장이 있다면, 첫시연자의 시야에 잘 들어올 만한 곳에 시각 자료를 붙여 놓으면 좋다. 일단 시각 자료를 사용하게 되면, 효과는 증폭된다.

주요 어구나 사용하는 모델의 내용이 기록된 프린트물 혹은 안내 지침은 참가자가 연기할 때 그의 어깨높이보다 높은 곳에 부착하도록 하라. 그렇게 하면 첫시연자가 역할극을 시작하는 순간부터 연기하는 내내 그 내용을 쉽게 볼 수 있고 필요할 때 적절히 사용할 수 있다. 너무 많이 붙이지는 않도록 하라. 벽에 내용물이 너무 많이 부착되어 있으면 쉽게 읽히지 않는다. 강조점과 핵심 문장을 따로 표시해 두는 것도 유용하다. 벽에 시각 자료를 부착할 때는 먼 거리에서도 볼 수 있을 만큼 큰 글씨로 써야 함을 기억하라.

또한 참가자가 역할극을 할 때 역할카드(cue card)를 사용하도록 격려하라. 역할카드는 역할극에서 폭넓게 사용되는 것으로서, 연기자의 대본을 말한다. 이때 역할카드는 카메라 뒤에 두어 관객에게는 보이지 않게 해야 한다. 또한 참가자가 역할극에서 역할카드를 활용할 수 있도록 역할극 기록지, 카드용 종이, 볼펜 등을 바로바로 사용할 수 있게 잘 구비해 두어야 하며, 칠판을 준비해 두는 것도 유용하다. 참가자 가운데 한 명이 역할극 동안에 첫시연자가 볼 수 있도록 역할카드나 배우 뒤편의 칠판을 붙잡고 있게 하기도 한다.

보조원을 이용하라

성공적인 역할극을 위해 소그룹 내 참가자가 보조하도록 할 수 있다. 코치를 지명하는 것도 큰 도움이 된다. 코치는 역할극에서 어느 정도 거리를 두고 서서 첫시연자에게 지시하고 안내하며, 용기를 주기도 한다. 코치는 특별 코스 내용 혹은 모델, 안내 지침 등에 초점을 둔다. 이러한 코치는 첫시연자가 연기하고자 하는 특정 행동을 고려해 역할극 시작 전에 첫시연자가 직접 지명해도 된다. 상담가를 지지하고 역할극을 보조하는 코치를 활용하는 것은 역할극 전반에 걸쳐 의욕 고취와 기술 개발에 유용하다.

또한 역할극 활동에 있어서 격려자(promotor) 역할을 하는 사람을 두는 것도 많은 도움이 된다. 역할극에서 격려자가 할 일은 연기 방향을 잃은 배우를 격려하는 것이다. 격려자는 특정 행동을 개발하는 행동시연과 적용 활동에서 특히 유용하며, 무대의 주변에 서서 연기자에게 슬쩍 충고하거나 도움을 주고, 평가하는 역할을 담당하게 된다.

수기 자료를 휴대하여 사용하라

실수를 줄이는 기법으로 지금까지 사용된 것들 중 가장 일반적인 방법은 참가자가 역할극을 할 때 수기(手記) 자료를 휴대하여 사용하는 것이다. 이러한 수기 자료는 대개 모델, 안내 지침, 특정 과정, 참가자가 대사나 연기 동작 등을 기억하기 위해 직접 필기한 메모나 수업 자료를 복사한 것이 대부분이다. 이 같은 자료는 역할극 활동에 있어서 매우 유용하다.

역할극에서 대본을 활용하는 것 역시 연기할 때 실수를 줄이기 위해 종종 사용되는 보다 구조화된 참가자 중심의 방법이다. 대본은 대사나 감정적 반응, 연기 파트너에게 요구되는 특정 반응 그리고 비언어적 측면의 상호작용과 같은 지침이 포함되어 있는, 일종의 안내서로서 일일이 내용이 기재되어 있다. 대본을 연출한다는 것은 그만큼 시간이 소모되는 일이다. 그러나 복잡하고 어려운 역할극에서 대본의 수준이 높아질수록 높아진 수준만큼이나 연기에 도움이 될 수 있다. 필자 역시 참가자가 성폭력이나 해고 등 사회적으로나 법적으로 민감한 상황에 대한 역할극을 다루는 다소 까다로운 경우에 이 기법을 사용해 왔다.

🐙 긍정적 강화를 하라

긍정적 강화는 역할극 활동에서 두려움을 떨쳐 버리는 데 효과적이다. 역할극을 하는 동안 강의실 여기저기를 돌아다니면서 적극적으로 역할극 활동에 참여하는 참가자를 눈여겨보라. 그들의 역할극을 지켜보고, 역할극이 끝나면 "정말 잘하셨어요." 혹은 "너무나 멋진데요."와 같이 긍정적인 강화 문구로 격려해 주어라. 아니면 "눈맞춤을 아주 잘하셨어요. 훌륭합니다."처럼 좀 더 구체적인 강화를 주는 것도 좋다.

처음에는 다소 예민하거나 수줍어하는 참가자를 각별히 관심 있게 지켜봐야겠지만, 시간이 지나면서 모든 참가자에게 긍정적인 강화를 주도록 하라. 그렇다고 관찰자나 다른 그룹원이 언급하지도 않는 부적절한 행동까지 눈여겨보라는 것은 아니다. 다만, 긍정적인 피드백과 긍정적 강화를 의식적으로 하는 것이 그만큼 중요하다는 의미다.

🐙 안전한 피드백을 하라

피드백을 하는 것이 어려울 수도 있다. 여러분이 신뢰하는 사람이나 긍정적인 의견을 말하는 참가자에게 조용한 어조로 칭찬을 하거나 설명조로 중립적인 입장을 취하거나 비록 초콜릿을 한 주먹 주는 것과 같은 최상의 피드백을 할 때조차도 조심스럽기는 마찬가지다.

보통 사람들에게는 거의 안면이 없는 사람으로부터, 더구나 공개적인 자리에서 중립적인 피드백을 받는다는 것은 고문을 당하는 것과 진배없다. 피드백을 보다 덜 불편하고, 보다 효과적으로 사용하기 위해서는 역할극 시작 이전에 효과적인 기본 피드백을 연습하는 것이 좋다. 이 과정을 통해 참가자 간에 얼굴을 익힐 시간을 갖고, 소그룹에서 사용할 피드백과 그것을 어떻게 사용할지에 대해 토론할 수 있다. 이후 실전에서는 피드백 내용을 기록하거나 비디오테이프로 녹화하면서(혹은 둘 다를 사용하여) 조심스럽게 피드백 과정을 살피도록 하라.

참가자 간에 피드백을 논의하도록 하라

피드백에 대한 보다 많은 결정 사항을 피드백을 받게 될 참가자에게 위임하라. 그리고 참가자가 역할극 활동을 시작할 때 집단 전체가 피드백을 논의하게 하라. 참가자 스스로가 원하는 피드백 형태를 정하게 하고, 어떻게 피드백을 할 것인지도 결정하도록 하라. 피드백은 대개 말이나 글로 하거나, 혼자 혹은 다른 사람들과 함께 비디오테이프를 살피거나, 이들 중 여러 방법을 조합하는 방식을 사용한다. 이때 역할극 전반에 걸쳐 비밀보장이 되며, 이는 피드백 논의까지도 포함된다는 점을 자주 상기시킴으로써 참가자를 안심시키고 행여 입을 수 있는 상처를 최소화할 수 있다.

수기용 피드백 양식을 사용하라

구조화된 피드백 양식을 사용하는 것은 피드백에 대한 두려움과 염려를 줄이는 데 매우 큰 도움이 된다. 그러한 피드백 양식은 비교 항목을 작성하거나 공란을 활용하거나 비교 척도를 사용함으로써 매우 간편하고 편리하게 활용할 수 있다. 또한 시행하고 있는 역할극의 형태나 난이도에 따라, 특정 행동이나 모델 혹은 안내 지침을 사용하는 등 좀 더 폭넓은 형태를 사용할 수도 있다.

비디오테이프 피드백을 사용하라

보는 것이 곧 믿는 것이다. 참가자가 역할극을 한 비디오테이프를 보고 직접적이고 중립적인 피드백을 주는 것만큼 강력한 것은 없다. 녹화 기록원이 캠코더로 역할극을 녹화해 놓으면, 각 역할극이 끝난 후에 테이프를 되돌려서 첫시연자가 자신의 연기 장면을 볼 수 있다. 첫시연자는 소그룹의 참가자와 함께 비디오테이프를 볼 것인지 결정할 수 있다.

피드백을 주고받는 방법을 설명하라

효과적인 피드백이 역할극 활동의 학습에 있어서 중요한 요소가 된다면, 그런데 참가자가 피드백을 사용한 경험이 그리 많지 않다면, 교수자는 참가자에게 효과적인 피드백에 대한 기본 설명을 해 주는 것이 좋다. 특정 역할극 활동에서 가장 요구되는 효과적인 피드백 방법을 강조하라. 다음 페이지에 제시된 '피드백 주고받기 지침'을 참고하라. 다음의 지침과 같은 유인물을 활용하여 기본적인 안내 지침을 꼼꼼히 살피는 데 시간을 할애한다면, 역할극 활동을 하는 데 있어서 긍정적인 영향을 미칠 것이다. 참가자가 피드백을 주고받는 데 숙달될수록 역할극은 더욱 효과적이게 될 것이고, 여러분은 프로그램의 목적에 한 걸음 더 다가가게 된다.

피드백 과정을 관찰하라

역할극 활동을 다룰 때, 사용되고 있는 피드백 과정에 특별히 주의를 기울여라.

1회기 역할극당 그룹별로 세 번의 피드백 기회가 주어지는데, 피드백하는 것이 쉽지 않은 경우도 많다. 만일 적절하지 않거나 효과적이지 못한 행동이 발견되면, 개입하여 수정하도록 하라. 상담가가 보기에 피드백 주고받기에 문제가 있다고 생각되면, 유인물에 있는 정보를 활용할 수 있다.

피드백을 줄 때는…….

• 당신이 살핀 행동을 중심으로 자세히 기술하라.

• 정확한 행동을 자세히 관찰하라.

• 포괄적으로 말고, 특별히 눈에 띄는 구체적인 것을 대상으로 하라.

• 관찰하자마자 즉시 하라.

• '잘했어요' '못했어요' '틀려요' '맞아요' 와 같이 판단하는 말은 삼가라.

• 성격을 다루지 말고 행동을 다루어라.

• 몇 개의 적절한 관찰 결과만을 제한적으로 다루어라.

피드백을 받을 때는…….

• 상대방이 말하는 것에 집중하여 주의 깊게 들어라.

• 상대방의 피드백에 방어하지 말고 제안된 메시지에 마음을 열라.

• 피드백받은 내용을 다른 말로 바꾸어 답하면 이해 여부를 파악할 수 있다.

• 구체적인 예를 요청하면 분명해진다.

• 동의하거나 반대하거나 할 필요 없이 정보 그대로를 받아들여라.

재미있게 하라

역할극은 참가자의 심기를 불편하게 하는 경우가 많기 때문에, 때로는 재미있는 상황을 통해 그들의 두려움을 상쇄시켜 주는 것도 좋은 방법이다. 재미란 일종의 즐거움이며, 이는 곧 참가자가 역할극 활동을 즐거워하거나 기뻐하거나 웃음이 나도록 하는 것을 의미한다. 참가자가 역할극에 흥미를 느끼고 유쾌하게 받아들여서 자신들의 두려움이나 결점에 대해 웃어넘길 수 있다면, 활동에 흥이 나거나 힘을 얻게 되어 재미있다고 느끼게 된다. 그리고 이것은 학습을 촉진하는 역할을 한다. 심지어 매우 심각한 상황에서조차 약간의 즐거움은 역할극에 대한 불편함을 완화시켜 주는 명약이 된다. 역할극에 있어서 '재미'라는 요소를 가미하기 위해 필자는 보상이나 자극,

의상, 소품, 무대장치, 게임, 시합 등을 사용한다.

보상과 자극을 사용하라

보상과 자극을 사용하는 것은 어떠한 역할극에서든 활력과 활기를 준다. 역할극 활동 도중이나 이후에 작은 보상이나 간단한 상을 줌으로써 참가자의 즐거움의 수준을 높일 수 있다. 보상으로 사탕이나 팝콘, 과자 등을 예쁘게 포장해서 주거나, 일정에 없었던 10분간의 깜짝 휴식 시간을 갖는 것도 좋다. 보상과 자극 주기 체크리스트를 살펴보고 여러분이 실시하고 있는 역할극 활동에 활력을 불어넣기 위해 활용할 수 있는 것에는 어떠한 것이 있는지 확인해 보라.

보상과 자극을 사용하는 것은 매우 간단하지만 분위기를 전환시키는 효과는 크다. 필자의 경우, 오후 시간에 길고도 어려운 역할극을 할 때, 종종 짧지만 예정에 없던 휴식 시간을 주거나 아이스크림, 샌드위치, 사탕 아이스크림과 같이 시원하면서도 기분을 상쾌하게 하는 먹을거리를 제공하였다. 이처럼 참가자가 잘해 나가고 있으며, 상담가가 그들의 노력을 성의 있게 평가하고 있다는 사실을 그들에게 알리면서 힘을 북돋우고 기분을 새롭게 할 만한 방법을 끊임없이 연구해 보라.

의상, 소품, 무대장치를 사용하라

만일 역할극을 '하나의 역할을 연기하는 것'이라고 정의한다면, 의상이나 소품, 무대장치를 활용하는 것은 안성맞춤일 것이다. 실상 이러한 것을 사용하는 목적은 매우 다양하다.

우선 소품과 의상을 활용하여 재미있는 인상을 주거나 긴장을 완화시킬 수 있다. 뿔모자를 쓰고 삼지창을 들고 화를 잔뜩 내는 사람에게서 위협감을 느끼기는 어렵다. 만일 내 손에 번개를 쥐고 있다면 상사에게 월급을 올려 달라고 말할 때 훨씬 더 힘이 솟는 느낌이 들 것이다. 이러한 장치는 역할극의 분위기를 한층 더 부드럽게 하고 참가자의 수행에 대한 두려움을 완화시킨다. 이 경우, 참가자는 '난 연기를 하는 것뿐이니까 완벽하지 않아도 괜찮아.'라고 생각하면서 마음가짐을 좀 더 편하게 할 수 있다.

수잔이 동료 앞에서 새로운 행동을 보이는 것보다는 무대 위에서 여배우 역할을 하는 것이 아무래도 덜 위협적일 것이다. 또한 역할극에서 의상이나 소품과 같은 구체적인 장치를 활용하는 것이 친근하게 느껴지는 이유는 이러한 장치가 평소 우리가 만지고, 걸치고, 입고, 보는 현실의 물건이기 때문이며, 이것을 통해 심리적으로 더욱 안정감을 찾을 수 있다.

보상과 자극 주기

- 역할극 동안 집단 사이를 오가며 여러 집단에서 이루어지는 긍정적인 관찰을 나누면서 전체 집단의 흐름에 개입하라.
- 역할극 동안 여러 집단 사이를 오가다가 특별히 역할극을 훌륭하게 해내는 집단이 있다면, 포상을 하도록 하라. 포장한 사탕 바구니를 집단 전체에 주거나 모든 소그룹원이 포장된 사탕 봉지나 맛땅콩 봉지를 받도록 포상하는 방법 등이 있다.
- 2회기 이후 3회기 역할극에 접어들 때, 3회기를 마치면 참가자들에게 상을 주겠다고 예고하라. 그리고 약속한 시간에 상을 주어라. 이 방법은 적절한 때에 활력을 불어넣게 된다. 상으로 짧은 휴식을 취하게 하거나, 먹을거리를 함께 나누거나, 교수자가 역할극 활동을 설명하는 동안 참가자가 먹을 팝콘을 돌리거나, 어떠한 것이든지 간에 좋다.
- 참가자가 역할극 활동 수가 많은 프로그램을 끝내는 각 회기마다 포인트나 토큰을 주고, 프로그램이 종료될 때, 받은 포인트나 토큰만큼 상을 주도록 하라.
- 소리로 보상이나 처벌을 하라. 집단이 약속한 시간에 역할극을 끝내지 못했을 때는 징을 울리거나 부저를 사용하여 경고하라. 집단이 제한 시간을 잘 엄수했거나 특별히 잘했을 때는 벨이나 트라이앵글같이 경쾌한 소리를 내도록 하라.
- 역할극 수행 시간에도 보상을 사용하라. 전체 참가자에게 예정에 없는 깜짝 휴식 시간을 5~10분 정도 주어라. 또는 어려운 역할극에서 쉽지 않은 일을 해낸 것에 대해 보상하는 방법으로 강의를 조금 일찍 끝내 주는 것도 좋다. 단, 미리 말하지는 말라(활동 속도가 지나치게 빨라질 수 있다). 물론 결과 보고 이후에는 강의가 일찍 끝나는 것이 참가자가 열심히 했고 좋은 결과를 내었기 때문이라고 격려해 주어라.

의상, 소품, 무대장치 등의 사용할 체크리스트를 잘 살펴보고 역할극에 활력을 줄 수 있다고 생각하는 것을 체크해 보라.

의상, 소품, 무대장치 이용하기

- 역할극에서 모자를 사용하라. 마녀 모자, 카우보이모자, 알파치노 같은 갱이 쓰는 중절모, 헬멧, 간호사 캡, 해적 모자, 소방관 모자, 반짝이를 단 모자, 왕관, 코치(COACH)라고 써 있는 야구 모자 등 갖가지 모자를 활용해 보라.
- 가면을 사용하라. '비열한 상사' '화난 고객' 혹은 '까다로운 직원' 역할을 하는 사람에게 가면을 쓰게 해 보라. 맹구 가면이나 메롱 가면은 어떠한가?
- 망토를 입으라. 망토는 참가자가 누군가(신입사원, 당황한 고객, 열받은 동료 등)를 돕는 역할극에서 이용하면 효과가 좋다. 슈퍼맨 망토를 입거나, 투명인간이 되는 해리포터 망토를 입어 보라.
- 마술 지팡이를 써 보라. 불사조 깃털이 달린 지팡이는 찾지 못할 수도 있겠지만 손잡이가 하얀 멋진 검정 지팡이나 반짝이는 분홍 지팡이는 역할극에 활력을 줄 것이다.
- 가짜 혹은 진짜 마이크를 사용하라. 예를 들어, 인터뷰나 공개 발표, 회의 진행에 관한 기술을 연습하고 있다면, 마이크를 차례로 돌려 사용하는 방법도 좋을 것이다.
- 가짜 돈을 사용하라. 보상으로 사용하거나 '저축'의 예를 들 때 활용하라.
- 깃발을 사용하라. 관찰자는 역할극을 먼저 시작하는 사람이 어떻게 해야 하는지 알려 줄 때 노랑, 초록, 빨강 등의 깃발을 이용할 수 있다. 역할극 활동을 끝내라고 지시할 때 정해진 깃발을 흔들도록 하라. 안내 지침을 제대로 따르지 않을 경우에는 처벌 깃발을 들도록 하라.
- 각 집단에 영화 촬영에서 큐를 알리는 도구를 주고 각 역할극의 시작과 끝에 사용하도록 하라. 이것은 역할극을 녹화할 때 특히 유용하다. 이 도구를 이용해 배우의 이름과 각 '장'의 숫자를 기록하는 것도 좋은 방법이다.
- '오즈의 마법사'에서 나오는 소품(뇌, 마음, 용기 있는 자에게 주는 메달 등)을 사용하라. 여러분은 고무 뇌를 가질 수도 있고, 상상의 마음, 메달도 사용할 수 있다. 참가자가 역할극을 효과적으로 하기 위해 자신에게 필요하다고 생각하는 것을 선택하게 하라.

게임과 시합을 사용하라

훈련 게임은 주어진 상황 안에서 특정 규칙과 지침에 따라 실시되는 경쟁 활동을 말하고, 역할극 게임은 강의실에서 시행되는 특정 행동을 시연하는 것을 포함하는 경쟁 활동을 지칭한다. 역할극 게임은 자극이 되면서도 상호 협력적인 분위기 속에서 주요 학습 개념을 강화하고 새로운 기술을 안전하게 연습하도록 한다.

다음의 게임과 아이디어 대회 프로그램을 여러분의 역할극 활동과 한번 비교해 보라.

- **점수따기 게임**　이 게임은 시간제한을 두고 특정 행동을 적절히 연습하거나 정해진 기준에 부합할 때 점수를 얻는 방식으로 진행된다. 점수를 가장 많이 딴 참가자가 상을 받게 되는 게임이다.

- **즉석연기 게임**　참가자들은 구체적인 세팅 안에서 어떠한 행동을 활용하건 모델을 적용해 볼 수 있다. 예를 들어, "부서 회의를 하고 있는 척합시다." 혹은 "토론하는 역할을 하게 될 것입니다."라고 말하는 상황에서 이 게임이 활용될 수 있다. 이는 모의실험(시뮬레이션)과 비슷하지만 더 간략하고 보다 초점이 분명하다(제9장의 역할극 '22. 미쳐 버릴 것 같군!'을 참고하라).

- **행동평가 게임**　관찰자가 참가자의 연기를 평가하거나 특정 행동을 사용할 때 점수를 준다. 그들이 평가 기준 목록을 사용하는 스포츠 경기 심판이라고 가정하고, '10점 만점'에 '7.5점' 등 그에 상응하는 점수를 매기는 것이다. 가장 높은 점수를 받은 참가자가 상을 받게 된다.

- **집단경쟁 게임**　집단은 자신들이 새로운 행동이나 모델을 사용한다는 것을 보여주기 위해 경쟁한다. 이러한 형태의 경쟁은 강의 중에 배웠던 내용을 요약하고 시연하는 좋은 방법이 된다(제9장의 역할극 '21. 완벽한 발표'를 참고하라).

저항에 맞서라

역할극에 참여하기를 꺼리는 사람들은 늘 있기 마련이다. 그러나 불안을 최소화하고 두려움을 다루는 기법과 기술을 적용하면, 참여한 모든 사람들이 좀 더 쉽고 효과적으로 역할극을 할 수 있게 된다. 역할극에 강제로 참여시키지 말고 자연스럽게 참여하게 하여, 워밍업과 모델을 사용하고, 분명하게 지시하라. 또한 역할극의 난이도를 조절하고, 실수를 줄이는 방법을 알려 주며, 긍정적 강화를 제공함과 동시에, 안전하게 피드백하고, 재미까지 더한다면, 프로그램 참가자는 긍정적이고 효과적이며 흡족한 역할극을 경험하게 될 것이다. 여러분은 이 같은 방법으로 역할극에 대한 참가자의 태도를 완전히 변화시킬 수도 있다.

이러한 점에 집중하여 역할극을 진행한다면, 여러분은 참가자의 불안과 두려움을 다루면서 가능한 한 가장 효과적인 방법으로 역할극을 진행할 수 있을 것이고, 참가자는 제1장에서 논의한 것처럼 역할극의 수많은 긍정적인 측면을 만족스럽게 누리게 될 것이다. 또한 여러분은 이 모든 것을 수행하기 위해 사용할 수 있는 모든 역할극 계획과 도구에 따라 불안 대처 기술을 적절히 활용해야 한다. 이어지는 2개의 장에서는 이를 위한 필수적 구조와 기법을 다룰 것이다.

나만의 역할극 계획하기

ROLE PLAY MADE EASY
CHAPTER #03

　　단순하면서도 효과적인 역할극의 비밀은 계획하고, 계획하고 또 계획하는 것이다. 그다음에야 비로소 실행에 들어가야 한다. 사람들은 자신이 무엇을 하고 있고, 왜 하고 있으며, 그것을 하는 동안 발생하는 문제를 어떻게 처리할 것인지를 잘 이해하면 할수록, 일은 훨씬 더 쉬워진다. 물론 여기서 상당 부분은 충분히 잘 계획된 역할극을 대상으로 하는지 아니면 그 반대의 경우인지에 따라 결과는 달라질 것이다. 어쨌든 역할극을 시작하기 전에 무엇을 할 것인지를 생각하고, 계획하는 것은 반드시 짚고 넘어가야 할 문제다.

　　역할극의 효과적인 계획을 위해서는 구체적인 목적, 역할극의 유형, 성공적으로 역할극을 수행하는 데 요구되는 모든 가능성에 대한 이해가 필요하다. 역할극의 목적은 수행 활동 방법이나 활용된 활동의 유형을 그대로 결정할 것인지 아니면 더 발전시킬 것인지에 대한 길잡이가 되고, 역할극 활동에 있어 가장 적합한 유형을 선택하는 데 도움이 된다. 활동의 유형은 역할극을 수행하기 전에 여러분이 결정해야 할 다양한 변수에 영향을 미칠 것이다.

　　역할극을 진행하거나 계획하면서 관여되는 12가지 주요 변수를 다음에 제시하였다.

효과적인 역할극 계획을 위해 고려해야 할 12가지 변수

1. 각 활동의 역할극 회기 수
2. 각 역할극에서 사례의 순서
3. 프로그램 내 역할극 활동의 수
4. 워밍업과 모델 사용 여부
5. 지침 전달
6. 그룹 짜기
7. 피드백 유형
8. 상황 선택
9. 활동 보고
10. 시간 요인
11. 공간 요인
12. 필요한 자료

이 각각의 변수를 고려하여 시행할 각각의 역할극을 계획하는 것이 중요하다. 여러분이 역할극을 편안하고 익숙하게 느낄수록 역할극 수행을 더 자신 있게, 또 효과적으로 해낼 수 있다. 이 장에서는 이러한 각각의 변수를 살피고 역할극 계획에 도움이 되는 전략과 방법, 기법 등이 설명될 것이다. 한편 실제 역할극 장면을 위한 몇 가지 제안과 역할극 활동 초반부에 머릿속으로 대략의 역할을 구상해 보도록 하는 것으로 역할극 계획은 끝난다. 역할극 장면을 상상해 보고 어떻게 할지 그려 보는 것은 상당한 도움이 된다. 또한 특별히 어렵거나 복잡한 역할극 활동을 하는 경우, 연습회기를 매우 유용하게 활용할 수 있다.

🐙 학습 목적을 설정하라

최근에 사용하고 있거나 향후 사용하게 될 역할극에 대해 생각해 보자. 역할극의 목적은 무엇인가? 역할극 활동의 특수한 학습 목표는 무엇인가? 역할극 활동에 몰입함으로써 성취하고 싶은 것은 무엇인가? 이러한 질문은 역할극을 계획할 때 결정의 순간마다 지침이 될 것이다.

역할극 세팅을 위한 체크리스트

_____ 워밍업을 하고 서로 인사를 나누라.

_____ 역할극을 위해 필요한 자료를 숙지하라.

_____ 특정 행동을 익혀라.

_____ 정보와 경험을 공유하라.

_____ 걱정되는 바를 이야기하거나 표현하라.

_____ 정해진 특정 어구를 사용하는 연습을 하라.

_____ 정해진 특정 행동을 사용하는 연습을 하라.

_____ 집단에서 요구하는 행동을 수행하라.

_____ 특정한 행동 패턴을 연습하라.

_____ 특정 지침을 따르라.

_____ 특정 모델을 사용하여 연습하라.

_____ 특정 문제 상황을 다루는 기술을 익혀라.

_____ 까다로운 사람을 다루는 연습을 하라.

_____ 예상치 못한 상황을 다루는 기술을 익혀라.

_____ 모델이나 지침을 능숙하게 적용할 만한 수준이 되었는지 점검하라.

_____ 특정 행동을 자연스럽게 사용할 만한 수준이 되었는지 점검하라.

이 체크리스트는 역할극 활동에 관한 다양한 학습 목표를 제공하고 있다. 최근 사용하고 있는 역할극 가운데 앞서 제시한 것 중 어떤 목적에 부합하는지를 살펴보라.

여러분이 역할극에서 성취하고자 하는 것과 궁극적으로는 참가자가 학습하기를 원하는 것을 고려하여 역할극의 계획에서부터 이 목록을 활용해도 좋을 것이다.

이 같은 학습 목표를 현재 사용하고 있는 역할극 유형과 계획 및 실행을 위한 요소들을 결정할 때 참고하라. 본래 역할극이 선택 사항도 많고 다양하게 조성되기 때문에 막다른 상황으로 연출될 가능성을 항상 염두에 두어야 한다. 또한 시간, 장소, 예산이 분명하더라도 역할극을 책임지고 있는 상담가가 역할극 제반 사항에 대해 확신하지 못하고 망설여진다면, 학습 목적으로 되돌아와서 스스로에게 '이 목적에 맞는 최고의 선택은 무엇인가?' 하고 자문해 보는 것이 필요하다.

역할극 유형을 결정하라

목적을 정한 후에는 곧 실행할 역할극의 유형을 결정해야 한다. 여러분은 어떤 유형의 역할극을 사용하고 있는가? 제2장에서 살펴보았던 유형들을 기억하는가? 역할극의 유형을 다시금 아래에 제시하였다. 여러분의 역할극에 대해 생각해 보고 그것이 어떤 유형에 해당하는지 살펴보라. 대부분은 다음의 유형들을 몇 가지 조합한 것이다.

- **워밍업** 좀 더 어렵고 복잡한 역할극으로 넘어가기 위해 사용된다. 대개는 참가자 간에 서로 인사를 나누고 강의 내용과 특정 행동에 익숙해지도록 하기 위해 사용되며 거의 짧고 빠른 속도로 재미있게 진행된다.

- **행동시연** 표준 어구나 약속된 어구 혹은 특정 행동을 반복적으로 사용하는 것을 말한다. 회사에서 요구하는 행동 방식을 연습하기 위해서나, 특정 행동 패턴을 학습자가 완전히 익히게 하기 위해 사용된다. 워밍업보다는 길고 다른 역할극보다는 짧으며 속도가 빠르고 흥미롭게 진행된다.

◦**적용 활동** 특정 모델을 사용하여 연습하거나 주어진 지침을 따른다. 다양한 방식으로 구조화될 수 있으며 워밍업이나 행동시연보다는 길다. 속도가 빠르고 재미있는 요소를 가미할 수 있으며, 대부분 초점이 분명하다.

◦**문제 중심, 사람 중심 역할극** 특정 문제 상황을 다루는 기술을 익히고, 유달리 까다로운 사람을 다루는 방법을 숙지한다. 대개 소그룹으로 진행되며 속도가 다소 느리나 초점이 분명하다. 진행 시간은 매우 다양하다.

◦**즉흥 역할극** 예상하지 못한 상황을 빠르고 효과적으로 다루는 기술을 익히기 위해 사용되거나, 학습한 모델이나 지침을 자동적으로 적용하는 능력을 점검하기 위해 사용된다. 대개는 속도가 빠르나 시간이나 구조 면에서 상당히 다양하다. 즉흥적으로 하는 활동인 만큼 재미있고 활력이 넘친다.

주요 변수를 고려하라

일단 역할극을 실시하고자 하는 목적과 활동 유형을 충분히 이해한 다음에는 활동 구조를 만드는 데 있어서 12가지 변수를 고려하고 지속적으로 상황을 살피는 것이 중요하다. 각 변수의 중요성은 앞으로 사용할 역할극의 유형에 달려 있지만, 양질의 역할극 활동을 위해 각 변수를 필수적으로 살펴야 한다.

역할극 활동의 수를 결정하라

한 프로그램에서 사용할 역할극 활동의 수는 프로그램의 목적과 가용 시간에 달려 있다. 일반적인 과정을 보면, 하나의 특정 행동을 시연하기 위해서는 하나의 단일 역할극 활동을 결정하면 된다. 제1장의 경력개발팀과 했던 역할극에서 사용한 예를 생각해 보라. 그 역할극에서는 단 하나의 역할극 활동만을 사용했다. 다시 말해, 참가자는 "직업을 통해 무엇을 찾고 있습니까?"라는 질문에 답했었다. 당시 역할극의 목적은 참가자가 직업에 있어서 중요한 것이 무엇인지에 대해 이야기하는 연습을 하고, 경력 개발에 대한 욕구를 논하는 데 이를 쉽게 적용하도록 하는 것이었다. 이 강의에서는 단 하나의 역할극만을 시행했지만 상당히 효과적이었다.

몇몇 프로그램에서는 두세 개의 역할극 활동을 할 수도 있을 것이다. 예를 들이, 고객 서비스 관련 소개 강의에서는 두세 개 이상의 역할극 활동을 할 수도 있다. 고객에게 인사하는 단순하고 기계적인 연습회기는 이 프로그램에서 훌륭한 워밍업 활동으로 시행될 수 있다. 이후 프로그램 중반에 들어서면서 적용 활동 회기를 통해 참가자들이 고객 서비스 문제 해결 모델을 연습하고, 프로그램 종반에 가서는 소그룹으로 나누어 자신들의 상황을 일반적인 상황이나 까다로운 상황으로 설정한 뒤 목록에서 문제가 되는 경우를 대상으로 고객을 다루는 연습을 할 수 있다.

2, 3회기 역할극처럼 보다 긴 역할극 활동이나 단계적으로 난이도가 증가하는 경우에는 발표하기, 효과적으로 회의 진행하기, 성취도 평가하기, 갈등 관리하기와 같은 프로그램처럼 중요한 행동 변화를 목적으로 하는 것이 적절하다. 좀 더 긴 회기의 역할극은 충분한 시간을 두고 반복하고 기술을 발전시키는 연습을 할 수 있을 만큼, 충분한 시간이 허락되는 관리개발팀이나 경영팀에 매우 효과적이다. 재차 강조하지만, 역할극 활동의 유형과 수는 프로그램의 목적과 가용 시간, 전반적인 프로그램의 계획에 달려 있다.

상황의 순서를 결정하라

역할극 활동에서 다룰 상황의 순서를 결정할 때 관여하는 요인은 다음의 2가지로, 각 개별 역할극의 구조(예, 역할극의 피드백과 반복 여부)와 각 역할극의 참가자의 역할과 의무(예, 누가 관찰자가 되고, 녹화는 누가 할 것인지)가 바로 그것이다. 이와 관련된 사항은 역할극 활동 시 상담가가 지시해야 하는 영역이지만, 길거나 복잡한 활동에서는 일정 공간에 게시물을 부착해 놓거나 참가자들이 활동 전체에 대한 윤곽을 잡고 파악할 수 있도록 유인물을 나누어 주는 것도 유용하다.

대부분의 개별 역할극은 한 사람의 첫시연자와 한 사람의 배우로 이루어진다. 다른 참가자는 관찰자이거나 역할극을 녹화 혹은 기록하는 역할이 주어진다. 첫시연자는 특정 행동을 연습하고, 배우는 첫시연자의 상대방 역할을 맡게 된다. 피드백이 사용되는 역할극이라면, 첫시연자는 피드백을 받게 된다. 각 참가자는 한 명씩 차례로 자신의 역할극을 하고 피드백을 받게 되는 것이다.

각 역할극 그룹 내에서 참가자는 누가 가장 먼저 하고 다음에는 누가 할 것인지 등 순서를 결정해야 한다. 그렇지 않을 경우 상담가가 순서를 정해 줄 수도 있다. 필자의 경우, 대개는 참가자가 종이에 글자(예, A, B, C)를 쓰게 하고 누가, 언제, 어떤 역할을 맡게 될지에 대한 유인물을 나누어 준다. 다음은 필자가 서너 사람과 함께 표준 역할극을 할 때 사용하는 기본 유형이다.

역할극 1	역할극 2	역할극 3
A – 첫시연자	A – 관찰자	A – 배우
B – 배우	B – 첫시연자	B – 관찰자
C – 관찰자	C – 배우	C – 첫시연자

역할극 1	역할극 2	역할극 3	역할극 4
A – 관찰자	A – 첫시연자	A – 배우	A – 녹화 담당
B – 첫시연자	B – 배우	B – 녹화 담당	B – 관찰자
C – 배우	C – 녹화 담당	C – 관찰자	C – 첫시연자
D – 녹화 담당	D – 관찰자	D – 첫시연자	D – 배우

물론 여기에 그 이상의 역할을 포함시켜도 된다. 더 길고 복잡한 역할극의 경우, 한 참가자에게 관찰자 역할과 시간 기록원 역할을 병행하도록 요청할 수도 있다.

회기의 수를 결정하라

역할극의 한 회기는 그룹 내 각 참가자가 특정 상황을 사용하여 개별 역할극을 해내는 개별 역할극 세트를 말한다. 예를 들어, 한 그룹에 3명의 참가자가 있다면, 역할극 활동의 한 회기는 3개의 개별 역할극으로 구성된다. 규모가 다른 집단이라면, 집단을 나누어 소그룹 내에 자원자를 위한 네 번째 개별 역할극을 마련해 두는 것도 좋다. 물론 그동안 좀 더 큰 그룹에서는 마지막 개별 역할극을 실시하면 된다. 14명으로 구성된 집단의 경우에는 4명씩 두 그룹, 3명씩 두 그룹으로 나누도록 하라. 그렇게 하면 4인 그룹은 4개의 개별 역할극을 하면 된다. 3인 그룹이 3개의 개별 역할극을 마쳤을 때, 원한다면 그 그룹의 한 명의 자원자가 같은 상황에서 다른 사람과 역할극을 하는 방법도 있다.

두 번째 회기에서는 워밍업이나 역할 시연, 즉흥 역할극 등은 필요하지 않다. 그러나 적용 활동이나 소그룹 초점 역할극일 경우, 다른 상황을 이용한 개별 역할극을 빠르게 실시해 보는 것도 학습을 분명히 하는 데 도움이 된다. 두 번째 회기는 진행되고 있는 역할극 상황의 난이도를 높임으로써 새로운 수준에서 기술을 개발할 수 있는 좋은 기회다. 두 번째 회기에서는 참가자가 좀 더 어렵다고 생각하는 상황을 만들거나 선택하도록 할 수 있다. 만일 상황 목록을 사용한다면, 난이도 범주를 상, 중, 하로 구분하여 정하고 참가자가 이들 중 원하는 난이도를 선택하게 하면 된다(상황에 관한 보다 많은 내용은 이번 장에서 심화 학습할 것이다).

역할극 회기의 수는 현재 시행하는 역할극의 계획에 따라 결정된다. 기본적으로 계획된 대로 역할극 활동을 시행해야 한다. 만일 최소한의 내용을 다루거나 나름의 역할극을 계획한다면, 시간이 허락되는 한 많은 회기를 사용하는 것이 좋다.

워밍업과 모델링을 사용하라

시간이나 시기를 고려할 때 살펴보아야 할 것은 워밍업 활동을 할 것인가, 연습 모델을 따라 할 것인가 등이다. 만일 길고 심도 있는 역할극을 하거나 소그룹이 공동 작업을 하는 데 상당한 시간을 할애할 예정이라면, 간단한 워밍업을 통해 서로 친밀해지도록 하고 사전에 주제에 관한 짧은 토론을 하는 것이 좋다. 그러나 워밍업 활동이 역할극에서 반드시 시행되어야 하는 것은 아니다.

역할극을 설계할 때 시간이 많이 소요되는 것에 대해 부담스럽게 여겨진다면, 여러

가지의 역할극을 대상으로 하여 혼자서 미니 역할극을 할 수도 있다. 시간에 다소 여유가 있고 참가자의 참여 의지가 보다 강한 경우라면, 상담가가 첫시연자 역할을 하고 참가자 중 자원자를 받아 배우와 관찰자 역할을 하도록 할 수도 있다. 좀 더 어렵거나 복잡한 역할극 활동을 하는 경우에는 녹화된 자료를 통해 역할극이 어떻게 진행되는지 보여 주면, 참가자의 이해를 훨씬 더 쉽게 도울 수 있다. 역할극에 대한 소개와 구성 시에 비디오테이프를 활용하면 효과적이며, 필요하다면 역할극 활동 중간에 눈여겨보았던 내용을 언급해도 좋다. 어떤 기법을 쓰든지 간에, 많은 참가자가 유용한 모델을 참고하는 것이 중요하다.

소개 방법을 선택하라

역할극에 대해 참가자에게 어떻게 소개할 것인지에 대해 생각해 보라. 말로 설명하거나, 이동식 차트에 설명서를 부착하거나, 역할극을 소개하는 유인물 혹은 이 3가지를 고루 사용할 수 있다. 보통은 역할극이 더 길고 복잡해질수록 소개 역시 더 상세해야 하며, 그럴수록 이동식 차트나 유인물 모두를 사용하는 것이 더 유용해진다. 소개는 분명해야 하며 이해가 잘되는 쉬운 말로 쓰여야 한다는 점을 기억하라. 자료 전체에 번호를 매기는 것도 좋은 방법이다. 이렇게 하면 문제가 발생될 경우, 특정 문제나 항목을 언급하기가 훨씬 더 쉽다.

구두 설명 짧고 단순한 역할극, 특히 워밍업이나 쉬운 즉흥 역할극의 경우, 구두 설명만으로도 소개 내용을 잘 전달할 수 있다. 구두 설명에서는 활동의 목적, 예상 소요 시간, 참가자가 활동을 통해 무엇을 하게 되고, 어떻게 하면 되는지 등이 설명되어야 한다. 또한 역할극 동안 상담가는 무엇을 하고, 역할극이 끝난 이후에는 어떤 상황이 일어날지에 대해서도 언급해야 한다. 예를 들어, 고객 서비스 프로그램에서 시행할 워밍업 활동은 다음과 같이 소개할 수 있다.

"자, 여러분, 여러분은 워밍업을 하면서 오전 활동의 나머지 시간을 보내게 될 것입니다. 먼저 고객에게 인사하는 연습의 짧은 역할극을 할 거예요. 모두 일어서서 강의실 뒤쪽으로 가서 함께 큰 원을 만들어 주세요."

참가자 모두가 교실 뒤편에서 둥근 원 모양을 만들어 서 있다면, 이렇게 말을 이어갈 수 있다.

"이번 활동의 목적은 여러분 가게에 개업 첫날 오신 고객 분에게 인사하는 연습을 하는 것입니다. 여러분은 둥근 원에 선 대로 돌아가면서 마치 정말 가게로 손님이 들어오고 있다고 생각하고 인사하십시오. 유인물이나 뒤쪽 벽에 붙어 있는 대사 중 여러분이 원하는 말을 골라서 사용하시면 됩니다. 아니면 여러분이 말하고 싶은 문구를 사용해도 좋습니다. 자, 서로 눈을 마주 보고 인사한 후에 옆 사람에게로 이동하세요. 상점 주인이나 직원 역할이 아닌 경우에는 손님 역할을 하면 됩니다."

"한 사람이 원의 절반을 돌며 원 모양으로 서 있는 사람들에게 인사를 다하면, 인사를 시작한 사람 옆에 선 사람부터 다시 시작하면 됩니다. 그러면 시간도 절약할 수 있고 각 참가자가 갖는 부담도 덜하겠지요. 한 바퀴를 다 돌고 나면 원래 자리에서 한 걸음 뒤로 물러서서 계시면 됩니다. 그러면 원에 있는 다음 사람이 돌기 시작할 겁니다. 원에 있는 모든 분들과 만나서 인사할 때까지 계속하시면 됩니다. 그리고 난 다음 1~2분 동안 원을 유지한 채로 활동을 평가하겠습니다."

"제가 먼저 시작할게요. 제가 메리 앤에게 가면 (옆에 있는) 랄프, 이어서 시작해 주시겠어요? 네, 좋습니다. 시작해 보죠."

서면 설명 대부분의 역할극에서 상담가는 서면 설명을 사용하게 된다. 짧고 간단한 역할극이나 1회기의 역할극의 경우, 이동식 차트에 있는 리스트 소개만으로도 충분하다. 역할극을 소개하고 세팅할 때 서면 설명을 사용한 뒤, 참가자가 역할극을 하는 동안 쉽게 볼 수 있도록 벽에 부착해 두면 훨씬 실용적이다.

이동식 차트에 관해 몇 마디 덧붙이자면, 필자는 수년간의 경험을 통해 이동식 차트의 실용성과 즉시성, 융통성 때문에 그것이 역할극을 소개하고 질문을 보고하는 데 효과적인 도구라는 사실을 알게 되었다. 특히 상담가가 역할극을 하는 동안에 벽에 붙여 놓은 자료를 설명해 주는 것은 참가자에게 시각적으로 도움이 될 수 있다. 또한 프로그램 동안 역할극이 행해지는 방법에 중요한 변화가 있을 경우에는 이동식 차트가 용이하다. 만일 어떤 일이 발생하여 역할극의 장소가 변경된다면, 아예 기존의 이동식 차트를 찢어 버리고 새것으로 붙이면 된다.

이제 여러분의 소개 내용을 살펴보라. 다음은 제5장의 역할극 '4. 긍정적 반응, 중립적 반응, 부정적 반응'에서 사용된 이동식 차트의 소개 예다.

- 목적: 긍정적/중립적/부정적 반응 유도를 연습하기
- 3~4인 그룹 짜기
- 회기 활동 시 [여기에 '활동 시작'이라고 쓰시오.]
  - 1회기: 긍정적 반응
  - 2회기: 중립적이거나 부정적인, 그러나 개인적이지 않은 반응
  - 3회기: 형편없거나 부정적이고 개인적인 반응
- 감동적이거나 저속한 표현은 삼가 주세요.
- 회기 시작과 끝은 알려 드립니다.
- 회기 종료 시, 각자의 자리에 서서 다른 분들을 기다려 주세요.

유인물 설명 길고 복잡한 역할극 활동에서는 모든 참가자들에게 설명 내용이 기록된 유인물을 나누어 주는 것이 좋다. 유인물에는 참가자의 역할, 각 역할극에서 사건의 순서, 모델이나 지침 내용 등이 포함된다. 다음의 '행동 변화 요청하기'에는 이러한 유인물의 한 예로 행동 변화 요청에 관한 내용이 포함되어 있다.

행동 변화 요청하기

목적: 행동 변화를 요청하는 연습

- 행동 개선 상황이 기록된 카드를 사용하라.
- 카드를 만들고, 토론하고, 모델을 사용하여 역할극을 하라.
- 카드를 만든 사람의 왼편에 있는 사람이 직원 역할을 하고 다른 사람들은 관찰하라.
- 다음 사람이 카드를 만들고, 토론하고, 역할극을 하라.
- 역할극은 짧아야(1분 정도) 하며 반드시 모델을 사용하라.
- 관찰자의 논의에 대한 짧은 피드백을 하라.
- 30분 내에 얼마나 많은 카드를 사용했는가를 보라.

모델

- 당신이 A를 한다: 특정 행동을 묘사하라.
- 이는 B를 야기한다: 행동의 결과를 묘사하라.
- 나는 B에 관심이 있다: 여러분의 관심사를 말하라.
- C를 해 주시겠어요? 혹은 A를 하지 말아 주시겠어요?: 원하는 행동을 요청하라.

참가자를 그룹화하는 방법을 결정하라

역할극 유형마다 참가자의 그룹화 방법도 달라진다. 그룹에 따라 각각 워밍업이나 행동시연 혹은 즉흥 역할극이 사용될 수 있으며, 참가자 간에 짝을 이루어서 워밍업이나 행동시연을 할 수도 있다. 전통적인 개방형 역할극(fishbowl role play, 참가자 모두가 볼 수 있도록 실행하는 역할극 _역자 주)은 한 쌍이 역할극을 시연하고 나머지 사람들은 관찰하는 형식이다. 많은 역할극 활동은 소그룹 활동으로 구성되며 대개는 그룹당 3~4명의 참가자가 배정되는데, 그 이유는 이 형태에서 모든 참가자가 적정 시간 내에 개별 역할극을 하는 것이 용이하기 때문이다. 이것은 역할극을 시작하기 전에 모든 참가자를 몇 개의 그룹으로 나눌지, 이 그룹을 어떤 기준에 의해 나눌지 결정하는 것을 돕는다.

그룹과 참가자의 수 소그룹 역할극을 할 때는 그룹당 3명이 적당하다. 이때 한 사람은 관찰자로 피드백을 주고, 비디오 녹화를 하게 될 경우, 한 사람(녹화 담당)이 비디오 녹화를 담당하고 다른 사람이 관찰자 역할을 하도록 그룹당 4명을 배정하는 것이 가장 좋다. 간혹 그룹당 5~8명이나 그 이상을 그룹화하는 경우도 있다. 그러나 참가자가 5명 이상인 그룹의 역할극은 실행 시간이 많이 소요되며, 모든 참가자가 역할극에 적극적으로 참여하거나 학습에 집중하는 것이 어려워질 수 있다.

역할극 활동을 소개하기 전에, 몇 개의 그룹으로 구성하고, 한 그룹에 몇 명의 참가자를 배정해야 할지 알면 도움이 된다. 참가자를 그룹화하는 데 사용하는 기술과 무관하게 참가자의 수를 기억해 두면 공간 배정, 자료, 소품 등을 결정하기가 훨씬 수월하다. 참가자 수는 일정하게 똑같이 나누는 것이 좋지만 항상 그렇게 되는 것은 아니기 때문에 다른 그룹보다 한두 사람이 더 많은 그룹이 생기는 경우도 있다. 이 말은 몇몇 그룹이 다른 그룹보다 더 일찍 역할극이 종료될 수 있다는 뜻이며, 이를 적절히 조화시키는 일은 상담가의 몫이다.

때때로 참가자의 수에 따라 얼마나 많은 참가자를 얼마만큼의 그룹으로 나누어야 하는지를 가늠하기가 어려울 때도 있다. 〈표 3-1〉은 25명 이하의 참가자가 속한 집단을 어느 정도 규모의 그룹으로 나누어야 할지를 빠르게 결정하도록 돕는다. 예를 들어, 참가자가 21명인 반의 경우 비디오테이프 녹화를 하기로 하고 6개의 그룹으로 나누고자 할 때, 4명씩 세 그룹과 3명씩 세 그룹으로 나눌 수 있다. 이때 상담가는 작은 그룹에 속한 그룹원에게 관찰자와 비디오 녹화 담당을 병행해 달라고 요청할 수 있다. 아니면 3명으로 구성된 그룹을 7개 구성하여 모든 관찰자가 녹화 담당을 병행하게 하는 것도 가능하다.

참가자를 그룹화하는 기술 참가자를 그룹화하는 가장 간단한 방법은 한 사람씩 번호를 붙이는 것이다. 만일 21명의 참가자를 3인 그룹으로 나누고자 한다면, 1~7번까지 번호를 붙여 3명씩 일곱 그룹을 만들 수 있다. 만일 3~4인 그룹으로 나누고자 한다면, 1~6번까지 번호를 붙여 4명씩 세 그룹, 3명씩 세 그룹으로 구성하면 된다(〈표 3-1〉 참조). 수업 시간에 그룹을 나누는 일로 산만해질 수 있기 때문에 이러한 방식을 미리

〈표 3-1〉 참가자를 3~4명의 그룹으로 나누기

참가자 수	붙여진 번호	3명 구성원 그룹	4명 구성원 그룹
6	1~2	2	0
7	1~2	1	1
8	1~2	0	2
9	1~3	3	0
10	1~3	2	1
11	1~3	1	2
12	1~3	0	3
12	1~4	4	0
13	1~4	3	1
14	1~4	2	2
15	1~4	1	3
15	1~5	5	0
16	1~5	4	1
16	1~4	0	4
17	1~5	3	2
18	1~6	6	0
18	1~5	2	3
19	1~5	1	4
19	1~6	5	1
20	1~6	4	2
20	1~5	0	5
21	1~7	7	0
21	1~6	3	3
22	1~7	6	1
22	1~6	2	4
23	1~7	5	2
23	1~6	1	5
24	1~8	8	0
24	1~6	0	6
25	1~8	7	1

생각해 두면 도움이 된다.

만일 강의 시간 내내 소그룹 활동이 많다면, 시간이 흐를수록 번호를 매기는 일이 지겹고 번거롭게 여겨질 수 있다. 참가자를 소그룹으로 나누는 여러 가지 방법을 사용해 보라. 예를 들어, 그룹의 수와 각 그룹에 필요한 인원을 결정할 때, 그룹을 나누는 데 있어서 이름이나 글자, 숫자를 사용하여 필요한 만큼 작은 종잇조각을 준비하라. 이 종이쪽지를 접어서 그릇에 모두 넣어라. 미리 이러한 준비를 해 두고, 활동이 시작되면 각 참가자가 그릇에서 종이쪽지를 꺼내어 지명된 그룹으로 가게 하라. 상담가는 "A를 뽑은 분은 모두 이쪽 구석으로 모여 주세요. 그리고 B를 뽑은 분은 문 쪽으로 모여 주시고 C를 뽑은 분은 이 탁자 주변으로 모여 주세요."라고 말하면 된다.

참가자를 그룹화할 때 활기를 불어넣고 재미를 더하기 위해서 필자의 경우, 종이쪽지에 동물이나 꽃, 명랑만화 주인공 등 색다른 유형의 스티커를 붙여 사용한다. 최근 어느 늦은 오후에 했던 소그룹 활동에서는 간식 스티커를 사용했었다. 모든 참가자가 종이쪽지를 꺼냈을 때, "감자칩은 이쪽 구석으로 모이시고, 맛땅콩을 고르신 분들은 문 쪽으로 모이세요. 팝콘은 앞쪽으로 모이시고요."라고 외쳤다. 그리고 모두가 각자의 그룹에 모여서 정해진 활동을 마친 뒤 간식 상자를 받았을 때, 무척 즐거워했다.

그룹에 배정된 참가자의 호칭을 무작위 순으로 준비하고 활동을 소개하는 동안 참가자 명과 배정된 호칭 목록을 붙이는 것도 좋다. 이때는 참가자를 정해진 순서대로 그룹에 배정하거나 다른 기준에 따라 배치할 수도 있다. 필자의 경우, 회사 동료 간에는 떼어 놓거나 다른 참가자에 대해 알려 주는 참가자는 같은 그룹에 두지 않았다.

피드백하는 방법을 선택하라

이상적인 상태에서는 모두가 피드백을 원한다. 우리는 어떻게 하는지, 어떠한 방식으로 진전이 일어나는지, 무엇을 하고 있는지, 하면 안 되는 것은 무엇인지 등을 알고 싶어 한다. 그러나 피드백을 주는 행동이 종종 이상적이지 않을 때도 있다. 역할극에서 피드백이 유용하게 활용되기 위해서는 정확하고 즉각적이어야 하며 판단해서는 안 되며, 또한 안전하고 중립적인 상태에서 전달되어야 한다. 무엇보다도 어떤 유형의 피드백을 사용하기로 했던지 간에, 피드백을 하는 과정에 있어서는 먼저 중립적이고 객관적으로 정보를 구체적으로 서술해야 한다는 점을 분명히 하라. 또한 제2장에서 효과적인 피드백을 주고받는 방법에 대한 지침을 활용할 것을 권한다.

상담가가 사용하는 피드백은 대개 4가지 기본 유형에 해당한다. 구두 피드백, 서면 피드백, 비디오테이프 피드백 그리고 이 3가지 피드백의 조합이 그것이다. 가장 일반적인 유형인 구두 피드백은 행동시연처럼 연습 대상 행동이 매우 제한적인 역할극이나 적용 활동에서처럼 즉흥 모델이나 지침을 따를 때 효과적이다. 또한 구두 피드백은 신속하고 시간을 거의 소모하지 않는 피드백이기 때문에, 시간이 한정되어 있는 상황에 유용하다.

서면 피드백의 경우, 관찰자 역할을 하는 사람이 개별 역할극을 하는 동안이나 그것이 끝난 다음에 관찰 내용을 기입하고, 그것을 역할극이 끝났을 때 첫시연자에게 준다. 이때 기입 내용에 대해 1~2분 정도 논의하고 첫시연자가 기록된 서면 피드백을 갖고 있으면 된다(제11장의 '서면 피드백 양식'을 참고하라). 서면 피드백은 구두 피드백만 사용할 때보다는 시간이 오래 걸리지만, 역할극이 특정 내용과 행동에 초점을 맞추고 있을 때는 보다 효과적이다. 또한 역할극의 반복되는 회기에서 진전 상황을 살피는 데 유용하다.

비디오테이프 피드백의 경우, 참가자는 개별 역할극을 녹화하는데, 각 역할극을 녹화한 후 테이프를 되감아 첫시연자가 그 내용을 관찰할 수 있다. 또한 모든 참가자가 테이프를 보고 구두 피드백이나 서면 피드백과 연계하여 활용하거나, 첫시연자 혼자서만 테이프를 볼 수도 있다. 프로그램이 끝난 다음 각 참가자가 모두 소유하도록 개별 테이프를 사용할 수도 있다.

첫시연자가 자신의 비디오테이프를 보면서 피드백 양식을 작성하거나 모든 소그룹 구성원이 비디오테이프를 보고 각자 피드백 양식에 기재하여 첫시연자에게 준다고 생각해 보라. 시간이 좀 더 걸리기는 하겠지만, 참가자는 다양한 측면의 피드백을 받게 될 것이다. 한편 비디오테이프를 녹화하는 것은 참가자가 그 장비에 익숙하지 않을 경우, 부담이 될 수 있으며 시간 소모도 크다. 그럼에도 불구하고 비디오테이프 피드백이 역할극에서 강력한 도구인 것은 분명하다.

상황의 원인을 밝혀라

역할극 활동에서는 연기되는 그 상황이 가장 중요하다. 상황이라는 것은 이해하기

쉬울 수도 있고, 행동을 개발하는 데 적절할 수도 있으며, 참가자에게 의미가 있거나 정말 실제 상황처럼 여겨질 수도 있다. 난이도 역시 다양하다. 기본적인 기술 개발은 비교적 쉬운 상황에서 연습을 시작하고, 참가자의 기술이 발전될수록 기술을 연습하는 상황의 난이도 역시 점차 높아진다. 역할극의 상황은 상담가가 제공하거나, 참가자가 제안하거나 혹은 실제 생활에서 찾아도 된다.

상담가가 연출한 상황 주어진 역할극 활동에 사용될 적절한 상황을 연출하는 것은 상당히 중요하다. 프로그램이나 역할극을 계획할 때 그 상황은 상담가나 감독관 등 수많은 직업 전선에 있는 다양한 사람뿐 아니라 관련 분야의 문학 작품에서 가져올 수도 있다. 또한 수행하는 역할극의 상황은 시간이 지남에 따라 다듬어지거나, 그룹 활동을 해 나가면서 추가될 수도 있다. 즉, 상황을 만들어 가는 과정을 통해 적절하고도 효과적인 상황으로 발전시킬 수 있다.

상담가가 연출한 상황이 적절하고 유용하다고 해도, 참가자는 강제로 주어진 그 상황에 회의적일 수 있다. 참가자에게 이 상황을 왜 설정하게 되었는지를 설명하여 상황의 적절성을 납득시키도록 하라. 또한 집단이 공유하는 공동의 상황을 이끌어 내고 이 목록을 이동식 차트나 칠판에 기록함으로써 역할극 활동 이전에 역할극 상황에 대한 동의를 얻을 수도 있다. 이후 상황 목록을 나누어 갖고 참가자와 함께 토론을 하여 그들 스스로 수정하거나 원하는 새로운 상황을 추가하게 하라.

필자 역시 일명 '참가자가 연출하는 상황'을 사용하는 것을 선호한다. 필자의 경우, 필자가 참가자에게 준 카드나 목록에 있는 상황을 선택하게 하고 나서 그 상황을 좀 더 그럴듯하고 실제적이게 하기 위해 부족한 점을 보완하라고 말한다. 예를 들어, 만일 어떤 그룹에서 피드백을 하는 역할극을 하고 있는데, 누군가가 '게리는 조용하고 내성적인 사람입니다. 그는 아주 좋은 아이디어를 가지고 있지만, 아이디어 회의에서 자신의 의견을 잘 표현하지는 못하지요.'라고 적힌 상황카드를 가지고 있다면, 그가 그룹원이나 역할 파트너와 함께 이러한 상황에 대해 이야기하는 동안, "그리고 게리는 내가 그에게 피드백을 주면 너무 방어적으로 나와요." 혹은 "게리는 내가 피드백을 줘도 전혀 반응하지 않아요, 그냥 앉아 있기만 합니다."라고 덧붙임으로써 상황을 강화하거나 좀 더 재미있게 진행할 수 있다. 더불어 그룹 전체가 게리의 행동을 어떻게 하면 가장 잘 다룰지를 논의하고 나서, 역할극을 함께하는 파트너가 게리의 역할에 추가 정보를 가미할 수도 있다.

또한 상황은 참가자가 직접 대본을 쓰고 역할카드를 사용할 때 좀 더 생생해질 수 있다(대본과 상황카드를 사용하는 것은 제2장을 참고하라). 상황의 이해를 돕기 위해 첫 시연자와 배우가 서로 역할을 바꾸게 하는 것도 하나의 방법이다. 예를 들어, 참가자가 특정인을 마음에 두고 까다로운 사람에 대한 역할극을 할 때, 역할극 파트너가 그 까다로운 사람의 역할을 어떻게 해야 하는지를 보여 주기 위해 까다로운 대상을 알고 있는 참가자가 한번 그 역할을 선보이도록 하는 것이다. 이러한 역할 바꾸기를 통해 참가자는 다른 사람이 까다로운 사람을 어떻게 다루는지에 대해서도 학습할 수 있다. 이후 역할을 바꾸어 다시 역할극을 진행하면 된다.

참가자가 연출한 상황　몇몇 역할극에서 여러분은, 참가자가 새롭거나 다른 행동을 연습하도록 하기 위해 그들의 직장 상황을 사용하게 할 수도 있다. 이 같은 프로그램에서는 참가자가 이후에 시행하게 될 상황을 계획하도록 프로그램 초반에 시간을 갖도록 하라. 이때 계획서를 사용하여 프로그램에 그 상황을 포함시켜라. 역할극을 시작할 때, 참가자 스스로 계획한 상황에 대해 준비하도록 하라. 이 과정을 통해 참가자는 자신이 속한 그룹에서 사용하게 될 역할극을 충분히 이해하게 될 것이다.

무엇보다도 참가자가 연출한 상황이 곧바로 사용될 수 있도록 상황을 단순화하고 구체화시킬 필요가 있다. 이때 상담가는 역할극의 상호작용을 위해 참가자의 목적이 서술된 계획 용지를 사용하면 된다. 계획 용지상에는 다른 참여자 혹은 배우가 어떻게 그 역할을 해야 하는지를 설명해 주어야 한다(제11장의 '상황 개발 양식'을 참고하라).

실제 상황　어느 정도 실제적인 상황극을 시도해 보라. 이것은 참가자를 실제 상황에 노출하게 하여 새로 학습한 행동을 연습시키는 프로그램을 말한다. 예를 들어, 신입사원을 위한 고객 서비스 훈련 프로그램의 경우, 지사 고객서비스센터를 방문하여 참가자가 30분 동안 전화를 받게 한다. 그리고 만일 인터뷰 기술을 가르치는 프로그램이라면, 짧은 시간 동안만 수업을 진행하고 외부 사람을 섭외하여 참가자를 인터뷰하게 할 수 있다. 실제 상황 역할극을 조성하는 데는 많은 어려움이 뒤따를 수 있으므로 충분한 검토 후에 상세히 구조화하여 실행해야 한다. 특정 행동시연 역할극과 적용 활동의 경우, 상담가가 기울였던 노력 이상의 효과를 현장에서 거두게 될 것이다.

언제 어디서 토론하고 보고할 것이지를 계획하라

역할극에서 현재 어떤 일이 일어나고 있는지, 무엇을 배우고 있는 것인지, 진행하면서 변화되었으면 하는 것은 무엇인지 등에 대한 논의는 참가자에게 유익한 경우가 많다. 역할극 활동을 준비하면서 언제, 어디에서, 논의와 보고 활동을 할 것인지를 결정하라.

이제 역할극을 하는 동안 이루어지는 피드백 논의와 역할극 활동에 대한 보고 간의 차이를 설명하고, 보고를 통해 다루는 것이 무엇인지, 보고가 진행되는 방식에는 어떠한 것이 있는지 살펴보기로 한다.

피드백 논의와 보고의 차이 피드백 논의는 특정 주제에 관하여 두 사람 이상이 이야기를 나누는 것을 말한다. 역할극 활동에서 피드백 논의를 위한 특별 시간을 할당하라. 보고는 학습활동이나 훈련이 끝난 이후의 질문 과정을 말한다. 여기에는 특수하고 특별화된 논의가 있다. 즉, 참가자가 방금 경험한 상황을 분석하고, 학습한 것을 실제 생활에 어떻게 활용할 것인가를 고심하는 것이다. 역할극 활동에는 피드백 논의와 보고 모두 필요하다.

개별 역할극이 끝난 다음에 하는 피드백 논의와 대개 전체 활동 끝에 하는 역할극 활동에 대한 전체 보고, 이 둘을 구분하는 것은 역할극 활동에 있어서 많은 도움이 된다. 이 두 활동의 기본적인 차이는 범위이다. 논의가 개별 역할극과 발생한 사건에만 초점을 두고 특정 소그룹에 해당하는 참가자만을 포함한다면, 그것은 피드백 논의다. 그러나 만일 논의가 역할극을 넘어서 무엇을 배웠는지 그리고 역할극에서 배운 것을 어떻게 실제 생활에서 적용할 것인지를 다룬다면, 특히 토론이 강의실 내 다른 소그룹까지 포함한다면, 그것은 보고가 된다.

짧은 논의는 역할극을 하는 동안 다양한 시점에서 이루어질 수 있다. 소그룹 내에서 참가자는 자연스럽게 개별 역할극의 상호작용을 한 뒤 논의하게 된다. 피드백을 주고받기 전이나 후에 서너 명의 참가자가 역할극이 어떻게 진행되었는지에 관해 이야기를 나누는 데 소요되는 시간은 불과 1분밖에 걸리지 않는다.

개별 소그룹에서 두 번째 논의는 역할극의 각 회기가 끝난 다음, 참가자 간에 그 회기가 어떻게 진행되었는지에 대해 이야기를 나누는 시점에 이루어진다. 이 논의 역시 대개는 5분 정도면 충분하며, 참가자가 다음 회기에서 다른 방식으로 하기를 원하거나 좀 더 잘하기를 바랄 때 사용된다. 이러한 형태의 논의는 보고와의 경계 지점에 있다고 할 수 있으나, 상담가가 논의를 이끌지 않는다면, 그것은 피드백 논의라고 보는 것이 좋다. 만일 참가자가 각 역할극 회기 사이마다 이러한 유형의 논의를 하기를 원한다면, 구두 설명을 하고, 거기에 서면 설명을 포함시켜 활동 시간으로 치도록 하라.

역할극 활동의 마지막은 전체 경험에 대한 전반적 보고를 하는 것으로 마무리한다. 이것은 학습의 중요한 부분이며 생략되어서는 안 된다. 반 전체가 참여하여 역할극을 하는 동안 무엇을 배웠고, 앞으로 배운 것을 어떻게 활용할 것인지에 대해 서로 나누어야 한다.

역할극 시작 전에 미리 주요 보고질문 양식을 이동식 차트에 기록해 두었다가 사용하면 용이하다. 보고를 하는 동안 몇몇 참가자의 발언, 관찰, 통찰을 기록했다가 보고가 끝난 후 이것을 벽에 부착해 두면 효과적이다. 특히 과정 전체를 요약할 때 이것들을 언급하면 유용하다.

보고에서 다루는 것　역할극에서 효과적인 보고는 활동 시 무슨 일이 발생했는지에 대한 보고, 그런 일들이 중요한가에 대한 논의, 활동에서 배운 것을 어떻게 적용할 것인가를 정리하는 시간임을 참가자에게 알려야 한다. 상담가마다 보고질문 범주를 달리하기도 한다. 스팁버드(Stibbard, 1998)는 보고하는 분위기를 조성한 후에 상담가가 역할극 활동에 대해 빠른 조망을 해 주고, 참가자가 이 시간 동안에 일어난 일과 배운 것을 다루도록 질문을 통해 답변을 유도하라고 주장한다.

티아가라얀(Thiagarajan, 1999)은 다음과 같이 6가지 주요 보고질문을 제안하였다.

- 기분이 어떠한가?
- 무슨 일이 일어났는가?
- 무엇을 배웠는가?
- 실생활에 이것을 어떻게 적용할 것인가?
- 다음은 무엇을 할 것인가?
- ~라면 어떻게 하겠는가?

마지막 질문은 참가자가 역할극 변형 시 융통성을 갖도록 하는 것과 관련된다. 예를 들어, '만약 우리가 역할극을 장시간 동안 했다면 어떻게 되었겠는가?' 혹은 '만일 여러분이 회사 방침을 따를 필요가 없다면 어떻게 되겠는가?' 등의 보고질문은 지금의 역할극에서 다른 역할극으로 상황을 바꿀 때 특히 유용하다.

또한 계획된 역할극 활동은 보고질문 리스트 전체를 사용한다. 한두 번 정도 그 활동을 사용해 보면, 제공된 질문에 추가할 만한 다른 질문을 찾게 될 것이다. 이것은 보고를 좀 더 적절하고 구체적이게 하며 학습 효과를 높인다.

전형적인 보고질문을 사용하지 않을 것이라면, 자신만의 보고질문을 만들어야 한다. 소그룹 문제 중심 역할극 활동에서 사용되는 전형적인 보고질문은 다음과 같다.

1. 무슨 일이 일어났는가?
   - 역할극의 목적을 달성했는가?
   - 적절한 행동을 연습했는가?
   - 피드백은 얼마나 효과적이었는가?

2. 기분이 어떠한가?

- 좌절이나 실망을 했는가?

- 만족스럽고 성공적이었는가?

- 그 외의 반응으로는 어떠한 것들이 있었는가?

3. 무엇을 배웠는가?

- 새로운 행동을 적용할 수 있었는가?

- 다른 사람들과의 상호작용에 대해 배운 점은 무엇인가?

- 그 밖에 배운 점이 있는가?

4. 배운 것을 어떻게 적용할 것인가?

- 자신의 일에 적용할 수 있는 것은 무엇인가?

- 일 이외에 무엇에 적용할 수 있는가?

- 특별히 할 말이나, 질문 혹은 관심이 가는 내용이 있는가?

이 질문은 상당히 포괄적이며 그것도 예시일 뿐이다. 여러분이 현재 하고 있는 바로 그 역할극에 이 질문을 구체화해야 한다.

보고 계획　보고 활동을 수행하는 방법은 다양하다. 가장 일반적인 방법은 상담가가 보고질문 목록을 사용하여 참가자가 질문에 대한 논의를 하도록 지도하는 것이다. 공간이 조금 넉넉하다면, 참가자 전체를 영역 구분을 위해 이동하게 하는 것도 좋다. 아니면 역할극을 하고 있는 그룹에게 옆쪽으로 조금씩 이동해 달라고 말할 수도 있다. 참가자가 의자를 사용해 역할극 장소나 근처에 원을 만들어 앉게 할 수도 있다. 그리고 종이 한 장에 중요한 보고질문을 기록한 뒤에 참가자의 의견과 관찰, 통찰을 정리할 수 있을 만큼 충분한 공간이 있는 이동식 차트를 제공한다.

또 다른 방법으로는 그룹 내에서 개별 소그룹이 먼저 보고질문을 논의하도록 하고 나서 상담가가 질문 전체를 다루어 그룹에서 논의하도록 전체 참가자에게 보고하는 것이다. 이 기법은 집단이 큰 경우에 효과가 좋다. 큰 집단에서는 전체 수업 보고 시 모든 참가자를 다루기가 어렵다. 이 기법은 역할극이 개인 근무 환경을 포함한다든지, 참가자끼리 동업자 관계에 있다든지, 참가자들이 더 큰 집단에서 개인 정보에 대해 공유하는 것을 망설일 때 사용하면 좋다.

보고 시 사용하는 다른 기법은 이동식 차트를 기준으로 참가자가 둥그렇게 둘러앉아 차트에 바로바로 질문에 대한 간략한 답을 적게 하는 것이다. 이후 참가자가 여기 저기를 다니며 다양한 반응을 읽을 수 있도록 한다. 이 같은 유형의 활동은 내용을 빠르게 요약하고 참가자 간에 이야기를 나누며 감사 인사를 하는 것으로 끝낸다.

논의와 보고에 관한 결정을 내릴 때, 다른 어떤 요소들이 결정에 영향을 미치는지 살펴보아야 한다. 특히 시간 지정, 공간 사용, 필요한 자료와 관련된 문제가 생길 수 있다. 이 3가지 변수를 비롯해 보고 계획을 위해 필요한 것이 무엇인지에 대해 살펴보도록 하자.

시간 요인을 살피고 계획하라

역할극에서 제한된 시간을 성공적으로 운영하기 위해서 가장 중요한 것은 역할의 균형을 맞추는 것이다. 역할극에는 많은 요소가 관여하기 때문에 참가자가 몇 개의 역할을 해내거나 연기를 하는 데 상당한 시간이 걸리기 마련이다. 강의 관리 관점에서 보면, 대부분 시간에 쫓겨 역할극을 빨리 진행해야 하는 경우가 많다. 그러나 역할극은 개인적이고, 몰입하는 측면이 강하고, 정보를 제공하는 차원의 활동이기 때문에 참가자가 이 활동에 완전히 집중하여 주어진 시간을 충분히 활용하도록 이끌어야 하며, 성급한 생각은 버려야 한다. 시간은 상담가가 타야 할 팽팽한 줄과 같다. 참가자를 재촉하거나 강요해서 불안 수준을 높여도 안 되지만, 그렇다고 너무 느리게 수업을 진행한다면 참가자는 지루해 할 수도 있다. 따라서 미리 신중하게 계획하고 필요한 사항을 점검하고 수정해 가면서 참가자가 효과적으로 역할극의 균형을 맞추도록 분위기를 조성해야 한다.

역할극 예상 시간 결정하기 너무 적은 시간과 너무 많은 시간 사이에 적당한 균형을 맞추는 것이 쉬운 일은 아니다. 물론 역할극의 소요 시간은 역할극의 유형에 따라 달라진다. 간단하고 일상적인 어구나 모델을 연습하는 경우는 역할극당 1~2분 정도면 된다. 반면 복잡한 유형의 역할극에 피드백을 더한 경우는 좀 더 오랜 시간이 소요된다. 이 경우에는 대부분 역할극당 10~15분 정도로 예상하면 된다.

일반적으로 구조화된 개별 역할극 하나를 시행하는 데는 실제 역할극과 피드백 논의에 3~5분가량 소요되기 마련이다. 만일 4명으로 구성된 소그룹이라면, 각각의 역할극을 하는 데 그룹당 12~20분 정도가 걸리게 된다. 거기에 구두 피드백과 서면 피드백이 더해진다면, 각 참가자마다 7~10분 정도가 걸리고 이 모든 것이 갖추어진 하나의 역할극을 하는 데는 28~40분 정도가 소요된다. 필자의 경우, 보통 계획하고 추후 논의한 뒤 다음 역할극으로 넘어가는 데 5~10분 정도가 걸린다. 결국 4명으로 구성된 소그룹 역할극에서 일일이 역할극을 하고 구두 피드백이나 서면 피드백을 주고 두 번째 연기를 하는 데는 약 45분을 소요하게 된다. 여기에 비디오테이프 피드백을 사용하는 경우, 15분을 더하여 총 1시간짜리 활동이 된다.

역할극을 할 때 처음 몇 번 동안은 면밀히 활동을 살펴야 한다. 그룹마다 오가며 참가자가 다양한 요소를 소화하는 데 얼마만큼의 시간이 걸리는지 주의를 기울이고, 무엇을 하는 데 시간이 얼마나 걸리는지에 대한 제안을 해야 한다. 혹은 원래 할당된 시간을 줄이거나 더할 수도 있다. 이렇게 시간에 융통성을 갖는 것은 적절할 뿐 아니라 모든 참가자를 아우를 수 있다는 장점이 있다.

역할극 시간 점검하기 역할극은 집중도가 높은 활동이기 때문에 시간이 어느새 흘러가 버린다. 모든 참가자에게 역할극이 완벽하고 효과적인 경험이 되기 위해서는 활동 시 시간을 잘 살피는 것이 중요하다. 이를 위해서는 개별 그룹에서 시간 기록원을 정하거나, 알람을 맞추어 두거나, 상담가가 시간 기록원이 되거나 하는 3가지 경우를 상황에 맞춰 유동적으로 사용할 수 있다. 개별 그룹에서 지정한 시간 기록원은 특히 상담가가 각 집단마다 무슨 일이 일어나고 있는지를 파악하는 것이 쉽지 않은 큰 집단에 유용하다. 그룹원 중 한 명에게 활동 시간을 체크하는 일을 위임하고 자주 그 사람을 살피도록 하라. 많은 소그룹으로 이루어진 큰 집단의 경우에는 시간 기록원이 누구인지 기억하기가 쉽지 않고 모든 사람이 정시에 체크하는지 일일이 간섭할 수도 없다. 필자의 경우, 역할극 활동 초기에 시간 기록원을 정하고 시간이 되면 조용히 점검할 수 있도록 시간 기록원의 어깨에 작고 빨간 스티커를 붙여 두었다.

시간 기록원이 반드시 그룹 내에 있는 사람일 필요는 없다. 상담가가 커다란 스톱워치를 모든 참가자가 볼 수 있는 곳에 두거나 다음 역할극을 할 시간이 되었다는 것을 알리기 위해 5분마다 타이머를 작동해도 좋다. 시간을 재는 장치는 모든 참가자들이 쉽게 보고 들을 수 있는 좀 더 작은 집단에서 활용하는 것이 유용하다. 또는 상담가가 직접 시간 기록원 역할을 하며 다음 개별 역할극 차례나 다음 회기가 되었을 때, 벨이나 징을 울려도 된다. 여러분이 지도하기에 가장 적합한 유형의 활동 방법을 선택하라. 상담가가 이야기할 때 쉽게 전달이 되는 소그룹에서는 "네, 좋습니다. 여러분, 이제 다음 개별 역할극으로 넘어갈까요?"라고 말해도 좋다. 4~6명으로 구성된 역할극 그룹이 여럿일 경우, 이야기 전달이 쉽지 않기 때문에 소리를 내는 장치가 보다 효과적이다. 필자의 경우, 이 같은 환경에서는 트라이앵글을 울린다. 트라이앵글 소리는 경쾌하면서도 모임을 방해할 만큼 시끄럽지도 않다. 25명 이상의 초대형 그룹이나 다수의 그룹일 경우 아주 큰 공간에 흩어지지 않게 배치하여 큰 징이나 부저, 호루라기와 같이 큰 소리가 나는 특수한 용품을 사용하면 주의를 집중시킬 수 있다.

시간을 알려 주기 위해 어떠한 방법을 사용하든지 간에 이러한 방식을 통해 상담가의 지시가 참가자에게 분명하게 전달될 수 있다. 예를 들어, "트라이앵글이 울리면 지금 하고 있는 개별 역할극을 마치고 다음 사람의 역할극으로 넘어가도록 합시다."라고 이야기하고 싶을 때 트라이앵글을 울리면, 간단하게 의미 전달을 할 수 있다. 활동이 진행되는 동안 일부 참가자가 시간 사용에 관한 지시를 따르지 않는다면, 빠르게 타임아웃을 외치고, "말씀 드린 시간제한을 지켜 주시기 바랍니다. 제가 트라이앵글을 울리면, 하고 있던 개별 역할극을 빠르게 끝내고 다음 사람의 역할극을 시작하세요. 모든 참가자에게 역할극을 할 기회를 주는 것은 대단히 중요합니다."라고 말하면 된다. 만일 많은 사람들이 시간 지침을 따르지 않는다면, 그때는 시간 할당을 조절하는 방법을 고려하는 것이 좋다.

시간 할당 조정하기 여러 번에 걸쳐 시도를 해 본 후에도 일부 그룹이 시간을 지체한다든가 예상 소요 시간보다 빠르게 진행할 경우, 뒤처지는 그룹에는 좀 더 속도를 내라고 독려하고, 너무 빨리 진행되는 그룹에는 속도를 늦추라고 지적해 주어야 한다. 이때 너무 앞서 나가서 지나치게 빨리 끝난 그룹을 보상하는 것에 대해서는 주의를 기울여야 한다. 그런 그룹은 실제로는 역할극을 기피하는 경우가 많기 때문이다. 이때 그들에게는 1회기 정도를 더 하게 하는 것이 좋다.

만일 전체 인원이 역할극 활동을 하는 데 시간이 적게 든다면, 역할극 회기를 좀 더 주고 각 그룹에서 추가 역할극을 하고 싶어 하는 자원자를 찾도록 하라. 만일 활동이 계획했던 것보다 오래 걸린다면, 여분의 시간을 주고, 2~3회기 역할극을 계획했다면, 1회기 정도를 생략하는 방법도 있다. 너무 급하게 3회기를 비효율적으로 진행하는 것보다는 2회기의 역할극이라도 꼼꼼하고 효과적으로 하는 것이 효율적이다.

필요한 공간을 고려하라

역할극이 혼란스럽거나 시간 소모가 많은 경우는 대개 필요한 공간 설정에 문제가 있는 경우가 많다. 그만큼 역할극을 계획할 때 공간 사용을 고려하면 많은 문제를 사전에 차단할 수 있다. 물론, 상담가가 역할극이 이루어질 공간에 익숙할수록 공간을 어떻게 활용할지 미리 계획할 수 있기 때문에 많은 도움이 될 것이다.

그러나 행여 사전에 공간에 대한 정보를 보지도 듣지도 못한다 해도, 미리 준비하는 방법이 있다. 역할극을 위한 충분한 공간을 확보하는 것이다. 언제든 역할극을 위해 예상한 것보다 더 넓은 공간을 준비하라. 공간이 넓은 경우, 정해진 역할극 무대에서 벗어난 공간에서도 역할극 활동을 진행할 수 있다. 역할극을 시작하기 전에 3~4개 정도의 의자가 필요한 소그룹은 강의실 뒤편 한쪽에 준비해 두는 것이 좋다. 각 그룹에 번호를 붙이는 것도 유용한데, 그렇게 하면 역할극 활동의 시작과 동시에 참가자들이 빠르게 그룹을 확인할 수 있기 때문이다.

좀 더 작은 그룹의 경우를 구성해 보자. 큰 공간 없이 평균 정도의 공간에서 역할극을 해야 한다면, 공간을 세팅하는 데 구조화된 방법을 사용하라. 참가자가 앉을 의자를 겹쳐서 옮겨 놓아라. 참가자가 그룹별로 이동할 때 상담가도 함께 이동하면서 다음과 같이 큰 소리로 지시하라.

"좋습니다. 여러분, 모두 일어나 주세요. 교재를 제외한 모든 물건들은 옆에 두시고요. 교재는 팔에 끼도록 하세요. 자, 이제 의자를 겹쳐서 들어 주세요. A 그룹은 의자를 이쪽 입구 쪽으로 가져와서 작은 그룹을 만드세요. (상담가가 그쪽으로 이동해서 참가자들이 오도록 독려한다. 그 후 상담가는 다음 그룹으로 이동한다.) 자, 그리고 B 그룹은 이동식 차트가 있는 저기로 가시면 됩니다. (잠시 기다렸다가 그쪽으로 이동한다.) 그룹 C는 뒤쪽 테이블로 오시면 됩니다."

만일 마룻바닥에 의자와 탁자가 조립식으로 놓여 있는 최악의 공간에서 해야 하는 경우라면, 한 줄이 뒤로 돌아서서 바로 뒷줄의 사람과 그룹을 이루게 하는 방법이 최선이다. 홀수 줄인 경우, 같은 줄 내에서 몇몇 사람들이 그 줄 앞으로 이동하여, 그 줄에 남은 사람들과 조를 이루게 하면 된다. 강의 시작 전에 충분한 시간이 있을 때는 강의실로 가져올 수 있는 의자가 서너 개 있는지 확인하여 역할극을 하는 동안 앞줄에 두고 사용하도록 한다.

필요한 자료를 결정하라

대부분의 역할극 활동에서는 활동 자료나 소품이 필요하다. 상담가가 역할극 활동을 시작하기 전에 미리 준비하거나 갖춰야 할 자료 유형에는 3가지가 있다. 즉 프린트물, 기술 장치 그리고 다양한 소품과 학습 도구들이 그것이다. 프린트물은 역할극 상황 리스트로, 역할극 대본이나 모델 혹은 지침의 복사본, 유인물, 역할극 동안의 지침이 기록된 포스트잇 등이 여기에 포함된다. 기술 장비는 대개 캠코더나 공테이프, 모니터할 수 있는 장비 등으로 구성된다.

또한 역할극 활동을 위해 필요한 다양한 소품이나 학습 도구로는 의상, 모자, 마이크, 촬영개시알림카드(cue card) 등이 있다. 역할극에서는 가능한 한 실제 소품을 사용하는 것이 좋다. 예를 들어, 전화 통화 연습에서는 실제 전화기를 사용하고, 판매 시연에서는 실제 회사 상품을 가져와 활용하는 식이다. 몇몇 활동에서는 참가자가 직장에서 사용하고 있는 기입 양식이나 서류가 필요하다. 이때 역시 가능하다면 실제 기입 양식과 서류를 사용하라. 만일 직원 신년보고를 연습한다면, 실제 회사의 신년보고 양식을 사용하라. 고객 서비스 수업에서는 실제 고객불편신고 양식을 사용하라.

많은 역할극 활동에서 회기의 시작과 끝을 알리기 위해 벨이나 호루라기 혹은 소리 신호 장치를 사용한다. 너무 시끄럽거나 산만하지 않으면서도 참가자의 주의를 끌 만한 독특한 것을 선택하라. 벨이나 호루라기, 차임벨 또는 부저나 트라이앵글도 좋다. 어떠한 것을 선택하든지 간에, 상담가는 그것을 너무 자주 사용해서는 안 된다. 지나치게 많이 사용하게 되면, 소음이 되어 참가자의 신경을 자극할 수 있기 때문이다.

대부분의 역할극 상황에서 상담가는 몇 가지의 자료만 준비하면 된다. 그러나 때때로 상당히 다양한 자료가 필요한 경우도 있다. 그럴 때는 역할극 활동에 필요한 자료의 체크리스트를 준비하는 것이 도움이 된다. 그렇게 하면 상담가가 어떤 프로그램에서 시행할 역할극을 준비할 때마다 그 목록을 활용할 수 있다. 필자의 경우, 수업을 준비하면서 수업 자료 목록에 대해 '역할극에 필요한 항목' 이라고 적지 않고 '○○ 역할극에 필요한 세부 자료 목록' 이라고 적어 둔다.

🍪🍪 전체 과정을 머릿속에 떠올려라

역할극을 어떻게 실행할 것인가를 계획할 때, 머릿속에 역할극의 전체 과정을 떠올리거나 관련된 모든 변수를 고려하는 것이 도움이 된다. 이런 식의 예상은 유인물이나 전단, 필요한 자료 수집 준비에 유용하다. 또한 활동 시 유달리 까다로운 부분을 미리 계획하는 데도 도움이 된다. 다음에 제시되는 질문은 역할극의 주요 요소를 미리 머릿속으로 그려 보는 데 도움이 될 것이다.

전체 과정을 머릿속에 떠올리기 위한 질문

역할극 선택하기

- 어떤 역할극을 사용할 것인가?
- 그것은 어떤 유형의 역할극인가?
- 이 유형의 역할극을 잘 알고 있는가? 이전에 사용해 본 적이 있는가?
- 워밍업 활동을 사용할 것인가?
- 모델을 사용할 것인가? 만일 그렇다면 언제, 어디서, 어떻게 사용할 것인가?
- 어떤 종류의 피드백을 사용할 것인가?

필요한 자료

- 소개용 유인물이 있는가? 어떤 정보를 포함시킬 것인가?
- 소개용 전단지를 사용할 것인가? 어떤 내용인가?
- 어떤 종류의 장치가 필요한가?
- 소품, 샘플, 알람 장치나 기타 학습 도구는 어떤 것을 사용할 것인가?

세팅과 소개

- 어디에서 역할극을 실시할 것인가?
- 공간을 어떻게 구성할 것인가?
- 역할극을 소개할 때 상담가는 어디에 설 것인가?
- 역할극의 목적을 무엇이라고 말할 것인가?
- 그룹은 어떻게 구성할 것인가?
- 소개와 세팅에는 어느 정도의 시간이 소요될 것인가?

참가자의 그룹을 나눈 이후

- 각 소그룹은 어떻게 정돈할 것인가?
- 참가자들은 각 그룹 내에서 어떤 역할을 하게 될 것인가?
- 누가 먼저하고, 두 번째로 하는 등 순서를 어떻게 결정할 것인가?
- 역할극 장면을 녹화할 것인가? 그렇다면 캠코더는 몇 개나 가지고 있는가? 그룹당 하나씩 사용할 것인가, 아니면 그룹마다 돌려 가면서 사용할 것인가?
- 각각의 개별 역할극에 얼마의 시간을 할당할 것인가?
- 각 개별 역할극은 한 번만 실시할 것인가, 아니면 피드백 이후 재실시할 것인가?
- 역할극은 몇 회기를 할 것인가?

- 난이도를 점차 높여 나갈 것인가?
- 회기 사이사이에 어떤 형태의 보고를 할 것인가?
- 실제 역할극을 모두 하는 데 얼마의 시간이 필요한가?

역할극이 끝난 이후
- 각 그룹은 활동 후 보고를 할 것인가?
- 상담가가 전체 보고를 할 것인가?
- 전체 그룹 보고는 어떻게 구조화할 것인가?
- 상담가는 전체 그룹 보고를 어디서 지시할 것인가?
- 보고에는 얼마의 시간이 걸릴 것인가?
- 전체 역할극 활동을 어떻게 끝낼 것인가?
- 전체 역할극 과정을 평가하는 데 얼마의 시간이 소요될 것인가?

🍪🍪 연습회기를 해 보라

만일 여러분이 역할극을 효과적으로 실행할 자신이 없다면, 연습회기를 해 보도록 하라. 친구나 동료를 한데 모아서 역할극(역할극이라고 부를 만한)을 연습해 보라. 그들에게 이번 역할극의 목적이 역할극을 어떤 식으로든 의미 있게 변형한다거나 다시 계획하는 것이 아니라 역할극 활동을 직접 연습하는 것이라고 설명하라. 그리고 여러분은 설명 기술을 연습하도록 하라.

여러분은 수업에서 시행할 역할극과 똑같이 소개하고 세팅한 뒤에 실제로 해 보면 된다. 실제 역할극에서 사용하게 될 자료는 무엇이든지 다 사용해 보고, 역할극을 진행하는 동안 그룹을 독려하라. 활동이 끝나면, 학습활동으로 실시했던 역할극에 대한 보고나 평가를 하고, 그룹에게 다음 질문을 사용하여 전체 경험에 대해 질문하도록 하라.

- 도입은 어떠했는가?

- 지시는 명확했는가?
- 역할극을 하기 전에 자신에게 주어진 역할을 얼마나 이해했는가?
- 역할극을 수행하는 데 불분명한 것이 있었는가?
- 활동을 좀 더 자연스럽게 하기 위해서는 무엇이 더 필요한가?
- 상황은 효과적이었는가?
- 시간은 충분했는가?
- 공간상의 문제는 없었는가?
- 필요한 자료는 모두 있었는가?
- 보고는 효과적이었는가?

계획은 완벽하게

역할극을 실시하기 전에 철저히 계획하고 고민하는 것은 역할극을 효과적으로 하는 데 있어 매우 중요하다. 이러한 철저한 준비는 문제를 줄이고, 실수를 없애고, 쉽고도 자연스럽게 역할극을 시행하도록 돕는다. 효과적인 계획은 특정한 학습 목적, 시행할 역할극의 유형 이해, 다양한 변수에 관한 이해로 구성된다. 여러분의 학습 목적에 따라 사용될 활동 유형이 결정되고, 활동 유형에 의해 시간, 공간, 장비 및 기타 변수에 관한 여러 가지 선택에 영향을 미칠 것이다.

여러분이 역할극 및 관련된 모든 요소를 편안하게 여기고 익숙하게 느낄수록 역할극을 보다 훌륭하게 수행하게 될 것이다. 철저히 사료하고 어떻게 실행할지 예상하고 필요한 자료 목록을 만들고 지시할 내용의 목차를 준비해 두면, 역할극 활동은 보다 안정적이고 익숙해질 것이다. 대부분의 경우, 첫 번째 활동 실습은 충분히 잘 준비된다. 그러나 만일 역할극이 어렵거나 복잡한 경우에는, 프로그램을 시작하기 전에 친구나 동료로 이루어진 자조집단을 구성해 활동 연습을 해 보면 훨씬 도움이 된다. 그럼 이제, 쉽고도 성공적인 역할극을 실행하기 위해 어떻게 해야 하는지 살펴보자.

역할극 실시하기

ROLE PLAY MADE EASY
CHAPTER #04

역할극 활동을 무턱대고 실행했다가 후회해 본 적이 있는가? 필자가 한번은 프로그램에 약간 늦은 적이 있다. 뒤늦게 도착한 필자는 허겁지겁 참가자의 그룹을 나누고, 강의실 여기저기에 흩어져 있는 의자를 끌어다가 앉게 하고, 유인물을 나누어 주느라 정신이 없었다. 그런데 필자가 필사적으로 캠코더를 작동하느라 쩔쩔매고 있을 때, 누군가 내 팔을 끌어당기며 이런 상황에 대해 불만을 토로했다. 역할극에 대한 그녀의 불평을 들으면서 필자 역시 미안한 마음을 감출 수가 없었다.

하지만 그렇게 미안해하거나 후회할 필요가 없었다. 시간이 흐르고 경험이 쌓이면서 필자는 구조화된 방법을 사용하여 역할극을 보다 쉽고 효과적으로 할 수 있다는 것을 알게 되었다. 이를 위해서는 물론 수업 시작 전에 미리 준비하여, 역할극을 찬찬히 소개하고, 자연스럽게 활동을 안내하고, 의미 있는 보고를 실시하는 것이 필요하다. 구조화된 역할극은 참가자 스스로가 무엇을 해야 하고, 언제, 어디서, 어떻게 해야 하는지를 더 쉽게 알 수 있을 뿐 아니라, 상담가와 참가자 모두가 역할극을 더 쉽게 하면서도 역할극 활동 전체를 안내하고, 독려한다.

효과적인 역할극 활동을 위한 다음의 몇 가지 간략한 단계를 살펴보고 여러분만의 방법을 구조화해 보자.

- 활동 전에 기본적인 준비를 하라(프로그램 전에 할 것들도 준비하라).
- 활동에 대해 꼼꼼하게 소개하라.
- 역할극을 잘 조절하라. 이를 통해 과정을 촉진하고 학습을 강화하게 된다.
- 활동에 대해 능숙한 보고를 지도하라.
- 예상되는 문제에 대해 미리 대비하라.

역할극을 수행하는 데 있어서 각 단계가 모두 중요하다. 왜냐하면 모든 단계가 서로 연결되어 있기 때문이다. 역할극 활동에 대한 사전 준비는 역할극 소개와 세팅을 훨씬 더 수월하게 한다. 또한 소개가 잘된 활동은 다루기 쉽고, 좋은 보고로 이어지기 때문에 설사 진행이 매끄럽지 않더라도 곧 무엇을 해야 할지 아이디어가 떠오르게 된다.

역할극 수행을 위한 4가지 간략 단계

1단계: 준비하기
- 공간을 세팅하라.
- 자료와 장비를 수집하라.

2단계: 소개하기
- 무대를 세팅하라.
- 소개하라.
- 역할극 모델을 선보여라.

3단계: 관리하기
- 기술을 살펴라.
- 참가자와 활동 내용을 살펴라.
- 필요한 경우 타임아웃을 외쳐라.
- 활동을 종료하라.

4단계: 보고하기
- 전체 활동을 보고하라. 즉, '무슨 일이 있었는가?' '느낌이 어떠한가?' '무엇을 배웠는가?' '배운 것을 어떻게 적용할 것인가?' 와 같은 질문을 하라.

🐙🐙 1단계: 준비하기

프로그램을 시작하기 전 살펴야 할 역할극 준비 사항이 있다면, 꼼꼼히 확인하도록 하라. 이 과정은 좀 더 수월하게 역할극을 실시하도록 하며, 역할극에 소요되는 시간을 단축시킨다. 특히 공간을 세팅하고 활동에서 즉시 사용하는 공간을 나누는 데 도움이 된다.

공간을 세팅하라

만일 사전에 프로그램을 위한 적절한 공간을 섭외할 수 없는 경우, 필요하다면 공간을 재배치하기 위해 훈련 장소에 미리 도착하도록 하라. 의자와 공간이 충분하다면, 공간의 뒤와 옆에 작은 역할극 공간을 만들라. 각 그룹당 원이나 반원 형태로 3~4개의 의자를 배치하도록 하라.

의자가 충분하지 않다면, 다른 강의실이나 창고에서 여분의 의자를 가져올 수 있는지 알아보라. 공간이 너무 작아서 여분의 의자를 놓기 어렵다면, 뒷벽을 따라 약간의 공간만 남기고 탁자와 의자를 앞쪽으로 당겨 공간을 살짝 재배치하라. 여분의 공간이 있다면, 참가자가 뒤쪽으로 자신의 의자를 이동시켜 소그룹을 형성할 수 있을 것이다.

만일 강의실이 너무 작아서 역할극 공간을 나누기 어렵다면, 탁자와 의자를 사용하여 소그룹을 구성할 만한 방법을 강구하라. 예를 들어, 공간 앞쪽을 향하고 있는 긴 책상이 있다면, 역할극을 할 때 테이블 앞쪽에 있는 사람이 방향을 돌려서 다른 두 참가자와 마주 보게 하여 3인 1조를 형성하면 좋다. 그리고 만약 긴 테이블이 세 줄 있다면, 두 번째 테이블에 앉은 사람들이 몸을 돌려서 세 번째 줄에 앉은 사람들과 조를 이루고, 이후 첫 번째 줄에 있는 2~3명이 몸을 돌려 앉아서 같은 줄에 앉아 있는 사람들과 그룹을 만들 수도 있다. 만일 작고 동그란 테이블이 있다면, 동그란 테이블에 둘러앉혀 간단하게 새로운 그룹을 짤 수도 있다.

그러나 프로그램 시작 전에 공간을 재배치하거나 준비할 겨를이 없이 바로 시작해야 하는 경우라면, 활동 전에 짧은 휴식 시간을 갖고 배치하면 된다. 참가자 2~3명에게 도움을 청할 수도 있다.

자료와 장비를 수집하라

역할극 활동에 필요한 모든 자료와 장비는 한곳에 보관하도록 하라. 이렇게 하면 활동을 소개하고 시작하기가 쉽고, 무엇인가를 할 때마다 필요한 것을 찾기 위해 활동을 중지시킬 필요가 없다. 유인물이나 공테이프를 찾는 것보다는 역할극 소개와 실시에 더 많은 에너지와 시간을 할애하는 것이 보다 효과적인 역할극을 만든다.

만일 상담가가 이동식 차트에 있는 내용을 소개한 후 벽에 고정시키려 한다면, 활동 전에 미리 준비해서 참가자에게 차트를 간단히 돌려보게 한 뒤, 필요할 때 차트를 사용하면 된다. 전단지나 모델, 지침 및 역할극 동안 사용할 다른 자료가 기록된 이동식 차트를 사용할 때도 마찬가지다. 본격적으로 역할극을 실시하기 전에 자료를 미리 벽에 고정시켜 놓거나, 역할극 활동을 소개하는 동안 내용을 설명하면서 벽에 붙이도록 하라. 또한 활동 시작 전에 이동식 차트에 향후 사용할 보고질문을 기록해 놓고, 보고를 시작하면 참가자 간에 돌려 보게 하라.

역할극을 할 수 있는 구별된 공간을 사용하는 경우, 그 장소에서 활동을 소개하라. 그곳에 작은 테이블을 놓고 유인물을 비롯한 각종 역할극 장비를 테이블에 두도록 하라. 이후 역할극을 시작할 시간이 되면, 곧바로 그 자리로 가서 활동을 실행하도록 하라. 이렇게 하면 위치 변경도 용이하고, 새로운 활동에 대한 참가자의 집중도도 높일 수 있다.

🍪🍪 2단계: 소개하기

학습활동을 소개하는 과정은 활동의 효과에 직접적인 영향을 미친다. 소개가 잘된 경우에는 참가자에게 긍정적인 기대 심리를 불러일으켜서 좀 더 자신 있게 활동하고 과정에도 더욱 적극적으로 참여하게 한다. 소개 과정에서는 참가자가 경험할 수 있는 두려움과 망설임에 대하여 언급해야 하며, 참가자가 무엇을 해야 하고, 왜 해야 하는지에 대한 의구심을 떨쳐 버리게끔 도와야 한다. 또한 이미 제1장에서 언급했듯이, 소개 순서에서는 활동의 목적을 설명하고, 역할극이 어떻게 진행되고, 어떤 상황이 사용되며, 어떤 피드백 과정이 있을지, 시간 문제라든지, 역할극 동안 상담가가 무엇을 할 것인지 등이 설명되어야 한다. 이 모든 내용을 어떻게 소개해야 하는지 한번 살펴보자.

무대를 세팅하라

기대는 결과에 영향을 미친다. 따라서 상담가가 참가자를 역할극 활동에 접근하게 하는 방법은 그만큼 중요하다. 소개 과정은 유쾌하고 적극적이어야 한다. 상담가의 긍정적인 전망과 건설적인 접근은 분위기를 좋게 만들고 활동을 올바른 방향으로 이끈다.

집단이 가진 두려움이나 어떤 감정 혹은 느낌에 대하여 언급하라. 그리고 참가자에게 역할극의 이점에 대해 알리면서 시작하라. 다음의 '역할극의 이점'에 제시된 역할극의 주요 이점이 기록된 차트 페이지를 벽보로 고정시키거나 포스트잇을 사용하여 참가자에게 전달하여 일일이 논의하라. 이 이점을 참가자가 곧 시작하게 될 역할극에 연결시켜라.

이후 비밀 보장(confidentiality)의 문제를 언급하라. 특히 이것은 참가자가 자신이 직업 관련된 시나리오로 역할극을 할 때, 예를 들어 실제 동료나 상사와의 문제를 다룰 때 중요하다. 참가자가 새로운 행동을 시도하는 것이 직장 동료에게 알려질 수 있

역할극의 이점

1. **즉석에서 실시할 수 있다.**
   - 새로운 정보와 행동을 즉시 실시한다.
   - 새로운 행동을 지속적으로 개선한다.
   - 즉각적이고 특정한 피드백을 받는다.

2. **안전하고 통제가 가능하다.**
   - 안전한 환경에서 연습한다.
   - 구조화되고 계획된 방법을 사용한다.
   - 숙달되도록 반복한다.

3. **융통성 있다.**
   - 보다 적절하게 수정한다.
   - 필요한 만큼 난이도를 조정한다.
   - 필요한 만큼 시간을 맞춘다.

4. **다른 사람들에게서 배울 수 있다.**
   - 여러 가지 방법과 접근법을 알 수 있다.
   - 다른 관점에 대해서도 점차 알게 된다.
   - 다른 사람들이 자신을 어떻게 보고, 반응하는지 배운다.

기 때문에 강의 중에 나누었던 대화나 공유했던 정보 혹은 자신의 실수에 대해 걱정하는 것은 당연하다. 상담가가 비밀 보장과 관련해 참가자를 안심시키고 여기에서 이야기된 것들을 절대 외부로 노출시키지 않겠다는 신뢰감을 준다면, 참가자는 새로운 행동을 시도하거나 피드백을 주고받는 것을 기꺼이 하려고 할 것이다.

프로그램 동안에 참가자 간에 서로 공유했던 정보는 반드시 비밀 보장이 되고 강의실 밖에서는 일체 언급되지 않을 것임을 약속하라. 참가자에게 '여기서 정보를 공유한 우리가 강의실 밖으로 그 정보를 노출시키면 어떻게 될까요?'와 같은 질문을 하면서 비밀 보장에 대한 동의를 얻도록 하라. 강의실을 둘러보고 고개를 흔들거나 답변하는 참가자가 있는지 반응을 살펴라. 망설이는 몇몇 사람이 있거나 의심스러운 눈치가 보일 때는 질문이나 조언을 하도록 하라. 참가자에게 자신의 견해를 말하게 한 후, 확신 있고 분명한 방법으로 관심 내용을 언급하게 하라.

만일 그룹 내에 긴장이 있거나 서로를 잘 알지 못한다면, 긴장을 풀고 서로를 좀 더 잘 알도록 간단한 워밍업 활동을 하라. 대개는 참가자 간에 서로 대화하고 간략한 개인 정보를 나누거나 이 과정과 관련된 주제에 대해 토의하는 데는 불과 10~20분 정도면 충분할 것이며, 이 정도면 살짝 긴장을 풀고 자연스럽게 역할극 활동으로 넘어가기에 충분하다.

무대 세팅의 마지막 단계는 활동의 목적을 설명하고 참가자가 이 활동을 통해 무엇을 얻게 될지를 알리는 것이다. 말콤 나울즈(Malcom Knowles)의 『성인 학습자(The Adult Learner)』(1998)에서는 성인 학습자의 중요한 특징을 설명하고 있는데, 이 특징은 오늘날 성인 학습 이론에 중심이 되고 있다. 나울즈는 성인 학습자는 구체적이며, 목적 지향적이고, 타당성 지향적이라고 강조하였다. 대부분의 역할극 참가자는 이 같은 활동을 하는 것이 그들에게 어떠한 도움이 되는지를 알고 싶어 한다. 즉, 그들이 학습할 내용이 자신들의 일이나 삶에 얼마나 적절하고 도움이 되는지 궁금해하는 것이다. 이러한 이유 때문에 역할극을 소개할 때, 훈련 목적, 참가자의 실제 세계에서의 수요, 관심사 등을 학습과 분명하게 연결시키는 것이 매우 중요하다.

특히 상담가가 참가자에게 역할극의 학습 목적을 이야기할 때는 그들이 이 목적에 부합하는 것이 그들의 일이나 생활에 어떻게 도움이 되는지 이해시키는 것이 중요하다. 예를 들면, '이 역할극 활동은 여러분들이 회사에서 실시하는 성취도 평가 양식을 작성하는 연습을 하는 것입니다. 여러분이 이 양식에 익숙해질수록, 또한 여러분이 이 활동에서 양식을 사용하는 연습을 많이 할수록, 여러분은 직장에 돌아가서 그것을 사용할 때 훨씬 더 수월할 것입니다.' 와 같이 제안할 수 있다.

소개하라

역할극을 통해 참가자 개개인이 정확히 무엇을 할지에 대해 하나하나 구체적으로 소개하도록 하라. 상담가는 설명 방법을 구조화해야 한다. 그리고 소개를 진행하면서 첫 번째로는, 다음으로는, 그 후에는, 이다음에는, 마지막으로와 같은 용어를 사용하라. 예를 들어, 상담가는 참가자에게 어떠한 유형의 활동을 하게 될 것인지와 역할극의 목적을 알린 후, 진행될 단계에 대해 언급한다.

"이번에는 적용 활동입니다. 학습 목적은 여러분이 피드백 모델을 사용해 반복적으로 연습하는 것입니다. 여러분은 본인이 속한 소그룹에서 3가지 기본 단계를 따라야 합니다. 맨 처음에 여러분은 상황 목록을 살펴보고 자신이 사용할 3가지 목록을 고르게 될 것입니다. 그다음에는 여러분의 그룹에 속한 참가자와 모델을 사용해 하나하나씩 연습하게 될 것입니다. 이 과정에서는 ① 유인물에 적힌 대로 순서를 따르고, ② 여러분 스스로가 선택한 상황을 사용하고, ③ 하나의 상황을 연기하고 난 뒤에 피드백을 받게 됩니다. 그리고 마지막으로 여러분은 이번 역할극을 통해 배운 것에 대해 간단한 그룹 토의를 하면 됩니다."

소개를 하는 동안 벽보, 차트, 화면 등의 자료를 활용하여 각 항목을 설명하거나, 예를 들거나, 시연하면서 부가적인 언급을 하도록 하라. 자료를 언급할 때는 샘플을 들어 올리도록 하라. 예를 들어, 피드백을 할 때 첫시연자가 서면 피드백이나 구두 피드백을 받거나 혹은 둘 다를 받겠다고 선택했다면, 피드백 양식 복사본을 보여 주고 그것을 사용하라고 말하면 된다. 또한 벨이 울리면 회기가 끝나는 것이라고 설명한 다음, 벨을 올려 보이고 울려 보도록 한다.

역할극 활동을 소개한 다음, 참가자가 역할극을 하는 동안 쉽게 확인할 수 있도록 소개에 관한 간단한 목록을 벽면에 붙이거나, 소개 내용이 기록된 유인물을 나누어 주도록 하라. 이렇게 하여 참가자는 지침을 가까이 두고 보거나 눈에 잘 띄는 벽면에 고정시켜 놓으면 매우 유용하다는 것을 알게 된다. 그러나 소개 시간에 너무 많은 정보가 제공되면, 참가자의 머릿속이 혼란스러워질 수 있음을 유념하라.

역할극 모델을 선보여라

역할극 활동을 소개하고 세팅할 때, 몇 분간 시연을 하거나 과정의 일부를 보여 주면 참가자에게 상당한 도움이 된다. 정확한 행동을 모델로 보여 주는 것은 참가자가 무엇을 하게 될 것인지 미리 머릿속으로 그려 보거나 예상하게 함으로써 역할극을 보다 친근하게 느끼게 한다. 또한 많은 참가자들은 상담가의 역할 시연을 통해 대리만족을 얻거나 관찰함으로써 배울 수 있다.

상담가가 혼자서 모든 역할을 맡건 아니면 상담가와 함께 역할을 시연할 자원자를 찾건 간에 모든 사람들이 볼 수 있는 곳에서 모델 역할극을 해야 한다. 필자의 경우는 혼자서 다양한 역할을 하는 것을 즐긴다. 그러나 참가자와 협력하여 조화롭게 시연을 하면 더 효과적일 수 있다. 이러한 경우에는 참여 의지가 강하고, 역할극을 잘 해낼 것 같은 사람을 택하는 것이 좋다. 그냥 아무나 무작위로 고르거나 강제로 함께 시연을 하자고 해서는 안 된다. 혼자 하건 아니면 그룹과 함께하건 간에 앞으로 진행될 과정과 역할을 참가자가 이해하는 데 많은 도움이 될 것이다. 다음은 앞으로 진행될 상황에 대해 상담가 혼자서 역할극 모델을 한 예이다.

"자, 각 그룹은 3분씩 역할극을 하게 될 것입니다. (돌아서서 무대를 정면으로 바라보며) 첫 번째 역할극의 첫시연자가 될 A 그리고 (돌아서서 무대 왼쪽을 쳐다보며) A의 지시에 따라 다른 역할을 하게 될 B 그리고 (참가자를 쳐다보고 손을 흔들며) 관찰자가 되어 관찰하고 (양식을 들어 보이며) 피드백할 내용을 기록하고 캠코더를 이용해 역할극을 녹화할 C입니다."

"만일 C가 역할극을 찍게 되면, C는 아마도 B 쪽에 서서 (캠코더를 들어 상상의 그룹을 향해 이동하며) A에게 카메라를 맞추게 될 것입니다."

"(돌아서서 진지하게 상상의 A를 쳐다보며) A는 우리 모두가 동의한 시작 멘트인 '랄프, 난 지난 금요일에 당신이 제출하지 않았던 보고서에 대해 이야기하고 싶어요.'로 역할극을 시작하게 될 것입니다."

"(돌아서서 참가자가 서 있는 곳을 쳐다보며) B는 역할극 시작 전에 미리 예정했던 대로 '젠장! 수잔, 나는 보고서 작성을 잘 못해요. 당신도 알잖아요.'라고 응답할 것입니다."

"A는 상호작용을 계속하도록 '랄프, 당신이 보고서 작성을 잘 못한다고 해도, 당신은 매주 주 중에 보고서를 제출해야 합니다.'라고 집요한 질문 기술을 사용할 것입니다."

"역할극이 끝나면, C가 테이프를 되감아서 A에게 캠코더를 넘겨줄 것입니다. A가 했던 역할 연기를 보도록 말이지요. 만일 A가 원한다면, 세 사람 모두가 그 역할극에 대해 토론할 수도 있습니다."

모델 활동은 소개 시간에서 10~15분 정도를 추가하면 되지만, 유익은 추가된 시간 그 이상이다. 참가자는 모델 활동을 통해 역할극이 어떻게 진행될 것인가를 직접 보고 들으면서 관찰한 것을 본인은 어떻게 시행할 것인지 상상하게 된다. 이때 상담가는 참가자가 질문하거나 소개 내용을 분명히 숙지하도록 소개 활동 끝에 1~2분 정도를 더 주면 좋다.

👫 3단계: 관리하기

일단 무대를 세팅하고, 역할극을 소개하고, 모델을 선보인 뒤에 상담가는 뒤로 물러나고 참가자가 활동을 시작해야 할 때다. 어떠한 방식으로 하든지 간에 소개 순서에서 역할극 실시로 전환한다는 것을 알려야 한다. 대개는 "자, 역할극을 시작할 시간입니다."라고 말하고 옆으로 물러나면 된다. 아니면 참가자에게 곧 상담가가 하게 될 것에 대해 알리고 역할극을 시작하면 된다. 예를 들면, "역할극을 하는 동안 저는 여러분을 관찰하면서 그룹 사이를 오갈 것입니다. 혹시 질문이나 의문 사항이 있는 분은 손을 들어 주시면 제가 그쪽으로 가도록 하겠습니다. 괜찮으시겠죠? 그럼 역할극을 시작해 볼까요?"처럼 말이다. 역할극을 하는 동안 상담가는 관리자나 과정 촉진자 역할을 하게 된다. 상담가는 주로 역할극을 살펴봄으로써 역할을 수행하게 되지만 참가자가 역할극을 하는 동안 기술, 내용, 참가자 살피기는 물론, 필요한 경우 도움을 주는 것도 상담가의 중요한 몫이다.

기술을 살펴라

과정을 관리하는 데 있어서 중요한 부분 가운데 하나는 활동 중에도 기술을 살펴 필요한 곳에 도움을 주는 것이다. 이것은 소그룹에 있는 의자를 어떻게 배치할 것인지부터 캠코더 작동 문제 또는 소품이나 학습 도구를 시기적절하게 사용하는 것에 이르는 모든 것을 포함한다. 여기서 상담가가 특히 눈여겨봐야 할 부분은 활동 초기의 기술적인 문제이며 이들을 최대한 신속하게 파악해야 한다. 상담가가 기술적인 결함들에 신경을 쓰고 보다 매끄럽게 이끌어 주면, 참가자는 내용과 활동의 기술 개발에 더 잘 집중하게 된다.

무엇보다도 그룹이 충분한 공간을 갖게 하라. 아무리 수업 전에 역할극 공간에 의자를 배치해 놓는다고 해도, 참가자는 여기저기로 장비를 옮기고 자리를 바꾸게 된다. 만일 이러한 그룹의 물리적 배치가 비효율적이라고 여겨지면, 의자를 재배치하라고 제안해야 한다.

다음으로는 모든 참가자가 구비된 장비를 사용하고 있는지 또는 장비를 적절하게 사용하고 있는지 살피도록 하라. 만일 비디오 녹화 시 각도가 잘 안 맞거나 작동법이 서툰 경우에는 다른 위치에서 해 보도록 제안하라. 어떤 참가자가 캠코더를 다루기 힘들어 한다면, 대부분의 집단에는 그를 도울 만한 참가자가 있게 마련이다. 물론 모든 그룹이 캠코더 작동에 어려움을 겪는 경우도 있다. 그럴 때는 신속하게 타임아웃을 외치고 전체 참가자에게 그 문제에 관해 언급하도록 하라.

또한 활동 전반을 통해 시간 사용을 주의 깊게 보고 그룹이 시간 지침을 잘 따르게 하라. 모든 그룹이 정확히 동시에 활동을 끝낼 수는 없겠지만, 그룹 간 차이가 몇 분 이상이 되지 않도록 해야 한다. 만일 어떤 그룹의 활동이 너무 늦어지고 있다면, 상담가가 잠시 개입하여 어떻게 시간 조정을 할지 알려 주어도 좋다.

피드백 양식이나 모델 안내와 같은 서면 자료를 활용할 수 있다는 점도 명심하라. 벽면에 고정시켜 놓은 자료가 있는 경우, 그것이 잘 활용되고 있는지 살펴보라. 만일 그렇지 않다면, 개별 참가자나 소그룹에게 가서 역할극을 하는 동안 모델이나 지침 혹은 필요한 용어를 기억하기 쉽도록 슬쩍슬쩍 자료를 참고하는 방법이 있다는 것을 알려 줄 수도 있다.

소품이 있는 경우, 참가자가 그것을 사용하도록 독려하라. 상담가는 그룹마다 돌아다니면서 소품 활용을 제안하거나 또는 짧게 타임아웃을 외치고 전체 참가자에게 이와 관련해 언급할 수도 있다. 예를 들면, "잠시만요, 여러분! 방해가 되었겠지만, 여러분 중 상당수가 상품 샘플을 활용하지 않고 있네요. 여러분은 앞으로 실제 현장에서 이 상품을 사용할 것이기 때문에, 역할극에서 이 상품을 사용해 보면 큰 도움이 될 것입니다. 샘플이 충분하지 않은 그룹이 있다면 손을 들어 주세요. 제가 가져다드리겠습니다."라고 말할 수 있다.

참가자와 활동 내용을 살펴라

참가자는 때로 토론에 심취해서 역할극으로 전환하는 것을 꺼릴 수도 있다. 토론은 중요하다. 왜냐하면 참가자가 좋은 생각을 제안하거나 서로의 경험을 나눌 수 있기 때문이다. 그러나 이로 인해 짧게 마무리되어야 할 토론이 너무 길어질 수 있다. 활동의 목적은 역할극 동안 행동을 개발하는 것이다. 그들이 바로 이러한 이유 때문에 역할극을 하고 있다는 것을 숙지시켜라.

참가자는 활동에 참여하는 데 신중을 기하는 조용하고 내성적인 사람일 수 있다. 때문에 상담가는 역할극을 하는 동안 그들을 살피고 활동에 잘 참여하고 있는지 유심히 관찰해야 한다. 만일 누군가가 참여에 있어서 미흡하다고 여겨지면, 잠시 그룹을 더 관찰하고 상담가가 이후 피드백 토론에 참여하면 된다. 토론을 하는 동안 유독 조용한 참가자에게 그들의 생각이나 관찰평을 묻도록 하라. 이렇게 해당 그룹에 좀 더 오래 머물다가 다른 그룹으로 이동하면 된다.

내성적이고 조용한 참가자와 반대로 역할극 시간을 너무 많이 차지하는 수다스러운 참가자도 있다. 이런 수다쟁이 참가자는 종종 자신이 얼마나 많은 시간을 사용하고 있는지 인식하지 못하기 때문에, 다른 참가자가 말하는 데 방해가 될 수도 있다. 상담가는 "토의는 너무 길지 않게 스케줄대로 진행해 주세요."라고 말하면서 그러한 그룹에 살짝 끼어들 수 있다. 이렇게 하는 것이 상황을 다소 어색하게 만들 수도 있지만, 다른 참가자를 배려하고 원활한 진행을 위해서는 상담가의 이 같은 개입이 필요하다.

종종 그룹 내에 부정적이고 불평이 많은 참가자가 역할극을 방해하는 경우도 있다. 이러한 행동은 대개는 시간이 지나면 점차 사그라지거나 개별 그룹원이 직접 그 상황을 다루게 되지만, 만일 이러한 행동이 지속되거나 이로 인해 전체 수업이나 개별 소그룹의 분위기가 흩뜨러진다면, 상담가가 직접 나서서 이러한 행동을 다루어야 한다.

때로는 상담가가 문제 행동을 보이는 참가자가 속한 그룹의 근처에서 역할극을 살펴보면서 서 있는 것만으로 충분한 경우도 있다. 그러나 만일 그렇게 해도 소용이 없다면, 상담가가 그에게 직접 정중하게 충고하는 것이 효과적이다. 부정적인 참가자의 옆으로 다가가 무릎을 구부리고 앉아서 "데이브 씨, 실례합니다만, 지금 선생님께서 이 역할극이 시간 낭비라고 말씀하시는 것을 저로서는 참을 수가 없네요. 선생님께 좀 더 적절하게 적용할 수 있는 활동이 있는지를 잠시만 더 지켜보셨으면 합니다."라고 말하라.

이렇듯 조용하고도 중립적인 태도로 말한 다음, 그의 반응을 듣기 위해 그에게 몸을 기울여라. 이때 상담가는 특정 참가자에 대한 공격적인 태도는 절대 삼가고, 그를 불편한 눈초리로 쳐다보아서도 안 된다. 상담가의 목적은 역할극 활동이 그 참가자에게나 그룹의 다른 참가자를 위해서 보다 긍정적으로 작용하도록 하는 데 있다. 운이 좋다면 그가 태도를 바꾸겠지만, 설사 그렇게 되지 않더라도 최소한 그가 드러내놓고 부정적으로 말하거나 불평하는 태도는 줄일 수 있다.

더불어 역할극의 내용을 살펴라. 그룹이 안내 지침에 따라 모델을 사용하면서 행동을 연습하고 있는가? 만일 그렇지 않다면, 주의 깊게 관찰하여 참가자가 하기로 되어 있던 것을 실시하도록 안내하라. 특히 피드백이 어떻게 이루어지고 있는지 잘 살피고 필요할 때 효과적인 피드백 과정을 촉진하도록 하라.

필요한 경우 타임아웃을 외쳐라

만일 역할극 그룹에 일반적인 문제가 발생한다면, 타임아웃을 외치고 문제를 거론하라. 예를 들어, 참가자가 피드백 양식을 사용하지 않거나 누구도 특정 소품을 사용하고 있지 않다면, 타임아웃을 외쳐 다음과 같이 필요한 물품을 사용하도록 요청하거나 주지시키도록 하라. "잠깐만요, 여러분, 잠시만 멈춰 주세요(정지하고 참가자들이 집중할 때까지 기다린다). 제가 보니까 역할극 전에 나누어 드린 문제 분석 양식을 아무도 사용하지 않더군요. 잠시 시간을 드릴 테니 그 양식에 기록된 정보를 살펴보시기 바랍니다. 그러면 활동이 훨씬 더 원활하게 진행될 것입니다. 아시겠죠? 좋습니다. 자, 다시 역할극으로 돌아가도록 하지요."

당초 계획했던 것에 비해 역할극의 소요 시간이 더 길어질 것 같다면, 참가자에게 좀 더 속도를 내라고 독려하거나 또는 추가적인 시간을 줄 수 있다. 한편 상담가는 참가자가 역할극의 회기 사이마다 짧은 휴식을 가졌으면 하는 바람을 눈치챌 수도 있을 것이다. 그럴 때는 예를 들어, 3회기 역할극 중 두 번째 회기가 끝난 뒤에 잠깐 동안 보고를 하고 마지막 가장 어려운 회기를 시작하기 전에 5분 정도의 휴식을 가지면 좋다.

역할극이 제대로 진행되지 않는다고 여겨지면, 2가지를 고려해 보아야 한다. 첫 번째는 전체 참가자를 향해 타임아웃을 외치고, 현재 일어나는 활동에 대해 토론하고 변화를 주는 데 동의를 얻는 것이다. 활동이 학습 목적에 부합하지 않는다고 판단될 때는 그렇게 하는 편이 더 낫다. 상담가의 첫 번째 관심은 참가자의 학습 욕구를 충족시키는 것이지, 참가자의 활동이 역할극의 기획 의도에 부합하도록 강요하는 것이 아니다. 이러한 경우에는 활동을 그룹의 학습 욕구에 맞추어 진행시켜라.

두 번째는 활동을 그대로 진행시키고 보고 시간에 문제를 언급하는 것이다. 이 방법은 짧은 활동이나 학습 목적과 부합하는 경우에는 좋은 선택이 된다. 역할극이 잘 진행되지 않는다고 해서 완전히 판을 뒤집을 생각을 하거나 주의를 흩뜨려서는 안 된다. 왜냐하면 상담가가 기대했던 만큼 역할극이 잘 진행되지 않더라도 그가 생각하는 상황보다는 더 잘 진행되고 있을 수 있으며, 이미 일어난 일은 받아들이고 학습에 초점을 맞춘다면 그것은 도움이 될 수 있기 때문이다.

한편 역할극을 잘 계획하여 제대로 실시하고, 이 활동이 전에는 잘 진행되었던 것인데도 이번에는 활동이 수월하게 진행되지 않거나 기대하고 예상했던 만큼 잘되지 않았다면, 이는 참가자와 집단 간의 역동 때문일 수 있다. 이와 관련해 어떠한 일이 일어났고, 왜 그러한 일이 발생되었나를 보고 시간에 분석하고 토의하는 일은 참가자에게 큰 도움이 된다. 역할극은 잘 변하지 않으면서도 직장 생활에 영향을 미치는 개인의 행동과 태도를 깨닫게 할 수 있다. 역할극은 그 자체만으로도 통찰이나 학습면에서 의미 있는 자료다.

활동을 종료하라

역할극 활동을 마치는 것이 어려울 때가 있다. 소그룹의 경우, 동시에 끝나기란 쉽지 않다. 따라서 상담가가 전체 활동을 갑작스럽게 끝내 버린다면, 활동에서 하지 못했거나 끝내지 못한 문장 등 마무리가 매우 느슨해질 수 있다. 따라서 활동 종료 시간 5분 전에 미리 그룹에 예고를 하도록 하라.

그리고 5분이 지나면, 벨을 울리거나 차임벨 소리를 내서 활동이 끝났다는 신호를 보내라. 참가자에게 역할극 시간이 종료되었으며, 이제부터는 전체 활동을 보고할 시간이라고 알려라. 의자를 이동시켜 역할극 공간 옆쪽에 반원 형태로 배치하더라도 분리된 공간에서 보고 시간을 갖는 것이 더 좋다. 이제 동료 그룹원에게 서로 잘했다는 격려의 인사를 하게 하고 의자를 옮겨 마지막 전체 보고를 할 장소로 이동시켜라.

🍪 4단계: 보고하기

학습활동 보고 시간은 활동 중 가장 중요한 마지막 단계다. 그러나 아쉽게도 이 부분은 자주 소홀히 다루어질 뿐만 아니라, 이 보고 시간을 줄여서 프로그램 시간을 단축시키는 데 일조하고 있다. 물론 절대로 그렇게 해서는 안 된다. 보고 시간은 연습했던 학습 내용을 확고히 하고 강화하는 데 중요한 역할을 한다. 전체 참가자는 반드시 보고에 참여해야 하며, 이를 통해 역할극 중에 일어났던 일을 되짚고, 그 사건의 중요성을 살펴 참가자가 배운 것을 앞으로 실생활에 어떻게 적용할 계획인지를 나누도록 해야 한다.

이 시간 동안은 특별히 참가자가 프로그램에 집중하게 하여 보고 활동에 참여시키는 것이 좋다. 이렇게 하기 위해서는 참가자가 역할극 공간에서 또 다른 공간으로 옮길 때 상담가가 좀 더 진중한 어조로 목소리 톤을 바꾸어 지시하는 것이 좋다. 참가자가 다시 모여서 자리가 정리되면 한 번 더 분위기를 조성한다. 이때는 기법에 대한 생각은 잠시 접고 역할극의 목적에 초점을 두고, 보고하기에 적절한 분위기를 만들도록 한다.

보고는 역할극의 목적을 진술하고 참가자의 활동이 그 목적에 부합했는지를 묻는 평가로 시작한다. 다시 한 번 더 강조하지만, 기대는 결과에 영향을 미친다. 만일 상담가의 태도가 보고는 중요하고, 참가자에게 학습과 학습 적용에 대한 훌륭한 논의를 기대하고 있다는 것이 전달되면, 참가자는 적극적인 보고를 하도록 고무될 것이다.

보고 활동 계획을 따르라. 상담가가 이동식 차트를 중심으로 둥글게 둘러앉은 참가자에게 간단한 그룹 보고를 지도하건, 아니면 큰 그룹에 속한 소집단 참가자에게 보고를 지도하건 간에 중요한 것은, 상담가가 현재 논의되고 있는 보고 내용을 경청하고 그것을 적절한 형태로 진행하는 것이다. 상담가는 참가자가 그들의 생각과 관찰 내용을 공유하도록 용기를 북돋우고, 긍정적인 답변으로 강화해야 한다. 참가자의 반응을 좀 더 심화시키기 위해서는 되짚기 질문을 하는 것도 좋다. 이를테면, "그 부분에 대해서 좀 더 이야기해 주세요."혹은 "그것 정말 멋진데요, 그렇게 보게 된 이유가 궁금하네요."처럼 말이다.

보고와 전체 역할극 활동은 간략하고 빠른 요약과 함께 참가자가 활동에 참여한 것에 대해 감사의 마음을 전하며 마무리하라. 이것은 보고 시간의 종료와 역할극의 마무리를 알리는 동시에 모든 이들에게 활동이 종결되었다는 신호를 보내는 것이다. 예를 들면 다음과 같다.

"여러분은 방금 다양한 작업 상황에서 피드백하는 모델의 적용 활동을 너무나도 훌륭하게 해내셨습니다. 보고 시간에 여러분이 했던 평가와 지적 역시 정말 대단했습니다. 저는 어려운 역할극 활동에 끝까지 최선을 다해 주신 여러분께 너무나 감사하고, 더불어 여러분이 배운 것을 가능한 한 빨리 직업 현장에 적용하라고 말씀 드리고 싶습니다. 이제 10분간 휴식하고 3시 30분에 여러분이 원래 자리했던 곳으로 다시 모여 주시기 바랍니다. 다시 한번 여러분께 감사 드립니다."

역할극 실시를 위해 기억해야 할 사항

역할극 활동을 실시하는 데 있어 구조화되고 단계별로 접근하는 방법을 사용하는 것은 상담가가 보다 쉽고 성공적으로 역할극을 이끌도록 돕는다. 이러한 접근법은 역할극 활동을 사전에 미리 준비하여, 자세하게 소개하고, 역할극을 시작하면서 활동을 관리하고, 활동 종료 시에는 세련된 보고를 할 수 있게 한다. 역할극의 실시에 있어서 이 모든 단계가 중요한데, 이는 각각의 모든 단계들이 서로 유기적으로 연결되어 효과적인 학습 경험을 창출하기 위한 것이기 때문이다.

구조화된 방법으로 역할극을 실시하는 것은 참가자 스스로가 무엇을 해야 하고, 어떻게 해야 할지를 더 쉽게 인식시킬 뿐 아니라, 활동 기간 내내 상담가를 도와 방향성을 제시할 만큼 매우 유익하다. 필자가 제5장~제9장에 걸쳐 25개의 역할극을 제시하면서 구조화된 방법을 사용하는 이유도 바로 이 때문이다. 필자는 많은 상담가가 이들 역할극을 모델로 하여 역할극 실시에 도움을 받음으로써 참가자의 역할극 활동이 좀 더 편해지기를 바랄 뿐이다.

PART 2
역할극

　제2부는 5개의 장에 포함된 25개의 역할극으로 구성되었으며, 각 장은 각기 다른 유형의 역할극으로 꾸며졌다. 제5장은 5개의 위밍업 역할극을 제시하여 참가자 간에 서로 얼굴을 익히게 하고 특정 개념, 수업 내용, 특정 행동에 익숙하게끔 한다. 제6장은 특정 행동을 반복적으로 사용하는 연습을 하는 행동시연을 다루며, 제7장은 특정 모델을 사용하거나 제공된 지침을 따르는 연습을 하는 적용 활동을 다룬다. 제8장은 문제 중심 혹은 사람 중심의 5개의 역할극을 다루며, 제9장은 예상하지 못했던 상황들을 빠르고 효과적으로 다루기 위한 기술을 테스트하는 5개의 즉흥 역할극을 다룬다.

　제2부에는 이렇듯 25개의 역할극이 준비되어 있다. 지금 바로 시작할 수 있도록 준비해 놓고 여러분을 기다리고 있다. 각 역할극은 소개에 대한 정확한 내용과 특정 역할극에 대한 보고를 포함하고 있으며, 각 역할극에 필요한 모든 유인물과 양식도 개별 역할극 끝에 포함되었다.

　25개의 역할극 각각은 활동에 대한 개관으로 시작한다. 역할극 유형, 짧은 요약, 목적, 참가자 수, 예상 시간, 필요한 자료와 장소 세팅 유형 등이 그것이다. 이후 역할극 활동 전에 무엇을 해야 하고, 역할극을 어떻게 소개하고, 관리하며, 보고하는지에 대한 지침

등이 제시되어 있다. 그리고 대부분의 역할극은 '고려해야 할 사항'으로 끝을 맺는다. 여기서는 변화와 개선을 위한 제안 사항, 주의해야 할 특정 문제 및 관심사가 설명된다.

다음은 25개의 역할극 목차이다. 목차에 이어 제시된 표에서 25개의 역할극에 사용된 프로그램의 유형을 나열하였다.

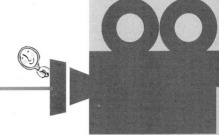

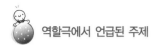
역할극에서 언급된 주제

주제	역할극 순번																								
	1	2	3	4	5	6	7	8	9	10	11	12	13	14	15	16	17	18	19	20	21	22	23	24	25
행동 변화											∨			∨			∨								
경 력									∨							∨									
지 도											∨														
대 화			∨				∨			∨			∨			∨									
갈 등																			∨						
고객 서비스			∨	∨			∨																		
보 고																								∨	∨
까다로운 사람			∨	∨													∨								
영 어																				∨					
피드백											∨			∨			∨								
리더십							∨							∨			∨		∨						
관 리											∨			∨			∨		∨				∨		
회 의																						∨			
신입사원	∨	∨						∨																	
성 과											∨			∨											
발 표					∨					∨		∨	∨								∨				
공개 연설				∨	∨	∨								∨							∨				
역할 / 기대	∨	∨																							
판 매										∨		∨													
감독 기술							∨	∨			∨			∨	∨				∨				∨		
전화 응대 기술								∨																	
교육생 훈련														∨											

역할극 활동을 위한 워밍업

ROLE PLAY MADE EASY
CHAPTER #05

워밍업 활동은 참가자 간에 서로의 안면을 익히게 할 뿐만 아니라 특정 개념이나 수업 내용, 특정 행동을 익히기 위한 짧고도 간단한 역할극이다. 역할극 '1. 훈련 엿보기'와 '2. 이런 곳에서 뭐 하고 계세요?'는 워밍업에 대한 좋은 예시이다. 또한 워밍업은 역할극 '3. 까다로운 사람과 점심 식사하기'와 '4. 긍정적 반응, 중립적 반응, 부정적 반응', '5. 집중해 주시겠어요?'와 같이 참가자가 보다 어려워하거나 복잡한 역할극으로 옮겨 가기 위한 준비를 돕는다.

01 훈련 엿보기 _역할 따라 하기

🧸 역할극 개관

역할극 유형 대부분의 교육 프로그램은 시작 부분에 워밍업 역할극이 사용된다. 특히 필자는 워밍업을 필수 영역으로 사용할 만큼 좋아한다.

요 약 참가자는 복역 중인 수감자, 여유롭게 유흥을 즐기는 유람객, 학습 중인 학생 등 3가지 역할 가운데 가능한 한 가지 역할을 연기하면서 상호작용한다.

목 적 참가자가 훈련받고 싶은 역할 연습하기

수업 규모 어느 규모나 가능

그룹 규모 수업 규모만큼

소요 시간 20분

자 료
- 역할 할당 종이쪽지
- 소리 신호 장치
- 보고용 질문 목록이 기록된 이동식 차트

장소 세팅 강의실이나 회의장 세팅

🧸 역할극하기

🧄 준비하기

1. 수업 전에, 활동을 실시할 장소를 결정하라. 크고 넓은 장소가 필요하며, 강의실 뒤쪽에 공간이 있으면 유용하다. 야외나 여유 공간이 많은 장소 혹은 홀에서 공개 활동을 하는 것도 추천할 만하다.
2. 다음의 정보를 사용하여 각각의 종이에 3가지 역할을 자세히 기술하라. 각 역할만큼 인원을 분배하여 한 참가자당 한 가지 역할을 충분히 기술하게 하라. 각 역할의 대표적인 대사를 살펴보면 다음과 같다.

수감자

"여기서 복역하라는 판결을 받았어. 나갈 때까지 시간이나 죽이고 있어야겠는걸."

"점심시간은 얼마나 주는 거야?"

"이 수업은 대체 몇 시에 끝나?"

"저 상담가 깐깐한가?"

유람객

"저는 여기서 좀 쉬고 즐기면 그뿐이에요."

"점심으로 무엇을 먹게 되나요?"

"수업 중에 게임 시간도 있나요?"

"상담가 성격이 좋아 보이는데요?"

학생

"저는 여기서 새로운 정보를 얻고 새 기술도 배우고 싶습니다."

"점심 급식을 하나요?"

"좋은 모델과 지침이 있으면 좋겠어요."

"상담가가 경험이 많은 분인가요?"

3. 벨, 호루라기 등 소리 신호 장치를 준비하라.

4. 상담가는 다음의 보고용 질문이 기록된 이동식 차트를 활동을 지휘할 공간에 두어라.

- 어떠한 역할이 있는가?
- 상담가는 어떠한 말과 행동을 관찰했는가?
- 맡은 역할을 연기하는 동안 어떠한 느낌이었는가?
- 전에 했던 프로그램에서 이러한 역할을 해 본 적이 있는가?
- 다른 역할에서는 어떠한 것을 관찰했는가?
- 이러한 역할극이 프로그램에 얼마만큼의 영향을 미치는가?
- 참가자의 역할을 상상해서 제시해 보라.

🍡 소개하기

1. 그룹에게 이 활동의 목적은 훈련 프로그램에서 참가자가 맡게 될 역할에 대해 생각해 보는 것이라고 설명하라.

2. 활동을 시행할 장소로 참가자와 함께 이동하라.

3. 참가자에게 이 활동에서 그룹을 형성하고, 서로 간에 소개할 것이라고 말하라.

4. 참가자에게 각각 그들의 역할 할당 쪽지를 나누어 주고, 그들에게 각자가 맡게 될 역할에 대해 생각해 보고, 마치 실제 그 인물이라도 된 듯, 그처럼 걷고 말하고 행동하라고 제안하라.

5. 참가자 간에 서로 어울려 자신을 소개하게 하고, 가능한 한 다른 모든 참가자에게 소개할 것을 요청하라. 10분이 경과하면 벨을 울릴 것이라고 말하라.

6. 참가자가 이 활동에 흥미를 갖도록 독려하고, 실제로 역할을 해 보도록 활동을 시작하라.

1. 참가자가 활동을 하는 동안 이 그룹에서 저 그룹으로 이동하라. 보고 시간에 공유할 만한 흥미로운 반응이나 유달리 재미있는 반응은 기록해 두어라.
2. 시간이 종료되면, 벨을 울리고 이동식 차트가 있는 곳으로 가라.

보고하기

1. 참가자에게 상담가를 중심으로 둥글게 하나의 그룹을 만들라고 말하라.
2. 이동식 차트에 있는 질문을 활동과 관련하여 보고하라.

고려해야 할 사항

때때로 참가자가 수감자 역할을 너무 지나치게 하여 매우 까칠하게 굴거나 부정적으로 행동해 분노를 사는 경우가 있다. 이러한 것을 방지하기 위해 상담가가 활동을 소개할 때, 이것은 재미로 하는 개시 활동이라는 점을 강조하라. 그리고 상담가가 역할을 참가자에게 배정할 때, 특정 참가자가 훈련 시에 다소 부정적이거나 우울할 것으로 예상되면, 그에게는 학습자 역할을 주도록 하라.

02 이런 곳에서 뭐 하고 계세요? _소개와 기대

역할극 개관

역할극 유형 이것은 워밍업 소개 활동으로 필자가 가장 좋아하는 워밍업 활동 중 하나이며, 어떠한 프로그램에서도 효과가 좋다.

요 약 참가자는 대규모 파티에서 사교 모임을 갖거나, 파티에서 사진을 찍거나, 손님을 영접하는 역할을 한다. 참가자의 사진과 그들에 대한 정보 그리고 이 과정에 대한 참가자의 기대 등은 모든 참가자의 인터뷰가 끝날 때까지 강의실 벽면에 여기저기 붙여 둔다.

목적
- 서로에 대해 알기
- 앞으로 참여할 역할극을 위해 분위기 돋우기
- 프로그램에 대한 학습자의 기대와 관련된 논의 이끌기

그룹 규모 10~20명

소요 시간 20~30분

자 료
- '기자' 라고 쓰인 모자와 필름이 들어 있는 즉석카메라 각각 2~3개
- 강의실 벽면에 붙일 빈 이동식 차트 페이지
- 매직과 테이프
- 활동의 시작과 끝을 알릴 소리 신호 장치
- 보고용 질문 목록이 기록된 이동식 차트

장소 세팅 강의실이나 회의장 세팅

🍪 역할극하기

👤 준비하기

1. 이 활동을 위해서는 가능한 한 넓고 큰 공간을 선택하라.

2. 수업 전에 2~3개 정도의 중절모를 준비하고 각 모자마다 '기자'라고 표시해 두어라. 필름이 들어 있는 즉석카메라도 같은 수만큼 준비하고 활동을 시행할 장소에 소품을 준비해 두어라.

3. 강의실 벽면 곳곳에 빈 이동식 차트 페이지나 빈 벽보를 붙여 두고, 모든 참가자의 사진과 정보를 부착할 만큼 충분한 분량의 종이와 벽보를 준비하라. 큰 벽보와 이동식 차트는 각 페이지를 3~4개 부분으로 나누어서 3~4명에 대한 정보가 한 페이지에 들어가도록 구성하라.

4. 벽보나 이동식 차트 근처에 매직과 테이프를 준비해 놓고, 소리 신호 장치를 꺼내어 사용할 준비를 하라.

5. 보고용 질문이 기록된 이동식 차트를 다음의 활동 예정 장소에 구비해 두어라.

- 기자와 인터뷰할 때의 느낌은 어떠했는가?
- 사진을 찍히고, 본인의 사진이 벽에 걸릴 때의 기분은 어떠했는가?
- 모자를 쓰고 기자 역할을 해 본 소감은 어떠한가?
- 이 프로그램에 대해 참가자는 어떤 기대를 가지고 있다고 답했는가?

👤 소개하기

1. 그룹에게 이 활동의 목적이 서로에 대해 알고, 역할 연습을 하고, 이 프로그램에 대한 기대를 나누는 것이라고 설명하라.

2. 참가자에게 이 활동에서 그들이 각각 2개의 역할을 하게 될 것이며, 대부분의 시

간을 큰 규모의 사교 파티에서 서로 어울려 인사를 나누고, 자신을 소개하는 역할을 하는 데 보내게 될 것이라고 설명하라. 한편 활동이 끝날 때까지, 한 번에 2명(혹은 그룹당 3명 정도)의 참가자가 그룹을 순회하는 기자 역할을 하면서 사진을 찍고, 참가자와 인터뷰하게 될 것이다.

3. 참가자는 기자 역할을 할 때, 미처 인터뷰를 하지 않은 사람이 있는지 찾아내어 사진을 찍고 인터뷰해야 한다. 기자 역할을 맡은 참가자는 상대방의 이름과 직업, 이 과정에 대한 기대와 관련한 정보를 얻어야 한다. 그들에게 인터뷰에서 얻은 정보를 강의실 곳곳에 붙여진 빈 벽보에 기록하게 하라. 이때 빈 벽보 옆에는 매직과 테이프가 준비되어 있다는 것을 알려 주어야 한다. 또한 참가자는 각 이동식 차트에서 2~3명에 대한 정보를 얻을 수 있어야 한다.

4. 한 참가자가 인터뷰를 끝낸 후에는 강의실 곳곳에 있는 벽보나 이동식 차트에 인터뷰에 응한 참가자의 정보와 사진을 붙여야 한다. 그다음, 그는 아직 기자 역할을 하지 않은 참가자(인터뷰는 마친 사람)를 찾아서 모자와 카메라를 전달해야 한다.

5. 참가자에게 모든 참가자를 인터뷰하고 정보를 정리하기까지 약 20분의 시간을 줄 것이라고 알리면서, 이 시간 안에 다른 모든 참가자를 인터뷰해야 한다는 점을 강조하라.

6. 활동이 이루어지고 있는 장소로 이동하여 참가자에게 상담가가 참여하고 있는 그룹에 동참하라고 요청하라. 참가자 간에 서로 어울려 자기소개를 하게 하라.

7. 2명의 참가자를 선택하여 그들에게 '기자' 모자와 카메라를 주고 인터뷰할 참가자를 찾게 하라.

👐 관리하기

1. 참가자가 활동에 참여하기 시작할 때, 상담가도 함께 그룹에 참여하면 좋다. 상담가 역시 가능한 한 많은 참가자에게 본인을 소개하는 것이 좋다. 단, 참가자가 상담가를 인터뷰하게 하는 것은 좋지만, 상담가가 '기자' 역할을 하는 것

은 삼가도록 하라.

2. 보고 시간 동안 나눌 만한 특별히 재미있는 사항이나 흥미로운 반응이 있을 때는 기록해 두어라.

3. 모든 인터뷰가 끝나고 정보가 정리되면, 활동을 종료하라.

🍪 보고하기

1. 이동식 차트를 옮겨, 페이지를 펼쳐라. 참가자에게 상담가를 중심으로 하나의 그룹을 형성하도록 요청하라.

2. 이동식 차트에 있는 질문에 따라 활동을 보고하라.

3. '이 프로그램에 대해 참가자는 어떠한 기대를 가지고 있는가?'라는 마지막 질문에 이르면, 참가자가 벽보나 이동식 차트에 기록해 두었던 기대를 읽게 하면서 그들과 함께 강의실 곳곳을 걷기 시작하라. 그룹과 함께 이동하면서 게시물에 기록된 다양한 기대를 읽으면서 형광펜으로 밑줄을 긋게 하라. 또한 참가자에게 기대에 대한 만족도를 어떠한 방법으로 표현할 것인가 물어보라.

🍪🍪 고려해야 할 사항

• 필자의 경험상, 이 활동을 할 때는 사교적인 참가자를 대상으로 첫 번째 기자단을 꾸리는 것이 가장 효과적이었다. 이들은 분위기 설정이나 모델 역할을 잘 해냈다.

• 어떤 사람들은 사진이 찍히는 것을 좋아하지 않는다. 따라서 '기자' 역할을 하는 참가자에게 인터뷰에서 사진을 찍을 때는 상반신까지만 찍으라고 요청하고, 수업이 끝나면 본인의 사진은 자신이 갖거나 찢어도 된다고 설명하라.

• 보고 시간 끝에는 기대에 대한 토론을 하고, 프로그램의 나머지 내용에 대한 기대와 연결시키도록 하라.

03 까다로운 사람과 점심 식사하기

_까다로운 사람들과 만나는 연습

역할극 개관

역할극 유형 이것은 까다로운 사람을 다루는 프로그램에 대한 워밍업 활동이다. 필자는 일상적인 의사소통 과정, 고객 서비스 프로그램, 까다로운 사람 다루기 프로그램에서 이 워밍업을 사용했다.

요 약 참가자는 까다로운 사람을 다루는 역할을 맡았으며, 까다로운 사람과 함께 점심 식사를 하러 갈 장소를 정하려고 한다. 갖가지 유형의 까다로운 사람을 다루는 이 활동은 그들이 왜 그러한 방식으로 행동하는지에 대한 토의로 연결된다.

목적
- 곧 시작될 역할극을 위한 분위기 조성하기
- 까다로운 사람을 다루는 연습하기
- 까다로운 사람을 주제로 토론하기

수업 규모 어떤 규모든 가능

그룹 규모 수업 규모만큼

소요 시간 약 20분

자료
- 각 참가자마다 한 가지 까다로운 행동이 설명된 종이
- 벨 혹은 소리 신호 장치
- 보고용 질문 목록이 기록된 이동식 차트

장소 세팅 강의실이나 회의장 세팅

🍪🍪 역할극하기

🍡 준비하기

1. 사람들이 쉽게 모이고 어울릴 수 있는 넓고 개방된 공간을 선택하라.
2. 까다로운 사람에 대한 다음의 진술 내용 중 한 가지가 포함된 종이쪽지를 준비하라(만일 프로그램 내용에서 까다로운 사람들에 대한 특정한 범주나 진술 내용이 있다면, 그것을 사용하라).

o **무작정 부정형** 이러한 유형의 사람은 언제나 물 컵의 물이 반밖에 안 남았다고 부정적으로 생각한다. 이들은 어떤 것이든지 무엇이든지 간에 즉시 결점을 찾아내고, 가능한 모든 문제나 난점을 재빨리 지적한다. 가장 좋아하는 단어는 '싫어요' 다.

o **전지전능형** 이 유형의 사람은 자신이 모든 것을 알고 있다고 생각하여 모든 면에 대해 의견을 제시한다. 이들은 모든 것에 대한 많은 정보와 자료를 가지고 있으며, 그러한 정보나 자료는 즉시 공유한다. 가장 좋아하는 말은 '제가 한 말씀 드리지요.' 다.

o **투덜이형** 이들은 주제와 상관없이, 항상 불평을 한다. 어떤 일에서나 늘 만나게 되는 문제와 난점을 대부분 다른 이들과 공유한다. 가장 좋아하는 말은 '맞아요, 하지만……' 이며, '맞아요, 어떤 사람들은 그 음식점을 좋아하지요. 하지만 그곳은 제가 보기에 정말 형편없다고요.' 와 같이 말한다.

o **만사 OK형** 이 유형에 해당하는 사람은 대부분 다른 사람들의 기분을 맞추며, 어떤 것이든 누구에게든 동의한다. 자신의 생각을 먼저 제안하는 일이 없고, 항상

자신이 생각하거나 원하는 것보다는 다른 사람들의 의견을 따른다. 가장 좋아하는 말은 '너는 어떻게 생각해?'다.

3. 소리 신호 장치를 준비하라.
4. 다음의 보고용 질문이 기록된 이동식 차트를 활동 예정 장소에 구비해 두어라.

- 어떠한 유형의 까다로운 사람들이 있었는가?
- 점심 식사 장소를 정할 때 무슨 일이 있었는가?
- 맡은 역할을 할 때의 기분은 어떠했는가?
- 사람들은 왜 까다롭게 행동하는가?
- 당신은 이 활동에서 무엇을 얻었는가?

🐣 소개하기

1. 참가자에게 이 활동의 목적이 까다로운 사람을 다루는 연습을 하는 데 있다고 설명하라.
2. 참가자에게 서로서로 모여서 오늘 점심은 어디로 먹으러 갈지에 대해 상의하라고 요청하라. 까다로운 사람 역할을 맡은 참가자는 배정된 역할에 따라 다른 참가자에게 특별히 까다롭게 행동할 것이다.
3. 참가자에게 이 활동을 하기 전에 연기하게 될 역할이 설명된 종이쪽지를 각자에게 나누어 줄 것이라고 설명하라. 참가자는 거만한 전지전능형이나 매사가 불만족스러운 투덜이형 혹은 유쾌하면서도 중립적인 인물의 역할을 맡을 수도 있다.
4. 참가자와 함께 활동 예정 장소로 이동하라.
5. 참가자의 역할을 배정하고, 그들에게 각자가 맡게 될 역할에 대해 상상해 보고, 마치 실제 그 인물이라도 된 듯, 그처럼 걷고 말하고 행동하라고 요청하라.
6. 참가자에게 그룹을 돌아다니면서 자신을 소개하고, 가능한 한 많은 참가자와 점심 식사 장소에 대한 토의를 하라고 요청하라. 이를 위해 10분이 제공될 것이라

는 사실도 함께 알려 주어라.

7. 모든 참가자는 하나의 역할을 맡아야 하며, 벨이 울리면 시작하라고 말하라.

🍚 관리하기

1. 그룹 옆에 서서 참가자의 활동을 관찰하라.
2. 10분이 지나면 벨을 울림과 동시에 활동이 종료되었음을 알려라.

🍚 보고하기

1. 참가자에게 짧은 보고 시간에 대해 언급한 후, 이동식 차트 쪽으로 이동하여 상담가를 중심으로 하나의 그룹을 만들라고 요청하라.
2. 이동식 차트에 기록된 질문을 이용하여 활동을 보고하라.

04 긍정적 반응, 중립적 반응, 부정적 반응
_다른 반응 다루기 연습

역할극 개관

역할극 유형 이 워밍업 활동은 참가자가 3가지의 반응, 즉 긍정적 반응, 중립적 반응, 부정적 반응을 다루는 것을 훈련시킨다. 이것은 문제 중심(problem-focused) 역할극을 하기 전에 사용하면 효과가 좋다.

요 약 참가자는 총 3회기를 연습하게 된다. 1회기에서는 긍정적인 반응을 받게 되고, 2회기에서는 중립적이거나 부정적인 반응을, 3회기에서는 개인적이고 부정적인 반응을 받게 된다.

목적
- 곧 시행하게 될 역할극을 위한 분위기 돋우기
- 긍정적 · 중립적 · 부정적 반응을 다루는 훈련하기

그룹 규모 3~4명

소요 시간 20~30분

자료
- 강의실 벽면에 부착된 시작 문장 복사본
- 호루라기 또는 소리 신호 장치
- 보고용 질문 목록이 기록된 이동식 차트

장소 세팅 강의실이나 회의장 세팅

🫧 역할극하기

🫧 준비하기

1. 수업 시작 전에, 또는 적어도 이 활동을 시작하기 전에, 상담가는 수업에서 사용할 시작 문장 및 자료를 선택해야 한다. 이를테면, 다음과 같다.

- 고객 서비스 강의 "기다리게 해서 대단히 죄송합니다. 무엇을 도와드릴까요?"
- 피드백 과정 "빌, 오늘 아침 회의에서 언급되었던 내용에 대해 다시 이야기를 나누었으면 합니다."
- 기타 과정 "○○○ 씨, 저를 좀 도와주셨으면 하는데요?"
  "○○○ 씨, 그 프로젝트가 어떻게 되어 가고 있는지 좀 알려 주세요."
  "제 발표(생각, 제안, 새 코트 등)에 대해서 어떻게 생각하는지 말씀해 주세요."

2. 시작 문구를 벽보에 기록해 참가자가 쉽게 볼 수 있는 곳에 붙여라.

3. 상담가의 손이 쉽게 닿는 곳에 호루라기를 두어라.

4. 소개 시간에 사용할 벽보나 차트에 활동과 관련하여 다음의 내용을 기록하라.

- 목적: 긍정적 · 중립적 · 부정적 반응을 다루는 훈련하기
- 3~4명으로 구성된 그룹으로 나누기
- 둥글게 둘러앉아 활동하기(여기에 시작 문구를 기록하라.)
  - 1회기: 긍정적 반응
  - 2회기: 중립적이거나 부정적이지만 개인적이지 않은 반응
  - 3회기: 형편없거나 부정적이며 개인적인 반응
- 감정적이고 폭력적인 말은 사용을 금합니다.
- 회기의 시작과 끝은 알려 드리겠습니다.

• 활동이 종료되어도 그 자리에서 다른 사람들을 기다려 주세요.

5. 다음의 보고용 질문이 기록된 이동식 차트를 활동을 보고할 장소에 구비해 두어라.

• 각각 다른 반응을 들었을 때, 어떠한 느낌이었는가?
• 가장 거북했던 반응은 어떠한 반응이었는가? 그 이유는?
• 각각 다른 반응을 표현했을 때의 기분은 어떠했는가?
• 직장에 되돌아가서 사용할 만한 것을 배웠는가?

🗨 소개하기

1. 벽에 부착한 소개 자료 옆에 서서 이 활동의 목적, 즉 긍정적 · 중립적 · 부정적 반응을 다루는 훈련을 할 것이라는 사실을 알리면서 활동을 시작하라.

2. 이 활동이 둥글게 둘러앉아서 그룹원이 서로 그룹 내 모든 참가자에게 시작 문구를 사용하여 빠르게 반응해 주고, 이것을 차례로 돌아가면서 하는 방식이라고 설명해 주어라. 예를 들어, 시작 문구는 '오래 기다리게 해서 대단히 죄송합니다. 어떻게 도와드릴까요?'와 같이 말할 수 있다고 시범을 보여라. 그리고 그룹 내 한 참가자가 이 문구를 이용하여 다른 참가자의 반응을 얻으면서 그룹을 한 바퀴 돈다. 이후 다른 참가자도 비슷하거나 다른 내용으로 훈련하면 된다.

3. 참가자가 사용하게 될 문구를 가리켜 한두 번 반복하라.

4. 역할극은 총 3회기로 진행될 것이라고 설명하라. 첫 번째 회기에서는 모두 '긍정적인' 반응이어야 한다. 예를 들면, '잘될 겁니다.' '알겠습니다.' '주문하고 싶은데요?' 등과 같은 반응이다. 두 번째 회기에서는 모두 중립적이거나 부정적이지만 개인적이지 않은 반응이어야 한다. 이를테면, '자, 시간이 다 되어 가네요. 우리는 한 시간 동안이나 기다렸어요.' 혹은 '오, 우리가 지금 이야기를 해야 하나요?' '네(깊은 한숨을 내쉬며), 알겠어요.' 등이 될 수 있다. 마지막 회기

에서의 반응은 모두 형편없는 것이어야 한다. 즉, 부정적이면서 개인적인 것으로, '사람을 이렇게 오래 기다리게 해도 되는 겁니까?' '도대체 내가 왜 당신과 이야기를 해야 되는 거요?' '꺼져 버려, 웃고 있네, 정말!' 과 같은 반응을 말한다. 이때 참가자가 성난 표정을 하거나 위협적인 몸동작을 하는 것은 허용되지만, 다른 참가자를 만지거나 욕해서는 안 된다고 주의를 주어라.

5. 참가자에게 한 회기가 끝나고 다음 회기가 시작될 때를 알려 줄 것이라고 설명하고, 만일 상담가가 벨을 사용할 예정이라면, 그것을 참가자에게 미리 보여 주고 시범적으로 소리를 들려주어라.

6. 모델(시범) 활동을 보여 주어라. 3회기에 해당하는 반응 모델들을 극적으로 시연해 보여라.

7. 반 전체를 3~4명의 소그룹 단위로 나누고, 그룹을 강의실 곳곳으로 흩어지게 하라. 그룹마다 활동을 위해 둥글게 앉을 수도 있고, 원형으로 배치되어 있는 의자에 앉을 수도 있다.

8. 활동이 종료되면, 그곳에서 다른 그룹이 종료할 때까지 기다려야 한다.

9. 가능한 한 활동은 신속하게 끝내고, 진행은 재미있게 하라고 제안하라.

10. 참가자가 활동에 대한 소개 내용이 이해되었는지 파악하고, 호루라기를 불어 1회기 시작을 알려라.

🙂 관리하기

1. 활동이 시작되면, 각 그룹을 찾아다니도록 하라. 다만, 꼭 필요한 경우가 아니면 활동에 끼어들지 말라. 보고 시간에 나눌 만한 특별히 흥미롭고 재미있는 반응은 기록하라.

2. 참가자들이 어떻게 진행하는지 주목하여 관찰하고, 모든 그룹 혹은 대부분의 참가자가 1회기를 끝냈을 때, 1회기 종료를 알리고 2회기를 시작하라고 지시하라. 각 회기는 4~5분 정도가 적당하다. 5분 후에 호루라기를 불어 두 번째 회기 주제인 부정적이거나 중립적인 반응에 대한 활동의 시작을 알려라.

3. 그로부터 다시 5분이 지나면, 호루라기를 불어 마지막 회기의 시작을 알리고 부정적인 반응 다루기 훈련에 들어가게 하라.
4. 자세히 관찰하여 모든 그룹이 마지막 회기를 끝냈을 때, 호루라기를 불어 활동을 종료하라.

🥄 보고하기

1. 보고용 차트 가까이에 서서 참가자에게 기존의 그룹 위치에 그대로 자리한 채 차트에 있는 질문으로 그룹원 간에 토의하라고 말하라. 몇 분 후에 그룹에서 토의된 내용을 전체 그룹과 공유하게 하라.
2. 3~4분간 기다렸다가 그룹 전체가 이동식 차트에 있는 보고용 질문으로 토론하게 하라.

🍪🍪 고려해야 할 사항

• 소그룹 규모는 가능한 한 4명 이하로 제안하라. 그룹이 이보다 더 커지면, 활동하는 데 시간이 너무 많이 소요되고 모든 그룹이 활동 시점을 동시에 맞추는 것이 어려워진다.
• 보고 시간에 부정적인 반응을 토의할 때는 주의하고, 토론 주제는 가벼운 수준을 유지하도록 하라. 필자가 한번은 끔찍한 '전쟁 이야기'를 주제로 정하는 실수를 한 적이 있는데, 다시 궤도로 돌아오게 하는 데는 상당한 노력과 인내가 필요했다.

05 집중해 주시겠어요? _대중 앞에서 말하는 연습

역할극 개관

역할극 유형 이 활동은 발표 연습의 워밍업이다. 이번 워밍업을 통해 참가자는 대중 앞에서 발표할 때의 불안을 줄이는 데 도움이 될 수 있다. 필자는 발표 기술 강의와 리더십에 관한 프로그램을 진행할 때, 이 역할극을 사용했다.

요약 참가자가 우스꽝스러운 발표를 하면, 다른 참가자는 그 발표에 관한 상황을 추측하게끔 하면서 진행한다.

목적
- 곧 시행하게 될 역할극을 위해 분위기 돋우기
- 발표 훈련하기

그룹 규모 4~6명

소요 시간 20~30분

자료
- 각 그룹당 발표 상황이 기록된 쪽지와 종이컵
- 교육 목록과 보고용 질문 목록

장소 세팅 강의실이나 회의장 세팅

🎭 역할극하기

💧 준비하기

1. 소그룹 참가자가 활동할 수 있는 3~4개의 공간을 만들라.

2. 발표 내용이 기록된 프린트물을 20여 장 준비하여 각 소그룹마다 발표 내용을 선택하게 하라. 발표 내용이 적힌 종이를 접어 종이컵에 넣고, 각 그룹당 한 컵씩 선택하도록 하라. 이 활동 끝 무렵에 발표 목록을 사용하고, 원한다면 더 첨가해도 좋다.

3. 상담가가 소개하는 동안 사용할 이동식 차트에 활동에 필요한 기본 교수 사항을 기록하도록 하라.

   • 목적: 발표 훈련하기
   • 간략하고 우스꽝스러운 발표 상황 / 혹은 그러한 발표자에 대해 기술하기
   • 발표 상황을 돌아가면서 작성한 후에 누가 그 상황을 만들었는지 추측하기
   • 가능한 한 많은 발표를 하도록 유도하기(제한 시간: 10분).
   • 활동의 시작과 끝 알리기

4. 이동식 차트에 다음의 보고용 질문을 기록하고, 활동 보고 장소에 이동식 차트를 구비하라.

   • 각각 다른 발표 상황을 연기할 때 느낌이 어떠했는가?
   • 어떤 발표가 가장 흥미로웠는가? 그 이유는?
   • 어떤 발표가 가장 어려웠는가? 그 이유는?
   • 이 활동을 한 이유가 무엇이라고 생각하는가?

🍡 소개하기

1. 그룹에게 이제 발표 연습을 시작할 것이라고 알려라.

2. 상담가가 재미있고 다양한 발표 목록을 가지고 있으며, 각각의 발표 목록에는 발표자에 따른 다양한 발표 상황이 기술되어 있다고 설명하라. 작게 접힌 종이 쪽지가 들어 있는 종이컵을 들고, 종이쪽지 한 장을 꺼내어 펼쳐 읽으면서 발표 시범을 보이도록 하라. 참가자가 어떤 발표자일까 혹은 어떤 상황일까 추측하는 지 살펴보라.

3. 참가자 간에 돌아가면서 발표 상황을 작성한 후에 발표하게 될 것이라고 설명하라. 발표 후에 참가자는 누가 그 발표 상황을 작성했는지, 구체적으로 어떤 상황 인지 추측하게 된다.

4. 이 활동에는 10분이 제공되며, 시간이 종료되면 알려 주겠다고 설명하라. 가능 한 한 많은 발표를 하도록 격려하라.

5. 참가자를 소그룹으로 나누고 상담가가 미리 지정해 놓은 장소를 배정하라.

6. 발표 자료를 나누어 주고 활동을 시작하라.

🍡 관리하기

1. 활동이 시작되면 각 그룹을 찾아다니면서 살피되, 꼭 필요한 경우가 아니면 활 동에 끼어들지 말라.

2. 참가자가 활동을 어떻게 진행하고 있는지 주의 깊게 살펴보고, 회기 종료 1분 전 에 남은 시간을 알려 주어라.

3. 시간이 종료되면, 활동의 종료를 알려라.

1. 참가자에게 이동식 차트에 있는 질문을 중심으로 하는 짧은 보고 시간을 제안하라.
2. 이동식 차트에 있는 질문을 사용하여 보고를 마쳐라.

고려해야 할 사항

• 그룹이 큰 경우에는 역활극 상황을 머릿속에 그려 보고, 종료 시점을 상상하게 하는 작업을 좀 더 많이 하도록 하라. 소리 신호 장치를 사용하여 시작을 알리고, 30초간 내용을 상상하고 발표하도록 하라.

• 이 활동에서 상담가만의 특별한 발표 상황을 사용해 보라. 수업 자료를 잘 활용해 그 집단에서만 통하는 농담과 상황을 포함시켜라. 흥미를 더하기 위해 진짜 또는 가짜 마이크를 사용해도 좋다.

"집중해 주시겠어요?" 발표문

◦**심한 독감에 걸린 웨이터** "집중, 콜록, 집중해 주세요. 제발 좀 여기로 집중해 주세요, 콜록. 신사 숙녀 여러분, 콜록, 지금 곧 식당에서 저녁 식사가 있을 예정입니다, 콜록콜록……."

◦**심한 경상도 사투리를 쓰는 매우 유쾌한 사람** "집중, 집중, 집중해 주시소. 여러분 모두 조용히 해 주시소. 여러분에게 강당에 불이 났다는 안 좋은 소식을 전하게 되어 유감입니데이. 여러분들 모두 침착하게 담당자인 내를 따라 건물 밖으로 나와 주시기 부탁하겠습니데이."

○**매우 신경질적인 사람** "집중하세요. 거기, 집중 좀 하세요. 이번 주 복권 우승 번호는 5822283342입니다. 복권 우승 번호는 5822283342입니다. 다 들으셨지요? 이상입니다."

○**대형 극장의 수줍은 관리인** "저, 저기요…… 집중해 주십시오. 여러분께 현재 극장은 정전이 되었으며, 단 한 자루의 초만이 있다는 사실을 알리게 되어 매우 유감입니다. 모두 일어나서 왼쪽으로 돌아가십시오. 앞사람 어깨 위에 손을 올리시고 저를 따라오십시오."

○**침통하게 흐느끼는 친구** "집중, 집중해 주십시오, 흑흑……. 신랑과 신부를 위한 축배를 들고 싶습니다, 흑흑……. 테이와 김을 위해서라도 오랫동안 행복하게 사세요, 흑흑……."

○**뭔가를 먹으면서 말하는 사람** "집중, 집중하세요, 냠냠……. 41번 트랙에서 포드햄 하이츠행 4시 44분 출발 예정이던 477174 기차가 현재 시각 4시 47분에 47번 트랙에서 출발하고 있습니다, 냠냠……. 다시 한 번 말씀 드립니다. 41번 트랙에서 포드햄 하이츠행 4시 44분 출발 예정이던 477174 기차가 현재 시각 4시 47분에 47번 트랙에서 출발하고 있습니다, 냠냠……."

○**심한 고양이 털 알레르기가 있는 사람** "집중, 집중, 집중해 주시겠습니까? 에취! 고양이 상자를 중앙 안내 센터에 맡기신 분은 속히 고양이를 찾아가시기 바랍니다. 에취! 다시 한 번 말씀 드립니다. 고양이 상자를 중앙 안내 센터에 맡기신 분은 속히 고양이를 찾아가시기 바랍니다. 에취!"

행동시연

행동시연은 표준 어구나 일정한 어구 혹은 특정 행동을 반복적으로 사용하도록 하는 역할극을 말한다. 행동시연은 역할극 '6. 인사하기, 악수하기'와 '8. 따르릉, 따르릉! 누구세요?'와 같이 일반적으로 회사에서 요구하는 행동을 훈련하기 위해 사용되거나, 역할극 '7. 이렇게 만나 뵙게 되어 정말 반갑습니다.'와 '9. 어떤 직업을 찾고 계신가요?' 또는 '10. 30초 자기 표현'처럼 학습자에게 특정 행동을 반복적으로 연습하도록 하기 위해 사용된다.

06 인사하기, 약수하기 _ 반가운 내색 시연하기

🍪🍪 역할극 개관

역할극 유형 이것은 적절한 인사하기에 대한 행동시연으로, 세팅된 특정 상황에서 정해진 문구를 연습하기도 한다.

요약 참가자는 원 안에 서서 차례대로 모든 참가자에게 인사를 하면서 전체 원을 따라 돈다. 참가자는 각 그룹에서 만든 적절한 인사법을 사용할 수도 있다.

목적 고객에게 인사하는 연습하기

수업 규모 6~30명

그룹 규모 6~15명

소요 시간 20분

자료
- 이동식 차트, 매직, 셀로판테이프
- 지침 목록 및 보고용 질문 목록
- 소리 신호 장치

장소 세팅 강의실이나 회의장 세팅

🍪🍪 역할극하기

💧 준비하기

1. 이 활동을 시행할 수 있을 만한 넓고 개방된 장소를 선택하라. 전체 그룹이 1~2개의 큰 원을 만들 만큼 충분한 공간이 필요하다.
2. 이 활동을 시행할 장소에 이동식 차트를 구비하라.
3. 상담가가 소개 시간 동안 사용할 이동식 차트에 기본 활동 지침을 기록하라.

   • 목적: 고객에게 인사하는 연습하기
   • 참가자를 원 모양으로 세우기
   • 본인에게 다가오는 참가자에게 인사하기
   • 다양한 인사 문구 사용하기

4. 이동식 차트에 다음의 보고용 질문을 기록하여 사용하라.

   • 참가자에게 계속 인사할 때의 기분은 어떠했는가?
   • 다양한 인사법을 사용했는가?
   • 많은 참가자에게 인사를 받았을 때의 기분은 어떠했는가?
   • 어떠한 형식의 인사가 가장 좋았는가? 그 이유는?
   • 이 활동에서 무엇을 배웠는가?

💧 소개하기

1. 참가자에게 이다음 활동에서는 고객에게 사용할 적절한 인사를 연습할 것이라고 설명하라.
2. 상담가는 활동을 시작하면서 참가자에게 고객에게 인사하기에 적합한 문구를

만드는 활동을 할 것이며, 적어도 8~10개 정도를 기준으로 하고, 가능한 한 많이 만들도록 제안하라. 이 문구는 고객이 상담을 요청할 때 나눌 인사말로 사용되거나, 물품박람회에서 자신의 영업점에 찾아온 손님에게 할 인사말로 사용될 것이라고 설명하라.

3. 상담가는 이동식 차트가 있는 곳으로 가서 참가자들 중 자원자를 받아 그룹이 만들 인사말을 기록하라고 요청하라. 자원자가 나서면 먼저 그에게 감사하고 이동식 차트 쪽에 서게 하라. 그룹으로부터 아이디어를 끌어내기 시작하라. 참가자가 아이디어를 내면 그것을 반복하여 말하고, 그들이 생각하는 것이 무엇인지 정확히 물어보라. 그룹이 그 인사말에 동의하면 자원자에게 그것을 기록하게 하고 다시 그것을 반복하여 말하게 하라.

4. 일단 상담가가 적절한 문구를 1~2페이지 정도를 얻게 되면, 참가자에게 이 정도면 충분하다고 말한 뒤, 자원자에게 다시 한 번 감사를 표하고 그를 자리에 앉게 하라. 그리고 인사말이 기록된 페이지를 찢어서 벽면에 붙여 두어라.

5. 지침이 기록된 이동식 차트가 있는 쪽으로 가서 '고객에게 인사하는 연습하기'라는 이 활동의 목적을 참가자들에게 설명하라.

6. 참가자에게 큰 원(참가자의 규모가 큰 경우에는 2개의 원)을 만들도록 요청하고, 이 활동은 돌아가면서 하게 될 것이라고 설명하라. 참가자는 대부분은 인사를 받는 고객의 역할을 맡게 되지만, 일정 시점에 이르면 인사하는 사람의 역할을 맡게 된다.

7. 인사하는 사람의 역할 차례가 되면 각 참가자가 마치 고객인 듯 인사한 뒤, 적절한 인사말을 하면서 둥글게 돌라고 요청하라. 또한 인사를 할 때는 속도를 많이 늦추고, 고객의 눈을 쳐다보면서 반갑게 인사한 후에 다음 고객에게로 이동하라고 말하라.

8. 참가자가 고객 역할을 할 때, 당사자가 좋다면 짧고도 기분 좋은 반응을 허용하라.

9. 일단 한 참가자가 인사하는 사람이 되어 원을 한 바퀴 돌면, 다시 원의 대열로 들어가 고객의 역할을 하면 된다.

10. 이 활동을 시작하는 사람이 원의 중간 정도까지 돌면, 그 사람의 왼편에 서 있던 사람이 원을 따라 돌면서 참가자와 인사하기를 시작한다. 그 이후 계속해서

인사하는 사람이 원의 중간쯤에 이를 때마다 왼쪽 옆에 있던 사람이 인사를 시작하며, 모든 참가자가 인사하는 사람의 역할을 할 때까지 계속한다.

11. 모델(시범) 활동을 하라. 처음 몇몇의 참가자를 대상으로 '인사하는 원'을 만들게 하라. 이후 멈추어 서서 질문이 있는지를 물어보고, 질문을 받으면 답변해 준 뒤, "이제 시작해 볼까요? 어느 분이 먼저 해 보시겠어요?"라고 말하면 된다.

🫧 관리하기

1. 그룹이 활동을 시작하면, 원의 중간을 따라 움직이게 하라. 꼭 필요한 경우가 아니면 끼어들지 말고, 때때로 그룹원의 용기를 북돋워 주고 강화하도록 하라.
2. 마지막 참가자의 순서가 끝나면, 그룹에게 잘했다고 격려하고 이동식 차트 쪽으로 가서 간단한 보고를 위해 이동식 차트를 참고하라고 말하라.

🫧 보고하기

1. 보고 목록을 사용해 보고를 진행하라.
2. 활동 중에 상담가가 관찰했던 점을 나누고 참여해 준 그룹원에게 고마움을 전하라.

🍪🍪 고려해야 할 사항

• 이 활동이 너무 진지하게 진행되거나, 역할극 활동에서 오가는 불쾌한 말로 인해 참가자가 당황해하는 것은 바람직하지 않다. 만약 이러한 일이 일어난다면 개입하여 문제를 다루어라.

• 만일 상담가가 다른 상황을 사용하게 될 경우, 참가자를 원 모양으로 앉힌 후 어떠한 방법이 역할극 활동에 가장 도움이 될지 제안해 달라고 요청하라.

07 이렇게 만나 뵙게 되어 정말 반갑습니다
_ 처음 만난 사람에게 자기소개하기

🧑‍🤝‍🧑 역할극 개관

역할극 유형　이 활동은 종합 소개 활동이자 참가자가 처음 만난 사람에게 자신을 소개하는 훈련 중심의 행동시연이다. 주로 기본 의사소통 프로그램에서 사용되지만 필자의 경우, 다른 부서나 지위에 있는 사람들과 보다 적극적으로 상호작용할 필요가 있는 사람이나 최근 승진한 사람을 위한 프로그램에서 이것을 사용하기도 한다.

요 약　참가자는 큰 집단에서 중요한 임무를 맡았지만, 그 집단에 소속된 사람들을 전혀 알지 못하는 상황에 처한 직장인 역할을 한다. 참가자는 소그룹을 돌아다니면서 다른 참가자를 만나 자신을 소개한다.

목 적　처음 만나는 사람에게 자기소개하는 훈련하기

수업 규모　어떤 규모나 가능

그룹 규모　3~4명

소요 시간　20분

자 료
- '안녕하세요? 이렇게 만나 뵙게 되어 정말 반갑습니다. 제 이름은…….' 의 소개 문구가 적힌 벽보
- 활동의 시작과 끝에 울릴 벨 또는 소리 신호 장치
- 지침 목록과 보고용 질문 목록

장소 세팅　강의실이나 회의장 세팅

🧑‍🤝‍🧑 역할극하기

🫧 준비하기

1. 이 활동을 시행할 장소를 결정하라. 비교적 넓고 개방된 공간이 좋으며, 참가자들이 공간 뒤쪽에서 활동할 수 있는 충분한 공간이 있다면 더욱 좋다. 부근의 공개된 공간을 활용할 수도 있다.

2. 활동 시작 전에, '안녕하세요? 이렇게 만나 뵙게 되어 정말 반갑습니다. 제 이름은……' 이라는 문구가 기록된 벽보를 벽면에 부착하라. 이것은 강의실 반대쪽 끝에서도 읽을 수 있을 만큼 커야 한다.

3. 벨 또는 소리 신호 장치를 준비하라.

4. 활동을 시행할 곳에 이동식 차트를 구비해 두어라. 이동식 차트의 처음 몇 페이지에는 아무것도 쓰지 말고, 페이지를 뒷장으로 몇 장 넘겨서 상담가가 소개 활동을 하는 동안 다음의 지침을 기록하라.

- 목적: 처음 만난 사람에게 자기소개하는 훈련하기
- 참가자를 3~4명의 소그룹으로 나누기
- 참가자에게 1~4의 번호를 붙이고 그렇게 부르기
- 벨을 울린 다음 번호를 부르고, 호명된 번호의 사람은 새 그룹으로 보내기
- 새 그룹의 그룹원에게 자기소개 시키기

5. 이동식 차트를 훨씬 더 뒤로 넘겨서 다음의 보고용 질문을 진행하라.

- 다른 참가자에게 자신을 소개할 때의 기분은 어떠했는가?
- 소개하는 것이 더 쉬워졌는가, 아니면 더 어려워졌는가?
- 그룹의 새 그룹원이 되었을 때, 다른 참가자가 당신을 소개시키지는 않았는가?
- 사람들에게 자신을 소개하는 것이 왜 중요한가?

🗨️ 소개하기

1. 이 활동을 시행할 공간으로 이동하여 이동식 차트 옆에 서서 참가자에게 상담가가 있는 곳으로 와서 활동에 참여하라고 요청하라.

2. 이 활동의 목적이 처음 만난 사람에게 자신을 소개하는 훈련을 하는 것임을 설명하라. 참가자에게 대규모 회사에서 새로운 부서나 팀으로 발령받아 동료들을 처음 만난 상황이라고 제시하고, 그룹을 이동하면서 자신을 소개하게 하라. 참가자에게 이와 비슷한 경험을 이전에 해 본 적이 있는지 물어보고, 그렇지 않은 경우에는 만약 이러한 상황에 처한다면 기분이 어떨지에 대해 짧은 토의를 하도록 하라.

3. 참가자가 보통 처음 만난 사람에게 자신을 소개할 때 어떤 문구를 사용하는지 물어보고, 그것을 이동식 차트에 기록하라. 일단 10개 정도의 문구가 기록되면, 그 페이지를 찢어서 벽에 붙여라.

4. 그룹에게 이 역할극은 '이렇게 만나 뵙게 되어 정말 반갑습니다. 제 이름은……' 을 훈련하는 활동이라고 소개하라. 참가자는 이 문구를 사용해도 좋고, 아니면 활동을 시작하기 전에 기록했던 다른 문구를 사용해도 좋다.

5. 이 활동의 목적이 '처음 만난 사람에게 자기소개를 하는 훈련' 이라는 것을 반복하여 강조하라. 참가자를 3~4명으로 나누어라.

6. 소그룹으로 나누어졌으며, 그룹별로 1~4의 번호를 외치게 하라.

7. 상담가가 벨을 울리고 번호를 부르면, 해당하는 사람은 새로운 그룹으로 옮겨서 새 그룹원에게 자기소개를 한다.

8. 참가자는 큰 회사의 새로운 부서에 발령 난 후, 새 동료들을 처음 만난 상황인 것처럼 연기하게 된다. 참가자는 소그룹에서 다른 참가자와 만나 잡담을 나누며서 있다. 새로운 참가자가 그들 그룹에 오면, 잠시 기다리고 새로운 참가자가 자신을 소개하도록 한다.

9. 참가자가 그룹에서 또 다른 그룹으로 이동하는 동안 한 그룹당 4명 이상이 있어서는 안 되며, 그룹을 이동할 때는 항상 이전에 만난 사람이 있는 그룹으로

들어가서는 안 된다고 주의를 주어라. 모든 참가자는 10분 이내에 서로를 만나야 한다.

10. 참가자가 이 모든 소개 내용을 이해했는지 확인하고 나서, 벨을 울리고 활동을 시작하라.

🌢 관리하기

1. 참가자가 활동하는 동안 상담가는 그룹을 두루 돌아다니도록 하라.

2. 1분 30초나 2분 후에 벨을 울리고, 2번 참가자가 새로운 그룹으로 이동하라고 말하라.

3. 1분 30초나 2분 후에 벨을 울리고, 3번 참가자가 새로운 그룹으로 이동하라고 말하라.

4. 1분 30초나 2분 후에 벨을 울리고, 4번 참가자가 새로운 그룹으로 이동하라고 말하라.

5. 만일 한 번 더 그룹으로 이동할 시간이 있다면 1번과 3번 참가자가 새 그룹으로 가라고 요청하라. 마지막 회기에서는 참가자가 아직 개별적으로 만나지 못한 참가자에게 자기소개를 하게 하라.

6. 10분 후 벨을 울리고, 활동이 종료되었음을 알려라.

🌢 보고하기

1. 이동식 차트로 쪽으로 가서 참가자에게 상담가를 중심으로 하나의 그룹을 형성하라고 요청하라.

2. 보고용 질문 쪽으로 돌아가 질문을 사용하여 보고 시간을 갖도록 하라.

따르릉, 따르릉! 누구세요? _전화 예절 훈련하기

역할극 개관

역할극 유형 이 활동은 직장에서의 전화 예절을 연습하는 행동시연이다. 이 활동은 기본 의사소통 훈련 수업이나 신입사원 오리엔테이션 프로그램, 감독 훈련 프로그램에서 사용하면 효과가 좋다.

요약 참가자는 예의 바르게 전화를 받고, 걸려 온 전화 유형에 적절하게 응대하는 것을 시연한다.

목적 전화 예절 훈련하기

수업 규모 8~30명

그룹 규모 3~4명

소요 시간 약 40분

자료
- 소그룹당 전화기 한 대
- 발생 가능한 요구 항목
- 벨 또는 소리 신호 장치
- 보고용 질문 목록

장소 세팅 강의실이나 회의장 세팅

🧑‍🤝‍🧑 역할극하기

🫧 준비하기

1. 진짜 혹은 가짜 전화기를 준비해 활동 시 사용할 수 있도록 하라. 각 소그룹당 전화기를 한 대씩 구비하도록 하며, 다소 이상하거나 우스꽝스럽거나 실제 벨소리 같지 않더라도 반드시 벨소리가 울리는 전화기를 사용하라.
2. 발생 가능한 요구 항목을 참가자마다 1부씩 소지하게 하라.
3. 소개 시간 동안 사용할 이동식 차트에 활동을 위한 다음의 기본 지침을 기록하라.

   • 목적: 전화 예절 훈련하기
   • 소그룹 내에서 서로 역할을 바꾸어 가면서 하라.
   • 전화를 거는 사람, 받는 사람, 관찰자 역할을 돌아가면서 맡도록 하라.
   • 항목에 있는 요구 사항을 모두 연기하는 데 20분을 제공하라.
   • 모든 요구 시연이 끝나면 다시 맨 첫 항목부터 시작하라.

4. 이동식 차트에 다음의 보고용 질문을 기록하고, 활동을 보고할 장소에 이동식 차트를 보관하라.

   • 전화에 적절하게 응대하는 것이 왜 중요한가?
   • 무슨 일이 일어났는가? 어느 것이 효과적이었는가? 비효율적이었던 것은 무엇인가?
   • 전화를 거는 사람 역할을 했을 때의 기분은 어떠했는가? 받는 사람 역할을 했을 때는?
   • 어떠한 요구가 가장 다루기 어려웠는가?
   • 이 활동을 통해 무엇을 배웠는가?

🍧 소개하기

1. 참가자에게 직장에서 전화를 받을 때 보통 어떻게 응대하는지, 어떠한 말을 하는지 물어보고 짧게 토의하라. 일반적으로 사무실에서 전화를 받을 때와 자기만의 업무 공간에서 전화를 받을 때 어떻게 다른가? 다른 사람의 전화를 대신해서 받아 본 적이 있는지 물어보라.

2. 지침이 기록된 이동식 차트 앞에 서서 이 활동의 목적이 전화 예절 훈련임을 설명하라.

3. 반 전체를 3~4명 단위의 소그룹으로 나누고, 그룹을 강의실 곳곳에 흩어지게 하라. 그룹당 전화를 한 대씩 주고, 참가자마다 요구 사항 목록을 나누어 주어라. 참가자에게 목록 순서에 따라 요구 사항을 요청하는 역할극을 할 것이라고 설명해 주어라.

4. 그룹 내에서 누가 먼저 할 것인지, 누가 먼저 전화를 걸고, 받을 것인지에 관해 순서를 정하게 하라. 전화를 거는 역할을 하는 사람은 실제로 전화를 거는 척하면서 발생 가능 목록을 사용하여 전화를 받는 사람에게 말하면 된다. 전화벨이 울리면 전화를 받는 사람이 수화기를 들고 이야기하면 된다.

5. 처음의 통화에서 전화 받는 역할을 한 참가자는 그다음에는 전화를 거는 역할을 하고, 세 번째 참가자는 그 전화를 받는 식으로 진행한다. 이렇게 맞물려 하는 활동임을 참가자에게 상기시키고, 그룹 내 마지막 참가자가 전화를 걸면 첫 번째 참가자가 그 전화를 받는 사람이 되는 방식으로 계속 이어진다. 이 활동을 반복하고 20분이 경과되면 종료한다.

6. 활동 시간이 종료되면 상담가가 벨을 울릴 것이라고 말하라.

7. 활동 전반에 대해 설명하고 모델을 통해 시범을 보이면서 요구와 응대 연기를 극적으로 보여 준다.

8. 참가자의 이해 여부를 점검하고 활동을 시작하라.

1. 상담가는 활동 시간 동안 그룹을 두루 돌아다니면서 지시한 대로 역할극을 제대로 하는 참가자에게 긍정적인 피드백을 주도록 하라.
2. 보고 시간 동안 공유할 만한 특별히 흥미롭고 재미있는 반응은 기록해 두어라.
3. 시간에 주의하고 활동 종료 5분 전에 미리 공지하라.
4. 20분이 경과되어 활동이 종료되면 벨을 울려 역할극의 종료를 알리고, 이동식 차트가 있는 공간으로 이동하라.

👤 보고하기

1. 참가자에게 곧 짧은 보고 활동이 있을 것이고, 소그룹에서 먼저 보고용 질문에 대해 논의하고 나서 전체 그룹이 논의할 것임을 알려라.
2. 이동식 차트에 있는 질문으로 돌아가 모든 참가자가 그 내용에 집중하는지 확인하라.
3. 소그룹에서 이동식 차트에 있는 질문을 논의할 때 5분을 주고, 이후 질문에 대한 논의 사항을 다른 그룹과 나누면서 전체 참가자 간의 토론을 이끌어 낸다.

🍪🍪 고려해야 할 사항

- 이 활동은 전화 예절 발표 이후 즉시 실시하면 매우 효과가 좋다. 이러한 논의를 끝내자마자 바로 행동시연에 들어가면 효과적이라는 뜻이다. 만일 전화를 받는 방법에 있어서 특정한 방식을 사용하고 있다면, 이 역할극을 시연해 보는 것은 금상첨화다.
- 참가자에게 자신만의 발생 가능한 통화 목록을 작성하게 한 뒤, 그 목록을 사용하게 하라.

- 전화로 주문을 받는 직업이라면, 이 활동을 신입 사원 오리엔테이션 프로그램에서 사용할 수도 있다. 신입 직원이 고객 전화에 적절히 응대하여 다른 직원이나 장소에 대한 적절한 정보를 제공하는 훈련을 할 수 있다.
- 이 활동은 신속하고 공개적인 것이어야 한다. 중요한 전화를 받는 행동이 너무 사무적이고 반복적인 일이 될 수 있기 때문이다. 따라서 특히 어려운 요구 사항이나 까다로운 상황에서는 적절하지 않다. 그러나 두 번째 회기를 좀 더 까다롭고 황당한 상황으로 진행하고 이전 회기를 프로그램의 다음 부분과 연결시키는 것으로 활용할 수도 있다.
- 재미를 더하기 위해 매우 황당한 형태의 전화기를 사용하라. 우스꽝스러운 장난감 전화기를 사용하거나 시간과 돈을 투자할 수 있는 경우에는 기묘하고 배꼽을 잡게 할 만큼 특이한 전화기를 골라 사용해도 좋다.

사무실이나 부서용 전화로 걸려 오는 전화 목록

1. "예. 그쪽 회사 팸플릿을 좀 얻고 싶은데요, 어떻게 하면 되죠?"
2. "거기가 홍보부 아닌가요? 홍보부 직원과 이야기를 좀 하고 싶은데요."
3. "안녕하세요, 밥 스미스 씨와 통화하고 싶은데요, 혹시 계신가요?"
4. "예. 저는 청소년 연맹에서 지원을 받고 있는 연중 지원군 모집에 관해 말씀 드리려고 합니다. 저희는 자원 봉사자를 모집하고 있는데요, 혹시 이 일에 참여하고자 하는 분이 있으신가요?"
5. "안녕하세요, 밥 스미스 씨가 전화를 걸라고 하셔서요, 혹시 ○○○ 씨 계신가요?"
6. "예, 안녕하세요? 총무부 제닌입니다. 혹시 바바라 매튜 씨 계신가요?"
7. "안녕하세요, 부장님 계신가요?"
8. "반갑습니다, 저는 해상 운송부의 프랭크라고 합니다. 그쪽 부서에서 운송을 맡긴 소포가 있는데요, 운송 양식에 전화번호가 없더라고요."

9. "밥 스미스 씨 계신가요?"

10. "예, 홀 건너편에 메리라고 하는데요, 여기 커피가 다 떨어져서요. 혹시 그쪽에
    커피가 좀 있나요?"

09 어떤 직업을 찾고 계신가요?
_직업 만족 욕구 알기

 ## 역할극 개관

역할극 유형 이 역할극 시연은 참가자가 직업 만족 욕구를 논의하는 훈련을 하는 것이다. 필자는 이것을 직업 만족에 관한 강의 끝에 경력 개발 프로그램에서 사용하였다. 기록 활동과 강의가 끝난 후에 참가자가 자신의 특정 직업 욕구에 대해 배운 것을 말로 반복하여 표현하게 하고, 다른 참가자와 문제를 논의하게 함으로써 참가자의 심리적 긴장을 완화시킬 수 있다.

요약 참가자는 각각의 파트너와 함께 '어떤 직업을 찾고 계신지 말씀해 주시겠어요?'라는 질문으로 질의응답함으로써 직업 만족 욕구를 논의하거나 직업상담가 역할을 번갈아 가면서 하게 된다.

목적 직업 만족 욕구를 논의하는 훈련하기

수업 규모 6~24명

그룹 규모 6명

소요 시간 약 20분

자료

- '어떤 직업을 찾고 계신가요?'라는 시작 문구가 기록되어 있는 벽보
- 활동의 시작과 끝에 울릴 벨 또는 소리 신호 장치
- 셀로판테이프와 형광펜
- 지침 목록과 보고용 질문 목록

장소 세팅 강의실 세팅

🐙🐙 역할극하기

🐚 준비하기

1. 이 활동은 정규 강의실에서 참가자끼리 짝을 지어 파트너와 의자를 마주한 상태에서 진행한다. 만일 옆이나 뒤쪽에 여분의 공간이 있다면, 참가자의 의자를 그쪽으로 옮겨 서로를 마주하고 앉도록 세팅하면 된다.

2. 강의 시작 전에, '어떤 직업을 찾고 계신가요?' 라는 문구가 기록된 벽보를 준비하라. 교실 반대편에서도 읽을 수 있을 만큼 크게 프린트하여 사용하도록 하고 이동식 차트가 가까운 벽에 벽보를 붙이도록 하라.

3. 소개 시간에 사용할 이동식 차트에 다음의 기본 지침을 기록하라.

   • 목적: 직업 만족 욕구를 논의하는 훈련하기
   • 파트너와의 역할 분담: 먼저 한 참가자가 전문상담가 역할을 하라.
   • 전문상담가 역할을 맡은 참가자는 파트너 쪽으로 몸을 기울여 자주 눈을 맞추도록 하라.
   • 참가자 중 한 명은 A가 되고, 다른 참가자는 B가 된다.
   • 벨을 울리면 A가 B를 상담하고, 다시 벨이 울리면 B가 A를 상담한다.
   • 다음 회기에 A는 새로운 파트너와 함께하고, 그다음 회기에는 B가 다른 파트너와 함께한다.
   • 참가자는 직접 상담을 하거나 다른 참가자에게 상담을 받는다.

4. 이동식 차트 페이지에 다음의 보고용 질문을 각각 기록하고, 활동이 끝날 무렵 강의실 곳곳에 이 자료를 부착할 준비를 하라.

   • 전문상담가 역할을 할 때의 기분은 어떠했는가?
   • 당신의 직업 만족 욕구에 대해 이야기하는 것이 어려웠는가?

- 당신의 직업 만족 욕구에 대해 알아야 하는 사람은 누구인가?
- 이러한 욕구에 대해 말하는 것이 왜 중요한가?

5. 벨 또는 소리 신호 장치를 준비하라.
6. 상담가와 참가자가 쉽게 사용할 수 있는 곳에 셀로판테이프와 형광펜을 구비해 놓아라.

🙂 소개하기

1. 이동식 차트와 지침 목록이 준비된 쪽으로 이동하라. 참가자에게 이제부터 직업 만족 욕구를 논의하는 훈련을 하게 될 것이라고 알려라.

2. 수업 동안 이 주제에 관해 수집했던 내용이나 정보를 사용할 수 있고, 역할극을 하기 전에 이 같은 자료에 대해 바로바로 언급하는 것을 허용하라.

3. 활동은 각각 짝을 지어서 하고, 전문상담가 역할을 교대로 하게 될 것임을 설명하라. 전문상담가 역할이 아닌 경우에는 전문상담가에게 상담받는 내담자 역할을 하게 된다. 전문상담가 역할을 할 때는 내담자와 눈 맞춤을 잘하고 상대방 쪽으로 몸을 기울여 "어떤 직업을 찾고 계신가요?"라고 질문해야 한다고 설명하라.

4. 모든 참가자 간에 짝을 지어서 파트너끼리 서로 얼굴을 마주하도록 의자를 배치하게 하라. 주변을 둘러보고 공간 배치와 관련해 참가자를 도우라. 만일 파트너가 없는 참가자가 있다면, 짝이 지어진 쌍에 끼워 주도록 하라.

5. 참가자에게 A나 B의 역할을 맡으라고 하라. 3명으로 구성된 그룹에서는 세 번째 사람이 C가 된다.

6. 잠시 벨이 울리면(예시로 벨을 울린다.), 그때 A는 전문상담가가 되어 B를 상담하라고 말하라. B에게는 A에게 대답할 시간을 1분가량 줄 것이고, 이후 상담가가 다시 벨을 울리면 역할을 바꾸어 B가 전문상담가가 되어 A를 인터뷰하면 된다는 것을 설명하라. 세 사람으로 구성된 그룹에게는 A나 B가 C를 상담하도록 회기의 끝에 여분의 시간을 주어라.

7. 이 회기가 끝나면 다른 파트너와 2회기를 더 하게 되며, 이로써 모든 참가자는 총 3명의 다른 참가자에게 상담받게 된다.

8. 참가자의 이해 여부를 점검하고 모두 이해했다고 여겨지면 벨을 울려 A에게 B를 상담하라고 말하라.

🌱 관리하기

1. 활동이 진행되는 동안 곳곳의 그룹으로 이동하라. 1분쯤 후에 벨을 울려 역할을 바꾸라고 지시하라.

2. 다시 1분 뒤에 벨을 울리고, 3명으로 구성된 그룹의 경우 A나 B가 C를 상담하라고 하라. 다른 그룹의 참가자에게는 그 1분 동안 공통된 직업 만족 욕구에 대해 토론하라고 말하라.

3. 다시 1분 뒤에 벨을 울려 B와 C에게 새로운 파트너를 찾게 한 뒤에, 앞의 1~2번에서 기술된 내용과 유사하게 진행하라. 이후 마지막으로 반복하라.

4. 모두가 세 번씩 상담을 받으면, 벨을 오래 울려서 회기를 마치고 활동의 종료를 알려라.

🌱 보고하기

1. 상담가는 2~3명의 참가자에게 강의실 벽에 보고용 질문을 붙이는 것을 도와 달라고 요청할 수 있다. 나머지 참가자는 곧 실시할 보고에 사용할 매직을 준비하게 한다.

2. 참가자에게 강의실 벽면에 붙은 보고용 질문을 읽고, 5분 안에 질문 아래에 간단한 답변을 적게 한다.

3. 참가자가 이 작업을 마치는 대로 상담가는 다양한 보고용 질문에 대한 답변을 참가자와 함께 읽어 보고 이것에 대해 토의하라.

30초 자기 표현 _ 신속하게 자기 표현하기

🐙 역할극 개관

역할극 유형 이것은 효과적으로 생각을 표현하거나 요구하는 기술을 개발하는 행동시연 활동으로 보다 신속하고 효과적으로 의사소통하기 위한 훈련 프로그램으로서 효과가 좋다. 필자는 이 역할극을 의사소통 훈련 과정과 아이디어 마케팅 훈련 과정에서 사용한다.

요 약 둥글게 둘러앉아 돌아가면서 하는 활동으로 참가자는 30초를 기준으로 자신이 하고 싶거나 해야 하는 말을 한다. 이후 빠르게 피드백을 받고 여기에 답한 다음, 자신이 해야 할 말을 반복해서 표현한다.

목 적 30초 내에 효과적으로 생각을 표현하거나 요청하는 훈련하기

수업 규모 10~24명

그룹 규모 4~5명

소요 시간 60분

자 료
- 각 참가자당 아이디어 개발 양식 또는 요청 양식 1부
- 각 참가자당 피드백 양식 4부
- 예시가 기록된 벽보나 이동식 차트
- 각 회기의 시작과 끝을 알릴 벨 또는 소리 신호 장치
- 지침 목록
- 보고용 질문이 기록된 이동식 차트

장소 세팅 강의실이나 회의장 세팅

🍪 역할극하기

🧄 준비하기

1. 각 참가자당 아이디어 양식 또는 요청 양식 복사본이 각 1부씩 그리고 피드백 양식이 각 4부씩 돌아갈 수 있도록 양식을 복사하여 준비하라.

2. 4~5명 단위의 소그룹이 역할극을 시행할 공간을 준비하라. 원 모양으로 의자를 배치하라.

3. 소리 신호 장치를 준비하라.

4. 소개 시간 동안 사용할 이동식 차트에 다음의 기본 지침을 기록하라. 활동을 소개하는 장소에 이 자료를 비치하라.

- 목적: 30초 내에 효과적으로 생각을 표현하거나 요청하는 훈련하기
- 순환 활동: 결국 모든 사람이 역할극을 하게 하라.
- 생각 표현하기나 요청하기는 암기하여 실시하게 하라.
- 역할
  - 첫시연자: 각 배우에게 말하거나 요청하기
  - 배우: 첫시연자의 말을 잘 듣고 비언어적으로 반응하기
  - 관찰자: 각 상호작용을 양식에 따라 기록하고 첫시연자에게 돌려주기
- 첫시연자는 각각의 상호작용 후 피드백을 받고, 다음 참가자가 이어서 하면 된다.
- 첫시연자가 모든 상호작용을 끝낸 후에는 간단한 토론을 하라.
- 활동 시간은 각각의 첫시연자에게 10분씩 제공하라.
- 다음 회기에서는 이번 회기의 첫시연자가 관찰자가 되고, 이번 회기의 관찰자는 배우가 되는 식으로 진행하라.

5. 이동식 차트에 보고용 질문을 기록하고, 차트를 보고할 활동 장소에 비치하라.

보고 시간까지는 보고용 질문을 노출하지 말라. 다음의 질문을 사용하라.

- 30초 안에 말하거나 요청했는가?
- 말이나 요구를 계속 반복했을 때의 기분은 어떠했는가?
- 피드백이 도움이 되었는가? 이로 인한 진전이 있었는가?
- 이 연습을 통해 무엇을 배웠는가?

소개하기

1. 참가자에게 이 활동의 목적이 약 30초의 시간 안에 생각을 표현하거나 효과적으로 요청하도록 돕기 위한 것이라고 말하라. 이 활동을 하기 위해서 참가자에게 말하고자 하는 바나 요청 사항이 요구된다고 설명하라. 아이디어 개발 양식 또는 요청 개발 양식을 나누어 주고 그것으로 진행하라.

2. 모델이 기록된 벽보나 이동식 차트 쪽으로 가서 그룹에게 그것을 읽어 주도록 하라.

3. 이제 참가자에게 잠시 시간을 가지고 이 활동을 위해 어떠한 말이나 요구를 사용할 것인지 생각해 보라고 하라. 참가자는 유인물에 제시된 추천 항목을 사용하거나 별도로 자신이 생각해 둔 것을 사용하면 된다.

4. 참가자 각자가 사용하려고 하는 말이나 요청 사항을 정하면, 그것을 아이디어 개발 양식이나 요청 개발 양식에 적어야 한다. 참가자에게 정말 말하고 싶은 것이 무엇인지 또한 어떻게 하면 그것을 가장 효과적으로 표현할 수 있는지 생각해 보게 하고, 여기에 1~2분을 주도록 하라.

5. 반 전체에게 이 활동을 하는 동안 피드백을 받게 될 것이라고 설명하고, 각 참가자에게 피드백 양식 복사본을 4부씩 나누어 주어라.

6. 양식에 있는 항목을 진행하라. 참가자에게 피드백 양식에 더 추가하고자 하는 항목이 있는지 물어보고, 역할극을 하는 동안에도 피드백 양식에 넣고 싶은 항목이 있다면 언제든지 추가해도 된다고 말하라.

7. 전체 반을 4~5명의 그룹원으로 구성된 소그룹으로 나누어 각 그룹을 활동 장소로 보내라. 각자의 공간으로 이동할 때 필요한 양식을 함께 가져가게 하라.

8. 역할극 공간에 두었던 지침 목록 앞에 서서 그것을 하나씩 꼼꼼히 읽도록 하라. 이 활동 목적의 소개부터 시작하고, 역할극의 목적은 약 30초 동안 효과적으로 말하고 요청하는 훈련을 하는 것이라고 설명하라.

9. 이 활동은 각 그룹원이 첫시연자, 관찰자, 배우 등 각기 다른 3가지 역할을 차례로 하는 연속 활동이라고 소개하라. 참가자는 첫시연자의 역할을 맡으면, 상대방 배우에게 한 번에 하나씩 자신의 생각을 표현하거나 요청하는 연기를 하게된다. 이때는 언어적 표현과 비언어적 표현을 외워서 번갈아 사용하면서 이야기하거나 요청하도록 한다. 물론 각 상호작용 전후에 메모 사항을 살펴보게 된다.

10. 참가자가 배우 역할을 할 때는, 기본적으로는 잘 들어 주어야 한다. 특히, 상대방의 눈을 잘 응시하고, 상대방을 향해 몸을 기울이는 등 비언어적인 방법으로 경청하는 것도 중요하다. 필요한 경우, "그것 재미있는데요." 혹은 "조금 더 말씀해 주세요."라는 말을 하거나 "어떻게 해서 그렇게 된 것이지요?"라는 간단한 질문을 할 수도 있다.

11. 관찰자 역할을 할 때는 첫시연자가 생각을 표현하거나 요청하는 것을 잘 관찰하여 피드백 양식에 기입하면 된다. 관찰자는 연기자의 상호작용을 가장 잘 관찰할 수 있는 첫시연자와 배우 옆에 위치하고 있어야 한다. 첫시연자의 역할극 상호작용이 끝나면 관찰자는 피드백 양식을 첫시연자에게 주면 된다.

12. 첫시연자는 피드백을 읽고 잠시 쉬었다가, 자신이 원하는 것이 있다면 그것이 무엇이든지 간에 바라는 대로 변화를 줌으로써 그룹 내의 다음 배우에게 다시 생각을 표현하거나 요청하면 된다.

13. 첫시연자와 상대방 배우의 역할극 이후, 그룹은 간략한 피드백 논의를 할 수도 있다. 이후 다른 참가자가 첫시연자, 관찰자, 배우가 된다. 이 과정은 모든 그룹원이 돌아가면서 역할을 할 때까지 계속된다.

14. 그룹에게 시간제한에 대해 언급하라. 첫시연자는 역할극을 하고, 피드백을 받고, 그룹과 간략한 마무리 토의를 하는 데 10분을 넘기지 않도록 공지하라. 회

기 종료가 2분 남았다는 것을 알리기 위해 벨을 울리고 회기가 종료될 때 다시 한 번 벨을 울릴 것이라고 설명하라.

15. 시범적으로 역할극을 하라. 시작 문구를 사용하여 3~4번 정도 역할극을 하도록 하고, 이때 피드백 활동을 포함시켜라.

16. 그룹에서 가장 먼저 첫시연자 역할을 맡을 참가자는 자원자를 대상으로 하라. 이후 참가자에게 첫시연자 오른쪽에 앉은 참가자가 이번 첫 회기에서 관찰자가 되고, 나머지 그룹원은 배우가 되어 달라고 요청하라.

17. 참가자가 무엇을 어떻게 해야 할 것인가를 이해했는지 점검한 후 활동 시작을 알려라.

🗨️ 관리하기

1. 참가자가 역할극을 시작하면 그룹을 오가며 활동을 살펴라. 참가자가 지시받은 대로 정확히 하고 있는지 주의 깊게 보고, 필요한 경우 원활한 진행을 위해 적절하게 개입하라.

2. 시간을 잘 살피고 활동이 어떻게 진행되는가 보라. 만일 첫시연자가 필요 이상으로 시간을 많이 사용하거나 그룹 토의가 너무 오랫동안 지속되면, 타임아웃을 외치고 이에 대해 언급하라. 전체 활동이 끝날 무렵에 참가자에게 보고 시간에 좀 더 심층적으로 시간 배분을 비롯한 활동 내용에 대해 토의할 시간이 있음을 알려라.

3. 8분 후, 벨을 울리고 이번 회기가 2분 남았다고 알려라. 10분이 되면 다시 벨을 울려 이번 회기의 종료를 알려라. 그리고 이번 회기의 관찰자가 다음 회기의 첫시연자가 되고, 첫시연자는 배우가 되며, 배우 중 한 사람이 관찰자를 맡으면 된다고 설명하라.

4. 벨을 울리고 두 번째 회기를 시작하라.

5. 회기 종료 시간 2분 전과 회기 종료 시간을 알려 주겠다고 강조하라. 만일 그룹이 일부는 4인으로, 나머지는 5인으로 구성되었다면, 보다 자세히 살피도록 하

라. 소그룹이 종료되기 시작하면, 모든 그룹이 종료될 때까지 그대로 있어 달라고 요청하라.

6. 모든 그룹이 종료된 다음에 이동식 차트 쪽으로 이동하라. 참가자에게 어려운 활동을 무사히 마쳐 준 것에 대해 감사를 표하고, 활동에 대한 보고 시간을 가질 것이라고 말하라. 먼저 소그룹 내에서 보고용 질문으로 논의한 뒤 전체 토론으로 이어질 예정이라는 사실을 알려라. 이때 이 활동을 시작하기에 앞서 짧은 휴식을 갖는 것이 좋다. 5분간의 휴식 이후 소그룹 단위로 다시 모여 달라고 요청하라.

🗨️ 보고하기

1. 참가자가 휴식을 끝내고 돌아오면, 이동식 차트에 기록된 질문으로 돌아가 모든 참가자가 이 질문을 읽어 보았는지 확인하라.
2. 소그룹 내에서 이동식 차트에 기록된 질문에 관하여 5분간 토의할 시간을 주고, 각 그룹이 각각의 질문에 어떻게 답변했는지를 전체 참가자 간에 공유하도록 하라.

👥 고려해야 할 사항

• 이 활동은 여러 가지 유형의 생각을 표현하거나 요청하는 데 있어서 적합하다. 하고자 하는 프로그램에서 아이디어 공유 개발 양식, 요청 개발 양식 또는 피드백 양식을 사용하는 것이 여의찮을 경우, 해당 프로그램에 적합한 여러분만의 양식을 개발해 보라.

• 만일 연속적인 형태의 피드백 양식을 사용하고 싶지 않다면, 관찰자를 코치로 삼아 활동을 진행하는 동안 코치가 조언을 주거나 용기를 북돋워 주어도 좋다. 이렇게 하면 긴 시간이 소요되는 역할극에서 시간을 절약할 수 있다.

🍪🍪 아이디어 공유 · 요청 개발 양식

1. 이 활동을 위한 주제를 선택하라. 여러분은 모두 표현하고 싶은 생각이나 제안, 요청 등이 있을 것이다. 다음에 몇 가지 예가 제시되어 있다.

   • 새로운 상품이나 서비스에 대한 아이디어를 기술하라.
   • 작업 시 필요한 새로운 방법을 제안하라.
   • 부서 회식이나 이벤트에 관련한 아이디어를 제안하라.
   • 임원회의의 색다른 방법을 제안하라.
   • 임원회의에서 색다른 다과를 제안하라.
   • 동료가 빌려간 것을 돌려달라고 요청하라.
   • 상사에게 임금 인상, 승진, 특정 프로젝트의 진행 기회에 대해 요구하라.
   • 프로젝트 기한을 연장하거나 그와 관련한 좀 더 많은 자료를 요청하라.
   • 작업 중에 담당자에게 다른 음악을 틀어 달라고 요청하라.
   • 작업 시에 다른 사람에게 도와 달라고 요청하라.

2. 그 아이디어를 왜 공유하는지, 그러한 제안을 왜 하는지, 그 같은 요청을 하는 이유가 무엇인지 생각해 보라. 목적이 무엇인가? 무엇을 성취하고자 하는가? 성공했다는 것을 어떻게 알 수 있는가?

3. 당신의 말이나 요청을 듣는 사람에 대해 생각해 보라. 당신은 상대방이 그것을 수용하도록 어떻게 호소할 것인가? 당신의 아이디어나 요청이 그에게는 어떠한 도움이 되는가?

4. 이제 당신이 하고자 하는 말이나 요청을 30초 내에 표현할 2~3개의 문장으로 기록하라.

아이디어 공유와 요청하기

1. "빌, 지난번 제게 새해 부서별 회식에 대해 말씀하셨던 것을 생각해 봤습니다. 아시다시피 작년 회식에는 많은 동료가 참석하지 못했죠. 그리고 제 기억이 맞는다면 재작년 역시 그랬을 것입니다. 제 생각에 올해 회식은 야외 회식이나 좀 더 특별한 방식으로 하는 것이 좋을 듯합니다. 이를테면, 디너 식의 점심을 먹고 영화를 보는 식으로 말이지요. 재미도 있고 사무실에서 벗어나 기분 전환도 될 것 같지 않습니까?"

2. "앤, 저희가 초점 집단을 사용하도록 권해 주셔서 감사합니다. 어제 다 같이 모였는데, 정말 좋았어요. 회사 주식을 주주에게 배분하는 전체 유형의 방식을 짜는 데 멋진 아이디어가 많이 나왔어요. 정말 대단했지요. 그런데 전체 프로젝트를 진행하려면 시간이 좀 더 걸릴 것 같습니다. 적어도 5월 1일까지는 기한이 연장되어야 할 것 같아요."

3. "메리 앤 씨, 임원회의의 다과와 관련한 업무를 제가 맡게 되었어요. 저도 사람들이 커피와 도넛을 좋아한다는 것은 알지만, 요즘은 아무래도 웰빙 시대이기 때문에 가능하면 주스나 신선한 과일 같은 것으로 준비하는 편이 좋겠네요. 어떠세요?"

4. "이봐, 제리, 금요일 첫 모임에서 사용할 워크숍 자료를 정리하는 데 네 도움이 정말 필요해. 주제를 막판에 변경하는 통에 프린트할 자료를 늦게 받았거든. 지금에야 자료를 다 받았는걸. 오늘 오후에 아더하고 네가 노트와 선물 상자를 정리하는 일 좀 도와줬으면 좋겠어. 제발 몇 시간만 도와줘라."

🎎 피드백 양식

다음 척도를 사용하여 다음의 항목으로 발표를 평가하라.

⓪ 형편없음 **①** 보통 **②** 잘함 **③** 꽤 잘함 **④** 매우 잘함

내 용					
1. 메시지가 간결하고 주제가 명확했다.	0	1	2	3	4
2. 진술이 분명하고 이해가 잘되었다.	0	1	2	3	4
3. 정확하고 분명한 목소리로 말했다.	0	1	2	3	4
4. 시기적절하게 상대방을 호명했다	0	1	2	3	4
그 밖의 조언:					

적용 활동

적용 활동은 특정 모델이나 기법, 안내 지침을 사용하여 훈련시키는 역할극으로서 참가자가 그 모델이나 안내 지침에 편안해지고 익숙해지도록 하는 것을 목적으로 한다. 역할극 '11. 미치겠네!'는 행동 변화를 목표로 하여 특정 모델을 사용하였으며, '14. 집요한 요청 기법'은 변명을 다루는 기술을 보여 준다. 그 밖의 역할극에서도 참가자는 특정 안내 지침을 사용하게 된다.

미치겠네! _행동 변화 요청을 위한 모델

 ## 역할극 개관

역할극 유형 이 활동은 참가자가 상대방의 행동상의 변화를 요청하는 모델을 훈련 시키는 적용 활동이다. 이 같은 역할극은 다양한 과정에서 사용될 수 있다. 특히 감독이나 관리 훈련 프로그램에서 유용하고, 피드백 훈련 상황에서도 효과적이다.

요 약 참가자는 카드를 뽑아서 카드에 기록된 상황에 맞는 모델을 사용하여 신속하게 역할극을 함으로써 행동상의 변화를 요청하기 위한 한 가지 모델을 연습한다.

목 적 다양한 상황에서 행동 변화를 요청하는 모델 연습하기

수업 규모 6~30명

그룹 규모 3~4명

소요 시간 45~60분

자 료
- 행동 변화를 요청하는 모델 내용이 기록된 프린트물
- 행동 개선 상황을 주제로 하는 카드 한 벌 혹은 유인물
- 지침 목록 및 보고용 질문 목록

장소 세팅 강의실이나 회의장 세팅

🪆 역할극하기

🐌 준비하기

1. 행동 변화를 요청하기 위한 모델 내용이 기록된 프린트물 또는 하나의 예가 제시된 유인물을 준비하라. 이것은 활동이 끝날 무렵 사용하게 될 것이다.

2. 이 활동이 끝날 때 상황 목록 복사본을 만들거나 p 166에서 제시한 〈표 7-1〉의 상황카드 복사본을 프린트해서 각 그룹이 해당 자료를 한 벌씩 갖게끔 준비하라. 딱딱한 재질의 종이에 카드를 프린트하여 보기 좋게 절단해 한 벌씩 구비해 두어라.

3. 이 활동을 어디서 할 것인가를 결정하라. 그리고 가능하다면 활동 시간 전에 공간을 배치하라. 역할극 상황을 미리 기록해 놓은 목록을 사용할 경우, 참가자를 소그룹으로 나누어 구별된 공간에 위치시켜라. 이 활동에서 카드를 사용할 예정이라면, 테이블을 중심으로 둥글게 앉는 것이 보다 효과적이다. 충분한 공간이 있다면, 공간 뒤쪽에 작은 테이블 몇 개와 각 테이블당 3~4개의 의자를 준비해 두면 좋다. 필요한 경우 큰 직사각형 테이블 끝에 소그룹을 배치시키거나 몇 명의 참가자를 앞쪽에 있는 긴 의자에 앉히되 방향을 돌려서 테이블에 위치한 다른 참가자와 함께 소그룹을 형성시켜라.

4. 소개 시간 동안 사용할 이동식 차트에 활동에 대한 다음의 지침을 기록하라.

- 목적: 행동 변화를 요청하는 모델 연습하기
- 행동 개선 상황이 적힌 목록(혹은 상황카드)을 사용하라.
- 첫 번째 상황부터 시작하여(혹은 카드를 꺼내고) 토의하고, 그 모델을 사용하여 역할극을 하라.
- 첫시연자의 왼쪽에 앉아 있는 참가자가 상대방 역할을 하고, 다른 참가자는 관찰하라.

- 다음 참가자는 그다음 목록(상황카드)을 사용하고 토의한 후에 역할극을 하라.
- 약 1분 동안 모델을 사용해 역할극을 하라.
- 관찰자로부터 간략한 피드백을 받도록 하라.
- 30분 내에 얼마나 많은 상황을 연기할 수 있는지를 보라.

5. 개별 이동식 차트에 다음의 보고용 질문을 기록하고, 활동을 보고할 장소에 차트를 보관하라.

- 얼마나 많은 상황을 연기했는가?
- 모델을 사용할 때의 기분은 어떠했는가?
- 어떤 상황이 가장 어려웠는가?
- 배운 것을 어떻게 적용할 것인가?

소개하기

1. 전체 참가자에게 이제 행동 변화를 요청하기 위한 모델을 연습하는 소그룹 역할극을 시작할 것이라고 알려라. 각 소그룹의 그룹원에게 모델 복사본을 배분하고, 모델이나 모델의 예로 제시된 내용에 대해 반 전체와 토의하라.

2. 참가자와 함께 이동식 차트 쪽으로 이동하여 이 활동의 지침 목록을 살펴보라. 이 활동의 목적이 모델 사용을 연습하는 것임을 강조하라.

3. 참가자가 목록(상황카드)에 제시된 행동 개선 상황 모델을 사용하여 일련의 간단한 역할극을 하게 될 것임을 설명한 뒤, 목록(혹은 카드 한 벌)을 보고 한두 개의 제시된 상황을 크게 읽어라.

4. 한 참가자에게 첫 번째 상황을(카드를 꺼내어) 그룹원에게 크게 읽어 주라고 제안하라. 그러고 나서 참가자 간에 잠시 동안 이 상황에 대해 토의하게 한다. 이후에 상황카드를 읽은 참가자는 해당 상황에서 직원 역할이 주어진 자신의 왼편에 앉은 참가자와 간단한 역할극을 하되, 다른 1~2명의 그룹원은 역할극을 관찰하

고 조언하면 된다.

5. 기본적으로 상담가는 참가자가 가능한 한 많은 모델을 연습하고 이에 대한 피드백을 주기를 바라지만, 역할극을 간단하게 해 달라고 요청해야 한다.

6. 활동이 어떻게 진행되는지 시범을 보여라.

7. 전체 참가자를 3~4명의 그룹원으로 구성된 소그룹으로 나누고, 각 그룹을 활동 영역으로 배치한 뒤 참가자 각각에게 상황 목록을 주거나 각 그룹에 상황카드를 배분하라. 그리고 참가자에게 30분 내에 얼마나 많은 상황 역할극을 할 수 있는지를 보겠다고 말하라.

8. 참가자가 무엇을 어떻게 해야 할 것인가를 이해했는지 점검한 후 활동 시작을 알려라.

🦴 관리하기

1. 활동 시간 동안 그룹 사이를 오가며 역할극을 지켜보라. 꼭 필요한 경우가 아니면 개입하지 말라.

2. 토의가 얼마나 오랫동안 지속되는지 주의 깊게 살펴보라. 필자의 경우에는 토의가 많은 도움이 되었지만, 필요 이상으로 시간을 많이 사용하거나 역할극을 충분히 하지 않는다면, 타임아웃을 외치고 이에 대해 언급하라.

3. 역할극을 잘 해낸 경우, 잘했다고 격려해 주어라.

4. 20분이 경과하면 5분 단위로 경고를 주고, 여분의 시간 동안 나머지 상황을 끝낼 수 있는지 확인할 예정이니 가능하면 시간을 맞추도록 역할극을 진행하라고 제안하라.

5. 30분이 경과하면 활동 종료를 알려라.

🐾 보고하기

1. 보고용 질문이 기록된 이동식 차트 옆에 서서 활동 보고를 할 것이니 참가자에게 상담가를 중심으로 의자를 둥글게 만들어 하나의 그룹을 형성하라고 말하라.
2. 이동식 차트에 있는 질문을 사용하여 활동을 보고하라.

🧍🧍 고려해야 할 사항

- 이 활동은 모델을 연습하기 위한 쉽고 빠른 접근법이다. 게다가 보다 길고 심화된 역할극에 사용될 수도 있다. 참가자가 상황에 대한 토의를 위해 시간을 더 가지기를 원하거나 보다 긴 역할극을 하고자 한다면, 이 활동과 관련한 보다 길고 전문적인 형식을 사용할 것을 고려하라.
- 유인물에 제시된 상황이 적용하기에 부적절하다거나 상담가가 직접 그룹과 함께 역할극에 참여하고 싶다면, 학습자의 수요에 보다 초점을 맞춘 상황을 연출하여 사용하도록 하라.

🧍🧍 행동 변화 요청하기

모 델

- 당신이 A를 하는 경우: 특정 행동을 기술하라. ………… ①
- 그것이 B를 야기하는 경우: 행동의 결과를 기술하라. ………… ②
- B가 우려되는 경우: 당신의 생각을 말하라. ………… ③
- C를 하는 것이(A를 하지 않는 것이) 어떨까요? 원하는 행동을 요청하라. ………… ④

사 례

크리스 : 저 말이죠, 훈련 비디오에 대해 좀 답답한 점이 있어요.

수잔 : 그게 뭐죠?

크리스 : 수잔 씨가 비디오를 되감아 놓지 않아서 나중에 그 비디오를 볼 때, 제가 되감아야 하거든요. (①)

수잔 : 아, 그랬군요. 크리스, 별것 아니네요.

크리스 : 그렇게 말할 수도 있겠죠. 하지만 이게 벌써 두 번째예요. 훈련받는 사람들이 내가 그렇게 하기를 바라서 내가 직접 비디오를 되감아야 했다고요. (②) 수업 시간도 길지 않은데, 비디오 되감기 때문에 시간을 너무 많이 낭비하게 돼요. (③) 제발 좀 되감기를 해 주세요. (④)

수잔 : 아, 네, 알겠습니다.

행동 개선이 요구되는 상황

1. 앤은 매일 회의에 늦는다. 사람들은 회의를 하기 위해 그녀가 올 때까지 기다리곤 한다. 그녀가 늦는 날은 방금 전까지 회의에서 무슨 일이 있었는지 그녀가 질문을 해대는 통에 회의에 방해를 받는다.

2. 밥은 회의가 지루해서 옆 사람과 상당히 자주 잡담을 한다.

3. 캐롤라인은 아무 준비도 없이 회의에 들어오는 경우가 잦다. 때때로 그녀는 파일과 서류를 아무렇게나 섞어서 가져오기 때문에, 발표 시작 직전에 그것을 분류하는 데 많은 시간을 소비한다.

4. 데이비드는 회의에서 리더를 맡을 때, 주제에 따른 회의 진행을 힘들어한다. 데이비드가 진행하는 회의에서는 자주 비공식적인 이야기가 나오는 것은 물론, 간혹 공식적인 이야기가 논의되더라도 사람들은 여전히 소곤거리며 주제에서 벗어난 이야기를 계속한다.

5. 일레인은 회의 참석 시 꼭 다른 일거리를 가져온다. 어느 날 그녀는 심지어 신문

을 가져와서 회의 시간에 읽기도 했다.

6. 프랭크는 사람들이 이야기할 때 끼어드는 안 좋은 습관을 가지고 있다. 몇몇 사람은 프랭크의 이 같은 행동을 그다지 개의치 않지만, 어떤 사람들은 자주 화를 낸다.

7. 게리는 조용하고 내성적인 사람으로, 그는 좋은 아이디어를 많이 가지고 있지만 회의에서 자신의 의견을 공개적으로 말하지 못한다.

8. 헬렌은 천성적으로 사교적인 사람이라 사람들을 만나고 이야기를 나누는 것을 좋아한다. 그러나 때때로 동료들이 일하기 위해 자리로 돌아가려 할 때도 그녀는 눈치 없이 계속해서 동료들에게 말을 걸고 귀찮게 군다.

9. 잭슨은 타인이나 일에 대해 아주 비판적이다. 그의 많은 동료들은 그가 모든 일에 대해 매번 부정적으로 평가하는 것을 보고 불만스러워 한다.

10. 캐서린은 전화 통화를 하는 데 많은 시간을 보낸다. 그러나 그녀가 하는 대부분의 통화는 업무와 관련 없는 것으로, 그녀의 길고도 지루한 사적인 통화에 동료들은 매우 짜증스러워 한다.

11. 루이스는 전화를 받을 때 빠르게 "네?"라고 하는 습관이 있다.

12. 미리엄은 동료에게 걸려 온 전화를 대신 받아 메시지를 전달받지만, 너무나 자주 동료에게 메시지를 전달하는 것을 잊는다.

13. 낸시의 작업 공간은 엉망진창이다. 파일, 리포트, 서류, 각대 봉투들이 이리저리 널려 있다. 때때로 그녀의 어지러운 물건들이 통로까지 차지해 다른 사람의 공간까지 침범하기도 한다.

14. 파울로는 프로젝트, 기한 날짜, 작업 업무 등을 기입해 두는 차트 하나를 벽면에 걸어 두었다. 그러나 그 차트의 마지막 장에 동료들의 이름에 뒤따르는 평가 절하된 진술은 동료들의 심기를 불편하게 한다.

15. 레이첼은 자기만의 방식대로 일을 진행하는 것을 좋아해서 동료가 무엇을 원하고 또 그것을 어떠한 방식으로 접근할지 제안함으로써 동료를 돕곤 한다.

16. 소니는 까다로운 행동을 즐기는 듯 보인다. 그는 생산적인 논쟁을 좋아하고 종종 재미를 목적으로 반대 의견을 낸다. 특히 그는 화를 내거나 변호하려고 들

것이 뻔한 동료와 그런 논쟁을 즐긴다.

17. 테드는 도움을 요청하는 것을 싫어한다. 그는 종종 엄청난 일을 떠맡고는 예정 시간보다 일을 늦게 끝내 스트레스를 받는다.

18. 번은 근무 중에 너무 오랫동안 휴식 시간을 갖고 점심 시간에도 매번 늦게 들어온다.

19. 윌리엄은 그가 감독하는 사람들에게 너무 거칠게 군다. 그는 무례한 태도와 거친 말로 사람들을 협박하고 분노하게 한다.

20. 채드는 일할 때 사람들을 괴롭히기를 좋아한다. 특히 일을 한창 배우는 신입 직원에게 유난히 그렇다. 불행히도 그의 그런 행동은 신입 직원을 예민하게 만들어 그들의 실수를 증가시킨다.

21. 빌의 월말 보고서는 정말 읽기가 힘들다. 그의 두서없는 글쓰기 스타일로 인해 문장을 읽는 것이 힘들 뿐더러 무슨 말인지 도통 이해할 수가 없다.

22. 레아의 조용한 목소리와 나긋나긋한 말투 때문에 그녀의 말은 알아듣기가 힘들다. 사람들은 그녀의 말을 알아듣지 못해서 좋은 아이디어를 놓치기 일쑤다.

23. 세레나는 동료에게 "no!"라고 말하지 못한다. 그녀는 자신의 일과 직접적인 관련이 없는 쓸데없는 일까지 과중하게 떠맡고 있다.

24. 모나는 기한을 지키는 일이 쉽지 않다. 일이 늦어지면, 그녀 때문에 다른 사람의 일까지 늦어져 전체 프로젝트가 지연된다.

이러한 상황이 〈표 7-1〉에도 제시되었으니 참조하라.

테드는 도움을 요청하는 것을 싫어한다. 그는 종종 엄청난 일을 떠맡고는 예정 시간보다 일을 늦게 끝내 스트레스를 받는다.

번은 근무 중에 너무 오랫동안 휴식 시간을 갖고 점심 시간에도 매번 늦게 들어온다.

윌리엄은 그가 감독하는 사람들에게 너무 거칠게 군다. 그는 무례한 태도와 거친 말로 사람들을 협박하고 분노하게 한다.

채드는 일할 때 사람들을 괴롭히기를 좋아한다. 특히 일을 한창 배우는 신입 직원에게 유난히 그렇다. 불행히도 그의 그런 행동은 신입 직원을 예민하게 만들어 그들의 실수를 증가시킨다.

세레나는 동료에게 "no!"라고 말하지 못한다. 그녀는 자신의 일과 직접적인 관련이 없는 쓸데없는 일까지 과중하게 떠맡고 있다.

모나는 기한을 지키는 일이 쉽지 않다. 일이 늦어지면, 그녀 때문에 다른 사람의 일까지 늦어져 전체 프로젝트가 지연된다.

빌의 월말 보고서는 정말 읽기가 힘들다. 그의 두서없는 글쓰기 스타일로 인해 문장을 읽는 것이 힘들 뿐더러 무슨 말인지 도통 이해할 수가 없다.

레아의 조용한 목소리와 나긋나긋한 말투 때문에 그녀의 말은 알아듣기가 힘들다. 사람들은 그녀의 말을 알아듣지 못해서 좋은 아이디어를 놓치기 일쑤다.

미리엄은 동료에게 걸려 온 전화를 대신 받아 메시지를 전달받지만, 너무나 자주 동료에게 메시지를 전달하는 것을 잊는다.

루이스는 전화를 받을 때 빠르게 "네?"라고 하는 습관이 있다.

캐서린은 통화를 하는 데 많은 시간을 보낸다. 그러나 그녀가 하는 대부분의 통화는 업무와 관련 없는 것으로, 그녀의 길고도 지루한 사적인 통화에 동료들은 매우 짜증스러워 한다.

소니는 까다로운 행동을 즐기는 듯 보인다. 그는 생산적인 논쟁을 좋아하고 종종 재미를 목적으로 반대 의견을 낸다. 특히 그는 화를 내거나 변호하려고 들 것이 뻔한 동료와 그런 논쟁을 즐긴다.

낸시의 작업 공간은 엉망진창이다. 파일, 리포트, 서류, 각대 봉투들이 이리저리 널려 있다. 때때로 그녀의 어지러운 물건들이 통로까지 차지해 다른 사람의 공간까지 침범하기도 한다.

파울로는 프로젝트, 기한 날짜, 작업 업무 등을 기입해 두는 차트 하나를 벽면에 걸어 두었다. 그러나 그 차트의 마지막 장에 동료들의 이름에 뒤따르는 평가 절하된 진술은 동료들의 심기를 불편하게 한다.

레이첼은 자기만의 방식대로 일을 진행하는 것을 좋아해서 동료가 무엇을 원하고 또 그것을 어떠한 방식으로 접근할지 제안함으로써 동료를 돕곤 한다.

잭슨은 타인이나 일에 대해 아주 비판적이다. 그의 많은 동료들은 그가 모든 일에 대해 매번 부정적으로 평가하는 것을 보고 불만스러워 한다.

앤은 매일 회의에 늦는다. 사람들은 회의를 하기 위해 그녀가 올 때까지 기다리곤 한다. 그녀가 늦는 날은 방금 전까지 회의에서 무슨 일이 있었는지 그녀가 질문을 해 대는 통에 회의에 방해를 받는다.

밥은 회의가 지루해서 옆 사람과 상당히 자주 잡담을 한다.

캐롤라인은 아무 준비도 없이 회의에 들어오는 경우가 잦다. 때때로 그녀는 파일과 서류를 아무렇게나 섞어서 가져오기 때문에, 발표 시작 직전에 그것을 분류하는 데 많은 시간을 소비한다.

데이비드는 회의에서 리더를 맡을 때, 주제에 따른 회의 진행을 힘들어한다. 데이비드가 진행하는 회의에서는 자주 비공식적인 이야기가 나오는 것은 물론, 간혹 공식적인 이야기가 논의되더라도 사람들은 여전히 소곤거리며 주제에서 벗어난 이야기를 계속한다.

일레인은 회의 참석 시 꼭 다른 일거리를 가져온다. 어느 날 그녀는 심지어 신문을 가져와서 회의 시간에 읽기도 했다.

헬렌은 천성적으로 사교적인 사람이라 사람들을 만나고 이야기를 나누는 것을 좋아한다. 그러나 때때로 동료가 일하기 위해 자리로 돌아가려 할 때도 그녀는 눈치 없이 계속해서 동료에게 말을 걸고 귀찮게 군다.

게리는 조용하고 내성적인 사람으로, 그는 좋은 아이디어를 많이 가지고 있지만 회의에서 자신의 의견을 공개적으로 말하지 못한다.

프랭크는 사람들이 이야기할 때 끼어드는 안 좋은 습관을 가지고 있다. 몇몇 사람은 프랭크의 이 같은 행동을 그다지 개의치 않지만, 어떤 사람들은 자주 화를 낸다.

홀리는 자신의 일에 너무나 철저하지만, 일의 속도가 너무 늦는 경우가 많다. 실수가 없게 하려고 일을 너무 반복해서 하는 경향이 있기 때문이다.

알은 계속해서 자신과 자신의 일을 동료들과 비교하면서 그들이 어떻게 일을 처리하는지 살핀다. 그는 짬만 나면 자신을 자랑하기에 바쁘다.

바바라는 막바지 변화에 적응하는 데 힘들어한다. 그러나 고객에게 융통성 있고 빠르게 새로운 명세에 관해 응답하는 일은 그녀의 일에서 점점 더 요구되는 부분이다.

미나는 방해를 다루는 것을 힘들어한다. 그녀는 그녀의 사무실에 불필요하게 많이 드나들거나 수시로 전화하는 동료를 불쾌하게 생각하고 싶지는 않지만, 그들이 너무 많은 시간을 빼앗아 간다.

리코는 일상적인 농담을 즐기고 그의 익살에 많은 동료가 즐거워한다. 그러나 몇몇 동료는 최근에 그가 농담으로 사람을 가지고 논다고 불평한다.

테레사는 어떤 식으로든 일과 관련해 질문을 받으면 아주 방어적으로 된다. 때로는 반드시 언급되어야 할 문제도 그녀가 너무 방어적이어서 그냥 지나치게 되는 경우도 있다.

도나와 일레인은 좋은 친구다. 그들은 종종 서로 만나기 위해 일하다 말고 '탈출'하기도 한다. 그들이 만나는 시간은 점점 길어졌고 업무를 방해하는 지경에 이르렀다.

글로리아는 자신에게 맡겨진 일은 참 잘 해낸다. 그러나 자발적으로 일을 하는 데 어려움이 있어서 일이 끝나면 다음 업무가 지시될 때까지 기다리곤 한다.

12 고객의 욕구를 만족시키는 판매 전략
_5가지 판매 전략

🍪 역할극 개관

역할극 유형 이것은 5가지 판매 전략 기술을 연습하는 적용 활동이다. 필자는 이것을 아이디어 마케팅 수업에서 사용해 본 적이 있는데, 그곳에서 처음으로 참가자에게 물건에 따른 판매 전략을 사용하도록 한 다음, 아이디어를 판매하는 기술을 사용하는 내용으로 전환했다.

요 약 참가자는 물건을 선택한 다음, 다른 참가자에게 그 물건에 대해 설명하는 과정에서 5가지 판매 전략을 적용한다.

목 적 물건과 아이디어를 판매하기 위한 5가지 판매 전략 훈련하기

수업 규모 어떤 규모나 가능

그룹 규모 3~4명

소요 시간 약 45분

자 료
- 참가자당 물건 목록 1부씩
- 물건과 아이디어 판매를 위한 5가지 판매 전략 내용이 담긴 프린트물 (1인당 1부)
- 지침 목록이 기록된 벽보
- 보고용 질문 목록이 기록된 이동식 차트
- 향기 나는 볼펜

장소 세팅 강의실이나 회의장 세팅

🍪 역할극하기

👶 준비하기

1. 활동이 끝날 무렵에 할 5가지 판매 전략에 대한 유인물 목록과 물건 목록 프린트물을 준비하라.

2. 이 활동을 실행할 장소를 결정하라. 충분한 공간이 있는 경우에는 공간 뒤쪽에 의자 서너 개씩을 배치해 그룹을 이루어 둥글게 앉으면 좋다. 긴 직사각형 테이블 끝에 소그룹끼리 자리를 배치하거나, 일부 참가자는 긴 테이블 앞으로 오게 하여 의자를 돌려 앉아 테이블에 있는 다른 참가자와 소그룹을 형성하게 해도 된다.

3. 소개 시간 동안 사용할 벽보에 활동에 관한 다음의 지침을 기록하도록 하라.

   - 목적: 5가지 판매 전략 훈련하기
   - 5가지 판매 전략을 이용하여 선택한 물건을 파는 역할극
   - 판매자 역할을 맡은 참가자의 왼쪽 사람이 고객 역할을 하고 나머지 참가자는 관찰하라.
   - 이후 다른 참가자가 물건을 고르고, 그 참가자의 왼편에 있는 참가자와 역할극을 하라. 다른 참가자는 관찰하라.
   - 역할극은 약 1분 정도로 짧지만, 반드시 기술을 사용하라.
   - 관찰자에게서 간단한 피드백을 받아라.
   - 15분 이내에 얼마나 많은 상황을 연출할 수 있는지를 보라.

4. 이동식 차트에 다음의 보고용 질문을 기록하고, 활동을 보고할 장소에 이동식 차트를 보관하라.

   - 5가지 판매 전략 기술을 사용할 때의 기분은 어떠했는가?

- 어떤 판매 전략 기술을 가장 유용하게 사용했는가?
- 가장 판매하기 힘든 물건은 무엇이었는가?
- 이 기술을 어떻게 적용할 것인가?

5. 손이 쉽게 닿는 곳에 향기 나는 볼펜을 비치하라.

소개하기

1. 반 전체 참가자에게 지금부터 물건과 아이디어를 팔기 위해 5가지 판매 전략 기술을 사용하는 소그룹 역할극 활동을 할 것이라고 말하라.
2. 참가자는 각각 향이 나는 볼펜을 집어서 하나씩 갖고 나머지는 반 전체에 돌리게 하라. 참가자에게 볼펜을 살펴보고 뚜껑을 벗기고 냄새를 맡은 후, 다음 참가자에게 넘겨주라고 말하라. 각 참가자에게 5가지 판매 전략 기술이 기록된 프린트물을 나누어 주어라. 유인물에 있는 사례를 살펴보게 한 후 소품으로 준비한 향기 볼펜을 사용하도록 한다.
3. 벽보 쪽으로 이동해 이 활동에 대한 지침 목록으로 넘거라. 이 활동의 목적이 5가지 판매 전략 기술을 연습하는 것임을 강조하라.
4. 참가자는 판매 전략 기술을 사용하여 서로에게 물건을 파는 일련의 짧은 역할극을 하게 될 것이라고 소개하라. 각 참가자는 물건의 목록을 받고 목록 가운데 어떤 물건을 팔고 싶은지 선택하면 된다.
5. 한 참가자가 목록에서 물건을 선택하여 그것을 그룹원에게 큰 소리로 말한 다음 이와 관련한 짧은 논의를 하게 한다. 물건을 선택한 참가자는 판매자 역할을 하고 왼편의 고객 역할을 맡게 될 참가자와 짧은 역할극을 하게 된다. 나머지 1~2명의 그룹원은 앞의 역할극을 유심히 관찰했다가 활동이 끝난 후 피드백해 주면 된다.
6. 고객 역할을 맡은 참가자는 그다음에 판매자가 되어 목록에서 물건을 선택한다. 물건은 이전 판매자가 선택한 것과 같거나, 달라도 상관없다. 새롭게 판매자가

된 사람의 왼편에 있던 참가자는 이제 고객이 되고 나머지 참가자는 관찰하면 된다.

7. 참가자에게 역할극을 1~2분 정도로 짧게 해 달라고 요청하라. 기본적으로 상담가는 참가자가 기술을 사용하거나 반응하기를 원하지만 참가자가 너무 그것에 집착할 필요는 없다.

8. 활동이 어떻게 진행되는지 시범을 보여라. 목록에서 물건을 하나 골라 5가지 판매 전략 기술을 이용해 물건을 파는 시범을 보여라. 예를 들어, 만일 '빛이 나는 열쇠고리'를 선택한다면, "밤에 문을 열 때 편리합니다." 혹은 "밤에 차 문을 열 때 더 빨리 열 수 있습니다."처럼 용도를 설명하라. 상담가가 "제니, 어두운 곳에서 열쇠 구멍이 잘 보이지 않아 밤에 차 문을 열 때 불편한 적이 있었죠? 자, 이 열쇠고리에는 작은 전등이 부착되어 있어서 밤에 차 문을 열어야 할 때나 필요한 경우에 좀 더 빠르고 쉽게 일을 해결할 수 있습니다."라고 말하며 가상의 고객에게 상품을 팔 수도 있다.

9. 반 전체 참가자를 3~4명 단위의 소그룹으로 나누고 각 그룹을 활동 영역으로 배치한 뒤, 각각의 참가자에게 물건 목록을 나누어 주어라. 그리고 참가자에게 30분 내에 얼마나 많은 상황의 역할극을 할 수 있는지 보겠다고 말하라.

👆 관리하기

1. 활동 시간 동안 그룹 사이를 오가며 역할극을 지켜보라. 토의가 얼마나 오랫동안 지속되는지 주의 깊게 살펴보라. 상담가가 보기에 너무 많은 시간을 토론에 할애하고 있다면, 살짝 언질을 줄 수 있다.

2. 25분이 경과한 후에는 종료 5분 전임을 알리고 여분의 시간 동안 나머지 상황을 종료하도록 독려하라.

3. 30분이 경과하면 활동 종료를 알려라.

💬 보고하기

1. 활동 보고에 대해 언급하면서 소그룹별로 논의하면 좋을 몇 가지 질문을 제공할 것이니 이후 반 전체가 함께 질문에 대한 내용을 토론할 것이라고 설명하라. 보고용 질문이 기록된 이동식 차트 옆에 서서 질문을 끝까지 읽어 주도록 하라. 참가자에게 5분 동안 소그룹별로 그 질문을 논의하게 한다.
2. 5분이 경과하면 마지막 토의를 열어 전체 반이 질문에 대한 의견을 나누도록 하라.

👥 고려해야 할 사항

- 이 활동은 물건과 아이디어를 거래하는 5가지 판매 전략 기술을 연습하기 위한 쉽고 빠른 접근법이다. 좀 더 길고 심도 있는 연습회기에서 이것을 사용할 수도 있다. 만일 참가자가 상황에 대한 논의에 더 많은 시간을 갖고 싶다거나 역할극을 좀 더 길게 하고 싶어 한다면, 이 활동에 시간을 좀 더 주고 참가자가 실제로 심도 있는 활동을 하도록 독려하라.
- 여러분만의 물건 목록을 만들거나 이 목록에 물건을 더 추가시켜라. 학습 그룹의 독특한 환경에 맞는 물건을 선택하면 된다.

👥 물건이나 아이디어 판매를 위한 5가지 전략 기술

1. 고객의 수요를 알아낸 다음, 당신의 물건이나 아이디어가 어떻게 그 고객의 수요를 만족시키는지 설명하라. 고객의 수요를 어떻게 설명할지 혹은 고객의 문제를 어떻게 해결할지를 살펴 당신의 아이디어나 물건의 특징과 장점을 설명하라. "게일 씨, 당신과 당신의 그룹원이 강한 화학 성분 냄새가 나는 볼펜을 쓰는 데

문제가 있었나요? 자, 요즘 제가 쓰고 있는 이 볼펜은 강한 화학 성분 냄새 대신에 과일 향과 꽃향기가 납니다. 다른 사람들도 모두 이것을 마음에 들어 해요."

2. 당신과 고객을 같은 입장에 놓아라. 서로 간의 공통점과 공동의 경험, 태도, 상황을 언급하라. "게일 씨, 우리는 둘 다 훈련을 받는 입장이라, 이동식 차트 앞에 서서 화학 성분 냄새가 나는 볼펜을 사용하는 것이 어떤 기분인지도 알지요."

3. 당신의 아이디어나 상품의 샘플을 보여 주고 그것을 어떻게 작동하는지 시범 보이도록 하라. "볼펜 뚜껑을 연다고 생각해 보세요. 강한 화학 성분 냄새 대신에, 갓 채취한 장미 향이 향기롭게 느껴집니다."

4. 고객을 인식하고 고객의 이름을 불러 주어라. 고객의 경험, 전공, 능력 등을 고려하라. "게일 씨, 당신이 많은 단체의 훈련을 받았던 것으로 알고 있는데요."

5. 당신의 아이디어나 상품을 더 큰 문제와 연결시키도록 하라. 즉, 더 큰 개념으로 전환하라. "게일 씨, 아시다시피 이것이 단순히 나쁜 냄새가 나는 볼펜을 거부하는 문제는 아니지 않습니까? 우리 학급의 공기를 개선하는 차원으로 봐야 할 것입니다."

🧸🧸 판매 물건 목록

- 더블 크러스트피자
- 카메라 기능이 있는 휴대전화
- 불빛이 나오는 열쇠고리
- 무카페인 커피
- 포스트잇
- 접착 방식 마감재를 사용한 신발
- 안주머니가 있는 재킷
- 자동차용 DVD 플레이어
- 어떤 텔레비전도 끌 수 있는 리모컨

- 휴대전화 팔찌
- 걸을 때 불이 들어오는 신발
- 걸을 때 길을 비추는 신발
- 건전지로 덥히는 장갑
- 난방과 냉방 기능이 있는 점퍼
- 휴대전화 시계

13 의사 전달과 보디랭귀지
_ 대중 연설에서 비언어적 표현 연습하기

 역할극 개관

역할극 유형   이 역할극은 대중 연설의 비언어적인 측면을 연습하는, 소그룹을 대상으로 하는 적용 활동이다. 의사소통 연습이나 대중 연설 연습, 효과적인 발표 프로그램에 유용하다.

요 약   소그룹 내 참가자는 차례로 2분간 발표하고, 다른 참가자로부터 발표자의 비언어적인 측면에 관해 평가받는다.

목 적   비언어적 의사소통 기술 훈련하기

수업 규모   8~20명

그룹 규모   4~5명

소요 시간   45~60분

자 료
- 간략한 발표용 주제 목록
- 발표 평가지
- 각 소그룹당 이동식 차트 하나와 충분한 양의 색 볼펜
- 각 그룹당 셀로판테이프 하나씩
- 벨 또는 소리 신호 장치
- 비언어적 행동에 대한 내용이 기록된 벽보나 부착용 차트
- 지침 목록과 보고용 질문 목록이 기록된 이동식 차트

장소 세팅   강의실이나 회의장 세팅

🍪 역할극하기

👤 준비하기

1. 각 참가자가 간단한 발표용 주제 목록 복사본 1부와 평가 용지 2부를 갖도록 준비하라. 이 2가지 유인물 모두 이 활동 끝에 사용된다.

2. 이번 활동에서 측정할 7가지 비언어적 행동이 기록된 큰 벽보나 부착용 차트를 준비하라. 7가지 비언어적 행동에는 다음의 항목—① 분명하고 확신 있는 목소리로 말하라, ② 긍정적이고 설득력 있는 어조로 말하라, ③ 눈을 자주 맞추도록 하라, ④ 편안하고 유쾌한 얼굴 표정을 지으라, ⑤ 적절한 몸동작을 취하라, ⑥ 차분하지만 효과적인 제스처를 사용하라, ⑦ 효과적인 시각 자료를 사용하라(이 활동 끝 무렵에 이 목록을 보게 하라.)—이 포함되어야 하며, 이 내용이 기록된 벽보나 차트를 강의실에 걸도록 한다.

3. 이 활동을 시행할 장소를 결정하라. 충분한 공간이 있다면, 강의실 뒤나 옆쪽에 작은 테이블과 4~5개의 의자를 둥글게 놓아 그룹별로 구분하라. 그룹 간 간격을 가능한 한 멀리 두도록 하라. 뒤쪽이나 옆쪽에 공간이 충분하지 않은 경우, 책상을 사용할 수도 있다.

4. 각 소그룹 근처에 이동식 차트를 하나씩 두고 다양한 색 볼펜과 셀로판테이프를 준비하도록 하라.

5. 소리 신호 장치를 준비하라.

6. 소개 시간 동안 사용할 이동식 차트에 다음의 지침을 기록하라.

- 목적: 비언어적 의사소통 기술 훈련하기
- 2분 발표를 준비하기 위한 시간은 10분을 준다.
- 각 참가자가 한 가지씩 발표하고 다른 두 참가자가 평가한다.
- 2분간 발표하고 피드백을 주고받으며 토의하라.

- 그룹원이 5명이면 발표도 다섯 번이 된다.
- 그룹원이 4명이면 자원자를 받아 추가 발표를 하라.
- 상담가가 회기 시작과 끝에 벨을 울릴 것이다.

7. 이동식 차트에 다음의 보고용 질문을 기록하고, 활동을 보고할 장소에 이동식 차트를 준비하라.

- 주제는 어떠했는가?
- 빠른 시간 안에 준비하는 것은 어떠했는가?
- 비언어적 요소가 왜 중요한가?
- 어떤 비언어적 요소를 표현하는 것이 가장 어려웠는가?
- 무엇을 배웠는가?

소개하기

1. 참가자에게 효과적인 의사소통의 비언어적 측면을 연습하기 위해 지금 소그룹 역할극을 할 것이라고 알려라. 7가지 비언어적 행동이 기록된 차트 옆에 서서 각 내용을 살피며 토론을 이끌고, 예시를 보여 주도록 하라.
2. 평가 양식을 각 참가자에게 2부씩 나누어 주어라. 참가자는 발표를 평가하기 위해 이 양식을 사용할 것이다.
3. 주제 목록을 나누어 주고 각 참가자에게 2분짜리 발표를 위한 주제를 선택하라고 말하라. 참가자는 10분 동안 발표를 준비해야 한다. 참가자에게 이 목록에 추가하고 싶은 주제가 있는지 물어보고 추가 주제를 제안하면 수용하라.
4. 반 전체를 4~5명으로 구성된 소그룹으로 나누고 각 그룹을 역할극 장소로 보내라. 각 그룹에게 인원 번호를 붙이게 하여 번호가 가장 큰 사람이 가장 먼저 시작하고, 그다음으로 번호가 큰 사람이 두 번째 식으로 하라고 말하라. 그렇게 하면 1번은 가장 늦게 발표하게 된다.

5. 각 발표자는 발표 바로 직전에 그룹원에게 평가 양식을 2부씩 나누어 주어야 한다. 그룹원은 발표 동안 그 양식을 채우고, 발표 후에 그것을 발표자에게 돌려주면 된다.

6. 10분간의 준비가 끝나면 벨을 울리고 발표를 시작하라고 말하라.

7. 사용하게 될 벨을 들고 각 참가자가 발표하는 데 2분이 제공될 것이며, 2분 후 벨을 울리면 3분 동안 빠르게 피드백을 받고 평가 양식을 기입해야 한다고 말하라. 벨을 울리는 시범을 보인다.

8. 활동 시범을 보여서 각 참가자의 역할을 요약하라. 발표를 하고, 그룹원으로부터 피드백을 받고, 평가 용지를 기록하는 역할을 시범 보이도록 하라.

9. 그룹마다 내용을 이해했는지 점검하라. 벨을 울리며, "시작하세요"라고 말하라.

🐌 관리하기

1. 참가자가 준비하는 동안 그룹 사이를 이동하라. 색 볼펜 등을 나누어 주면서 이동식 차트 한 페이지를 찢도록 돕는다.

2. 시간을 주의 깊게 살피고 2분 간격으로 시간을 경고하도록 하라.

3. 10분의 준비 시간이 끝나면 벨을 울려 발표 시간임을 알려라.

4. 첫 발표자가 그룹 앞에 서도록 요청하라. 각 그룹마다 두 명의 참가자가 평가 용지를 기입해야 함을 분명히 공지하라.

5. 벨을 울려 시작 시간을 알려라.

6. 2분이 경과하면 다시 벨을 울리고 참가자에게 발표를 멈추라고 말하라. 평가자에게 양식 기록을 끝내고 평가지를 발표자에게 넘기라고 말하라. 발표자에게 피드백 양식을 훑어보게 하고, 그룹별로 발표를 논의하는 데 3분을 주겠다고 말하라.

보고하기

1. 모든 그룹이 활동을 끝낸 후, 보고용 질문이 기록된 이동식 차트 쪽으로 이동하여 짧은 보고 시간을 갖겠다고 말하라. 참가자에게 일어서서 잠시 자리를 이동하여 상담가 주변으로 둥글게 모여 달라고 요청하라.
2. 이동식 차트에 기록된 질문으로 활동 보고를 하라.

고려해야 할 사항

이 활동은 다소 사무적인 분위기로 흐르기 쉽다. 상담가는 소품이나 무대 장치를 더하거나 향기 나는 볼펜과 상상의 벽보를 활용하여, 참가자가 발표에 활력을 더하도록 독려하고 분위기를 돋우도록 하라.

7가지 효과적인 비언어적 행동

1. 분명하고 확신에 찬 목소리로 말하되, 너무 빠르거나 느리지 않게 말하라.
2. 긍정적이고 호소력 있는 어조로 청중이 분명히 들을 수 있는 크기로 말하되, 너무 크지는 않게 하라.
3. 편안하고 여유 있는 시선 처리와 함께 청중과 지속적으로 눈을 맞춰라.
4. 침착하고 유쾌한 얼굴 표정을 하되, 비웃는 듯한 웃음을 짓거나 화가 난 듯 찌푸린 표정을 짓지는 말라.
5. 어깨를 반듯하게 하고 고개를 들어 자세를 바르게 하라. 똑바로 서되, 뻣뻣하거나 부자연스럽지 않도록 하라.
6. 동작을 지나치게 크게 하지 말고 침착하고 다소 단순한 제스처를 사용하라.
7. 효과적인 시각 자료를 사용하여 메시지를 강화하라.

🍪🍪 비언어적 피드백 양식

다음의 척도를 사용하여 발표 시 비언어적인 측면을 평가하라.

① 보통　② 잘함　③ 꽤 잘함　④ 매우 잘함

내 용				
1. 분명하고 확신에 찬 목소리로 말했다.	1	2	3	4
2. 긍정적이고 호소력 있는 어조로 말했다.	1	2	3	4
3. 눈 맞춤을 잘했다.	1	2	3	4
4. 편안하고 유쾌한 얼굴 표정을 지었다.	1	2	3	4
5. 바른 자세로 했다.	1	2	3	4
6. 침착하지만 효과적인 제스처를 사용했다.	1	2	3	4
7. 효과적인 시각 자료를 사용했다.	1	2	3	4

그 밖의 조언:

14 집요한 요청 기법
_ "맞습니다, 하지만……."을 다루는 역할극

 ## 역할극 개관

역할극 유형   이것은 "맞습니다. 하지만……."이라는 변명을 다루는 집요한 요청 기술을 사용하는 적용 활동이다. 필자는 이 활동을 행동 성취도의 향상을 다루는 감독·관리 프로그램에서 사용하곤 한다.

요 약   한 참가자가 계속 요청하는데도 다른 참가자가 계속 변명하는 상황극이다. 참가자는 변명을 들을 것을 알고도 요청을 반복하게 된다.

목 적   집요한 요청 기술 훈련하기

수업 규모   8~24명

그룹 규모   3~4명

소요 시간   30~45분

자 료
- 집요한 요청 기술이 설명된 유인물
- 문제 상황과 변명 내용이 기록된 유인물
- 피드백 양식과 큐카드(지시 문구를 기록할 두꺼운 종이 _역자 주)
- 소리 신호 장치
- 지침 목록과 보고용 질문 목록

장소 세팅   강의실이나 회의장 세팅

🍪 역할극하기

🫘 준비하기

1. 수업 시작 전에 이 활동을 시행할 장소를 생각하라. 강의실 뒤편에 공간이 있다면, 각 소그룹당 3~4개의 의자를 배치하라. 참가자 역시 필요하다면 테이블이나 강의실 주변의 다른 장소에 소그룹을 형성할 수도 있다.
2. 집요한 요청 기술이 설명된 유인물과 활동 끝에 하게 될 상황 및 변명 내용이 기록된 유인물 복사본을 준비하라. 모든 참가자가 각각 1부씩 받도록 하라.
3. 소리 신호 장치를 준비하라.
4. 소개 시간 동안 사용할 이동식 차트나 벽보에 활동을 위한 다음의 지침을 기록해 두어라.

- 목적: 집요한 요청 기술 훈련하기
- 상황을 선택하고, 토의하고, 주요 요청 내용을 생각하라.
- 주요 요청 내용을 큐카드에 기록하라.
- 요청 기술을 이용하여 역할극을 하라.
- 첫 시연자 왼편에 있는 사람이 상대방 역할을 하고 다른 참가자는 관찰하도록 하라.
- 다음 참가자가 상황을 선택하고, 토의하고, 주요 요청 내용을 생각하여 역할극을 하도록 하라.
- 역할극은 짧게 약 1~2분 정도로 하고 반드시 기술을 사용해야 한다.
- 관찰자에게서 짧은 피드백을 받고 토의하라.
- 30분 이내에 얼마나 많은 역할극 상황을 해낼 수 있는지를 보라.

5. 다음의 보고용 질문이 기록된 이동식 차트를 활동을 보고할 장소에 두도록 하라.

- 집요한 요청 기술이 효과가 있었는가?
- 기술을 사용할 때 기분이 어떠했는가?
- 상대방이 당신에게 기술을 사용할 때의 기분은 어떠했는가?
- 사람들은 이 같은 상황에서 왜 서툰 변명을 하는가?
- 당신은 이 기법을 언제, 어떻게 사용할 것인가?

소개하기

1. 반 전체 참가자에게 이제 집요한 요청 기술 훈련을 위한 소그룹 역할극 활동을 시작할 것이라고 알려라. 각 참가자에게 집요한 요청 기술 유인물을 나누어 주고, 그 내용을 처음부터 끝까지 살펴보게 하라.
2. 이 활동을 위한 지침 목록이 있는 곳으로 이동하라. 이 활동의 목적은 집요한 요청 기술을 훈련하는 것임을 반복해 강조하라.
3. 원한다면 반 전체가 그 목록을 보고 좀 더 많은 상황을 만들어 내게 하라. 상황 목록 유인물에 참가자가 스스로 구성한 상황까지 추가한 뒤, 그중 가장 마음에 드는 것에 체크하라고 말하라.
4. 시행할 각 상황에서 반복적으로 사용하게 될 주요 요청을 결정하라고 제안하라.
5. 활동이 어떻게 진행될지를 다음의 예를 활용하여 시범을 보여라.

"A가 목록에 있는 하나의 상황으로 역할극을 시작할 것입니다. (돌아서서 상상의 인물인 B를 진지하게 바라보며) '랄프, 지난 금요일에 보고서를 다시 제출하지 않은 일에 대해 이야기를 좀 하고 싶은데요.' 처럼 말이지요."

"그러면 B는 (돌아서서 금방 서 있던 자리를 바라보고) '젠장! 수잔, 제가 보고서 작성을 잘 못해요. 아시잖아요?' 라고 대답할 수 있겠지요."

"A는 '당신은 매주 금요일에는 주 중 보고서를 제출해야 합니다.' 와 같은 주요 요청 문구를 사용하여 이 활동을 계속하면서 집요한 요청 기술을 훈련하게 됩니다. 그리고 이렇게 말하는 겁니다. '당신이 보고서 작성을 잘 못하더라도 매주 금요일에는 주 중 보고서를 제출해야 합니다.' 라고요."

"그러면 B는 '진정해요. 수잔, 금요일에 제가 얼마나 바쁜지 아시잖아요.' 라고 말하겠지요."

"이때 A는 '당신이 금요일에 할 일이 많다는 것을 저도 알고 있어요. 그러나 랄프, 아무리 금요일에 바쁘다고 해도 매주 금요일에는 주 중 보고서를 제출해야 합니다.' 라고 답변합니다."

"B는 이렇게 말할 수도 있겠지요. '데이브는 직원들에게 금요일에 주 중 보고서를 제출하게 하지는 않아요. 왜 우리만 그래야 하지요?' 라고 말입니다."

"여전히 A는 '데이브가 직원들에게 금요일에 주 중 보고서를 제출하게 하지 않는다 해도, 당신은 매주 금요일에는 주 중 보고서를 제출해야 합니다.' 라고 계속 요청 기술을 사용해야 합니다."

6. 반 전체를 3~4명으로 구성된 소그룹으로 나누고 강의실 여기저기에 그룹을 분산시켜라.
7. 각 그룹에서 자원자가 먼저 활동을 시작하도록 요청하라. 각 그룹의 자원자에게 감사를 표하라. 활동을 시작하면, 자원자가 목록에서 한 가지 상황을 선택하고, 그것을 그룹에게 크게 읽어 준 뒤에 잠시 동안 이에 대해 토의하라고 설명하라.
8. 가능한 한 역할극을 짧게 하라고 요청하라. 기본적으로 상담가는 참가자와 함께 기술 훈련과 피드백 연습을 하게 된다. 그룹에게 30분 동안 얼마나 많은 상황을 해내는지 보겠다고 말하라.

9. 참가자가 각각의 역할을 이해했는가를 점검한 뒤에 시작하라.

1. 활동을 하는 동안 그룹 사이를 이리저리 다녀라. 역할극을 너무 빨리 끝내거나 토의에 너무 많은 시간을 소비하는 그룹이 발견되면 끼어들어서 그들에게 상황 당 3~5분을 사용할 것을 주지시키도록 하라.
2. 활동 종료 5분 전에 그룹에게 알려 주도록 하라.

1. 모든 그룹이 상황을 끝낸 후에 짧은 보고 시간을 갖을 것이니 상담가 주변으로 둥글게 하나의 그룹을 만들어 달라고 요청하라.
2. 이동식 차트에 기록된 질문을 사용하여 활동을 보고하라.

집요한 요청 기술

　집요한 요청 기술은 계속해서 자신이 해야 할 것을 하지 않고 변명하는 사람을 다룰 때 효과적이다. 이 기술은 기본적으로 변명을 듣고 나서 주요 요청을 재진술한다는 사실을 알고 있어야 한다. 집요한 요청 기술은 어떤 사람이 계속해서 변명을 할 때 수없이 반복될 수 있다. 요청을 받은 상대방은 "맞습니다, 하지만……"이라는 구를 사용하여 변명을 하는 경우가 종종 있기 때문에, 다음의 예들은 "맞습니다, 하지만……"을 사용하고 있다. 다음의 상황에서 밑줄이 그어진 문장이 주요 요청 내용이다.

수잔 : 빌, 이번 회의 때 또 준비를 하지 않으셨더군요. 월별 판매 자료가 없었어요. 당신은 월별 판매 자료를 준비해서 회의에 참석해야 합니다.

빌 : 맞습니다, 하지만 너무 바빠서요. 회의 시 보고할 자료를 준비할 시간이 없었어요.

수잔 : 아무리 바쁘다고 해도, 당신은 월별 판매 자료를 준비해서 회의에 참석해야 합니다.

빌 : 맞습니다, 하지만 할 일이 너무 많았어요.

수잔 : 아무리 할 일이 많아도, 당신은 월별 판매 자료를 준비해서 회의에 참석해야 합니다.

빌 : 맞습니다, 하지만 제리는 자기 팀원에게 금요일에 보고서를 제출하라고 하지 않습니다.

수잔 : 제리가 자기 팀원에게 금요일에 보고서를 제출하라고 하지 않더라도, 당신은 월별 판매 자료를 준비해서 회의에 참석해야 합니다.

빌 : 하지만 지난번 팀장은 그렇게 하지 않았는데요?

수잔 : 지난번 팀장이 그렇게 하지 않았더라도, 당신은 월별 판매 자료를 준비해서 회의에 참석해야 합니다.

빌 : 하지만 그건 불공평해요.

수잔 : 그게 불공평하더라도, 당신은 월별 판매 자료를 준비해서 회의에 참석해야 합니다.

🧑‍🤝‍🧑 집요한 요청 기술이 요구되는 상황

1. 프리야는 회의에 계속 늦는다.
2. 빌은 월별 판매 자료를 준비하지 않은 채 회의에 참석하는 일이 잦다.
3. 제프는 회의 내내 다른 일을 한다.
4. 미리엄은 사무실에서 동료에게 걸려 오는 많은 전화를 받지만, 동료에게 메시지

를 전달하는 일을 종종 잊는다.

5. 낸시의 작업 공간은 엉망이고 그의 서류는 복도까지 널려 있다.

6. 몬세프의 월말 보고서는 체계가 전혀 없어서 읽거나 이해하기가 힘들다.

7. 모나는 제출 시한을 자주 잊어버려서 프로젝트를 종종 지연시킨다.

8. 조지의 일은 매우 엉성하고 실수투성이다.

9. 멜라니는 그녀가 참석하기로 한 훈련 수업에 빠졌다.

10. 래리는 사무실에 걸려 오는 전화를 받는 것을 좋아하지 않는다. 그래서 그는
    다른 사람이 그 전화를 받을 때까지 그냥 울리게 놔둔다.

자주 사용되는 5가지 일상적인 변명

1. "너무 바빠서 그 일을 할 수가 없어요."

2. "할 일이 너무 많아서 그 일을 할 수가 없어요."

3. "○○○ 씨는 그렇게 하지 않았는데……."

4. "지난번 상사는 그런 것은 신경 쓰지 않았는데……."

5. "그래도 그것은 공평하지 않아요."

예시 상황 프리야가 계속 회의에 늦는 상황

주요 요청 당신은 제때 회의에 참석해야 합니다.

수 잔: 프리야, 당신은 항상 임원회의에 늦는군요. 당신은 제때 회의에 참석해야
합니다.

프리야: 맞습니다, 하지만 제가 너무 바빠서 제때 도착할 수가 없네요.

수 잔: 아무리 바빠도, 당신은 제때 회의에 참석해야 합니다.

프리야: 맞습니다, 하지만 할 일이 너무 많아요.

수 잔 : 할 일이 너무 많더라도, 당신은 제때 회의에 참석해야 합니다.

프리야 : 맞습니다, 하지만 빌도 제때 회의에 참석하지 않잖아요?

수 잔 : 빌이 제때 회의에 참석하지 않더라도, 당신은 제때 회의에 참석해야 합니다.

프리야 : 맞습니다, 하지만 지난번 상사는 제가 늦어도 신경 쓰지 않던데요?

수 잔 : 이전의 상사가 회의에 늦는 것을 신경 쓰지 않았더라도, 당신은 제때 회의에 참석해야 합니다.

15 우리가 할 내용이 바로 이겁니다

역할극 개관

역할극 유형 이것은 참가자가 학습활동을 소개하기 위해 안내 지침을 사용하는 적용 훈련이다. 이것은 전문가 보수 교육 프로그램이나 팀 리더 또는 감독관같은 비숙련자에게 학습활동을 소개하는 훈련을 빠르게 시킬 때 아주 유용하다.

요 약 참가자는 학습활동 소개를 하는 역할극을 하고 피드백을 받고 나서 다시 소개하는 방식으로 진행한다. 교화적인 소개를 위해 안내 지침을 적용하는 훈련을 한다.

목 적 안내 지침을 사용해 학습활동을 소개하는 훈련하기

수업 규모 6~12명

그룹 규모 3~4명

소요 시간 60~75분

자 료

- 학습활동 소개를 위한 안내 지침과 피드백 양식
- 3가지 다른 학습활동을 위한 소개 자료
- 각 소그룹당 이동식 차트, 셀로판테이프, 형광펜
- 벨 또는 소리 신호 장치
- 지침 목록과 보고용 질문 목록

장소 세팅 강의실이나 회의장 세팅

🍪 역할극하기

🦪 준비하기

1. 수업 시작 전에 각 참가자에게 나누어 줄 근사한 소개를 위한 지침 복사본 1부와 소개 피드백 체크리스트 복사본 3부를 준비하라. 또한 각 참가자에게 나누어 줄 3가지 다른 학습활동을 위한 지침 복사본 1부를 만들라. 이 양식은 모두 이 활동 끝에 사용하도록 하라.

2. 이 활동을 위해 3~4명의 참가자가 둘러앉기에 적합한 원형 탁자가 있으면 유용하다. 단, 직사각형 테이블도 괜찮다. 만일 직사각형 탁자가 긴 경우라면 각 테이블 끝에 3인 1조로 배치하라.

3. 각 테이블마다 이동식 차트와 셀로판테이프, 형광펜을 구비해 두어라.

4. 벨 또는 소리 신호 장치를 준비하라.

5. 다음의 지침이 기록된 이동식 차트를 준비하여 소개 시간에 사용하라.

   • 목적: 주어진 안내 지침을 사용해 학습활동을 소개하는 연습하기
   • 그룹당 3~4명으로 구성해 각 참가자마다 한 회기씩 역할극을 한다.
   • 3가지 학습활동 중 소개할 하나를 선택하라.
   • 자기소개 및 필요한 시작 자료를 준비하도록 10분을 제공하라.
     − 참가자 ①이 활동을 소개하고 피드백을 받고, 다시 소개하라: 5~10분
     − 참가자 ②가 활동을 소개하고 피드백을 받고, 다시 소개하라: 5~10분
     − 참가자 ③이 활동을 소개하고 피드백을 받고, 다시 소개하라: 5~10분
     − 참가자 ④가 활동을 소개하고 피드백을 받고, 다시 소개하라: 5~10분

6. 이동식 차트에 다음의 보고용 질문을 기록하고 활동을 보고할 장소에 보관하도록 하라.

- 무슨 일이 일어났는가? 무엇이 효과적이었는가? 효과적이지 않았던 것은 무엇인가?
- 지침이 기록된 이동식 차트를 사용하는 것이 도움이 되었는가?
- 활동을 하는 동안 서로를 관찰하는 것이 도움이 되었는가?
- 학습활동을 소개하는 것에 관해 무엇을 배웠는가?

🐾 소개하기

1. 지침이 기록된 이동식 차트 옆에 서서 참가자에게 이 활동의 목적이 주어진 안내 지침을 사용해 학습활동을 소개하는 연습을 하는 것임을 설명하라. 근사한 소개를 위한 안내 지침 유인물을 나누어 주고 지침의 정보를 꼼꼼히 살펴보게 하라.

2. 각자가 활동 목록에서 소개할 학습활동을 선택하라고 말하라. 참가자는 자신이 선택한 학습활동의 지침을 끝까지 읽고 그 활동을 소개할 때 사용할 지침이 기록된 이동식 차트를 준비하는 데 10분 정도의 시간을 갖게 될 것이다. 활동을 소개할 시간이 되면, 참가자는 기록된 지침은 더 이상 사용하지 말고 이동식 차트에 기록된 정보를 통해서만 활동을 소개해야 한다.

3. 학습활동 목록을 나누어 주고 1~2분 정도 그 활동을 끝까지 읽게 하라. 각각의 소그룹 장소에 이동식 차트와 볼펜이 구비되어 있으며, 소개에서 사용할 이동식 차트를 준비하는 데 10분을 줄 것이라고 설명하라. 참가자는 이동식 차트 페이지를 뜯어서 그곳에 지침을 적고 각 테이블에 있는 셀로판테이프로 이동식 차트에 이것을 붙이거나 벽에 붙이면 된다.

4. 참가자는 소개하고, 즉시 피드백받고 다시 소개하는 방식으로 돌아가면서 계속해서 진행하라고 말하라. 피드백 양식 복사본을 나누어 주고 각 참가자가 소개하기 바로 직전에 그룹 내의 몇몇 참가자에게 직접 피드백 양식의 작성을 요청하라고 말하라.

5. 참가자를 3~4명 단위의 소그룹으로 나누어 역할극 장소로 보내라. 참가자에게

소그룹에 있는 이동식 차트 옆에 서서 소개를 하게 될 것이고, 이동식 차트를 준비하는 데 10분을 줄 것이라고 말하라.

6. 10분이 경과하면 벨을 울려 역할극의 시작을 알릴 것이라고 말하라. 참가자에게 각 그룹원을 4번까지 번호를 붙여 부르도록 하고 역할극은 1번부터 시작할 것이라고 설명하라. 참가자는 활동을 소개하고 그룹 내 참가자로부터 피드백을 받은 후, 다시 활동을 소개하는 데 10분을 사용할 수 있다.

7. 상담가가 종료 2분 전을 알려 주고, 10분이 지나면 벨을 울려 종료를 알릴 것이라고 설명한 후에 활동을 시작하라.

🐾 관리하기

1. 활동을 하는 동안 그룹 사이를 이동하라. 8분 후에 2분이 남았다고 말로 전달하고, 10분이 경과하면 벨을 울려 2번 참가자가 활동 소개를 할 시간임을 알려라.

2. 모든 그룹이 다음 참가자의 역할극으로 전환하는지 잘 살피도록 하라.

3. 8분 후에 2분 남았다고 말로 경고하고, 10분이 경과하면 벨을 울려 3번 참가자가 활동 소개를 할 시간임을 알려라.

4. 3명으로 구성된 그룹이 마지막 역할극 회기에서 무엇을 할지 결정하는 것을 돕기 위해 또 하나의 소개를 할 참가자가 있는지 살펴보라. 다른 참가자가 했던 지침이 기록된 이동식 차트를 사용해도 된다. 3명으로 구성된 그룹에서 마지막 역할극을 책임지고 끝마치게 할 리더 한 명을 지목하는 방법도 있다.

5. 역할극 마지막 회기 이후, 잘했다고 칭찬받은 것과 배운 것에 대해 참가자 간에 이야기를 나누면 도움이 될 것이라고 제안하라.

🐾 보고하기

1. 참가자를 상담가와 이동식 차트 주위로 둥글게 앉게 하라.

2. 이동식 차트 옆에 서서 참가자와 보고용 질문을 살펴보고 토의하라.

🍪 멋진 소개를 위한 안내 지침

1. 참가자가 긍정적인 기대를 갖도록 무대를 세팅하라.
2. 활동에 대한 두려움과 망설임을 언급하고 비밀 보장에 대해 이야기하라.
3. 시각 자료를 사용하여 다음의 목록을 충분히 포함시키고 찬찬히 소개하라.

- 활동 유형
- 활동 목적
- 활동을 어디서, 어떻게 진행할 것인가?
- 규칙과 제한
- 자료와 시간 문제
- 안내자의 역할
- 활동을 어떻게 끝낼 것인가?

예시 상황

"우리는 지금까지 우리가 공부해 온 피드백 모델을 사용하는 연습을 하기 위해 짧지만 아주 효과적인 역할극 활동을 하게 될 것입니다. 여기서 모델을 연습함으로써 여러분은 직장에 돌아갔을 때 모델을 좀 더 쉽게 사용할 수 있을 것입니다. 그리고 주변을 둘러보면 역할극 장소 주변에 부착된 모델 복사본을 볼 수 있을 것입니다. 역할극을 하는 동안 모델의 내용이 기록된 벽보를 보고 과정을 따라 할 수 있습니다. 여러분은 전에 말씀 드렸던 것을 기억하셔야 합니다. 이 역할극에서 우리가 말하고 행동하는 것은 비밀 보장이 되어야 하며, 절대로 이 강의실 밖으로 나가서는 안 됩니다."

"자, 여러분이 선택한 역할극 상황 목록을 봐 주세요. 제가 이 상황을 짚고 넘어갈 때 그 목록을 살펴보고 역할극에서 사용할 상황을 하나 선택해 주십시오. 여러분만 좋다면 좀 더 현실적으로 하기 위해 선택한 상황을 수정하거나 재미있게 꾸며도 됩니다."

"여러분은 3명의 참가자로 구성된 소그룹에서 각자 역할을 하게 될 것입니다. 강의실 내에 1~5번까지 번호를 붙여 보죠. 다음으로 1번인 분은 모두 1이라고 표시된 곳으로 가고, 2번은 2라고 표시된 곳으로 가면 됩니다. 좋습니다, 번호를 부르겠습니다."

"여러분이 소그룹에서 따라야 할 3가지 단계가 있습니다. 첫 번째, 여러분은 상황목록을 살펴보고 각각 자신이 사용할 상황을 하나씩 선택해야 합니다. 두 번째, 여러분 그룹에 있는 다른 참가자와 그 모델을 사용하여 연습을 하고 그룹의 세 번째 사람에게 피드백을 받게 될 것입니다. 피드백 이후에 여러분은 또 다른 역할극을 하게 될 것입니다. 세 번째, 역할극 경험과 여러분이 배운 것에 대한 간단한 토의를 갖도록 하겠습니다."

"여러분 각자가 역할극을 하고 피드백을 받고 다시 역할극을 하는 데 15분을 사용하게 됩니다. 여러분이 배운 것을 토의하기 위해서 끝 무렵에 1~2분 정도를 더 드리도록 하겠습니다. 이 말은 여러분 3명의 그룹원이 이 활동 전체에 45분을 소요하게 된다는 뜻입니다. 15분이 지나서 다음 역할극을 할 때가 되면 말씀 드리겠습니다. 그리고 다시 15분이 지나 활동 시간이 15분만 남게 되었을 때도 알려 드리겠습니다. 45분이 경과하면 활동을 종료하고 여러분의 경험과 학습한 내용에 대해 다 같이 공유하도록 하죠."

🍪 훌륭한 발표 피드백 체크리스트

____ 긍정적인 기대 갖게 하기

____ 두려움과 망설임 표현하기

____ 지침을 설명하는 동안 벽보보다는 차트 사용하기

____ 다음 사항을 포함한 지침을 꼼꼼히 제시하기

       ____ 활동 유형

       ____ 활동 목적

       ____ 역할과 책임

       ____ 활동을 어디서, 어떻게 진행할 것인가?

       ____ 규칙과 제한

       ____ 자료와 시간 문제

       ____ 교수자의 역할

       ____ 활동을 어떻게 끝낼 것인가?

🍪 3가지 학습활동에 대한 지침

1. 이것은 좋은 리더의 특징을 길러 주는 10분짜리 지필 활동이다. 학습자는 좋은 리더의 특징을 기술하는 15개의 단어를 찾기 위해 짝을 지어 단어 찾기 퍼즐을 푸는 활동을 하게 된다. 교수자는 활동 시간을 재고 2분 남았을 때와 시간이 종료되었을 때 알려 준다. 15개의 단어를 다 찾은 커플은 상을 받게 된다. 이 활동은 좋은 리더의 특징에 대한 논의를 하면서 끝이 난다.

2. 이것은 토의 활동이다. 4~5명으로 구성된 소그룹이 자기 회사에서 사용되는 주문 시스템과 관련한 주요 문제를 논의하게 된다. 참가자는 최종적으로 주요한 5가지 문제를 정해 이동식 차트에 목록을 기록해야 한다. 10분이 지난 후에,

교수자는 토의를 멈추고 그룹 내의 결과와 5가지 주요 문제에 대한 최종 결정을 나누도록 한다. 5가지 주요 문제는 이후 문제 중심 활동을 하는 역할극에서 사용될 것이다.

3. 이것은 참가자가 사람들에게 행동의 변화를 요청하는 모델을 연습하는 역할극 활동이다. 참가자는 소그룹에서 누군가의 행동 변화가 필요한 상황이 적힌 카드를 뽑아서 한 명씩 돌아가면서 역할극을 하게 된다. 카드를 뽑은 사람은 행동 변화를 요청하는 역할을 하고, 그 왼편에 앉은 사람은 행동 변화를 요청받는 역할을 하게 된다. 그룹 내 다른 참가자는 관찰자가 되어 각 역할극이 끝났을 때 피드백을 주게 된다. 각 역할극에는 1~2분이 주어진다. 그리고 참가자가 원한다면, 피드백을 받은 이후 다시 같은 역할극을 해도 된다. 참가자는 30분 동안 활동하게 된다. 교수자는 활동을 자세히 살펴보고 활동이 끝나면 짧은 보고 시간을 갖는다.

문제 중심 역할극, 사람 중심 역할극

문제 중심 역할극, 사람 중심 역할극은 참가자가 특정한 문제 상황을 다루거나 유달리 까다로운 사람을 다루는 기술을 형성하는 소그룹 활동이다. 이 장의 역할극 '18. 너는 왜 그렇게 사람들을 힘들게 하니?'는 까다로운 사람을 다루는 데 초점을 두는 반면, '19. 이봐, 친구, 거기는 내 주차 구역이라고!'는 갈등을 다루는 데 초점을 두는 집단 역할극이며, '16. 월급 좀 올려 주십시오.'와 '17. 문제? 무슨 문제?' 그리고 '20. 마요네즈 좀 주세요.'는 모두 문제 중심의 역할극이다.

16 월급 좀 올려 주십시오
_ 인금 인상 혹은 승진 요청하기

🧑‍🤝‍🧑 역할극 개관

역할극 유형 이것은 참가자가 임금 인상이나 승진을 요청하는 간단한 연습을 하는 문제 중심 역할극이다. 이 역할극은 대화 기초반과 경력 개발 프로그램에 사용될 수도 있다. 필자 역시 참가자가 승진이나 임금 인상에 대해 보다 편안하게 상사에게 이야기할 수 있도록 경력 개발 프로그램에서 이것을 사용한 바 있다.

요 약 3~4명으로 구성된 그룹에서 참가자는 상사에게 임금 인상이나 승진을 요청하고, 자신이 요청하는 바가 왜 정당한 것인지를 설명하는 짧은 역할극을 한다.

목 적 임금 인상 혹은 승진 요청 연습하기

수업 규모 6~24명

그룹 규모 3~4명

소요 시간 30분

자 료
- 회기를 시작하고 끝낼 때 사용할 소리 신호 장치
- 지침 목록과 보고용 질문 목록

장소 세팅 강의실이나 회의장 세팅

🍪 역할극하기

👤 준비하기

1. 활동을 시행할 장소를 결정하라. 충분한 공간이 있다면 강의실 뒤쪽이나 옆쪽을 따라 소그룹 형태로 3~4개의 의자를 배치하면 된다. 강의실 양옆이나 뒤쪽에 충분한 공간이 없는 경우라면, 역할극을 시작할 때 강의실 전체에 3~4명 단위로 참가자를 배치해도 된다.

2. 소리 신호 장치를 준비하라.

3. 소개 시간 동안 사용할 이동식 차트나 벽보에 활동을 위한 다음의 지침을 기록하라.

   - 목적: 임금 인상 혹은 승진 요청 연습하기
   - 역할극 한 회기에서는 한 참가자가 한 번의 역할을 한다.
   - 역할: 첫시연자, 배우, 관찰자
   - 순서: 토의, 역할극, 피드백받기, 다시 역할극하기
   - 4인 그룹은 4회의 역할극을 한다.
   - 3인 그룹은 한 명의 추가적인 자원자를 받아 4회의 역할극을 한다.

4. 다음의 보고용 질문이 기록된 이동식 차트를 활동을 보고할 장소에 두도록 하라.

   - 임금 인상이나 승진을 요청하는 것이 왜 그렇게 어려운가?
   - 당신이 이 역할극을 함으로써 도움이 된 것은 무엇인가?
   - 임금 인상을 요청하는 이유에 대해 뭐라고 말했는가?
   - 이 역할극을 통해 무엇을 배웠는가?

1. 참가자에게 임금 인상이나 승진 요청을 연습하는 소그룹 역할극 활동을 지금 할 것이라고 말하라. 기본 역할극은 한 참가자가 임금 인상이나 승진을 요청하고, 그다음 상사 역할을 하는 사람이 어떤 형태로 임금 인상이나 승진을 원하는지, 그 사람이 요구하는 임금 인상이나 승진이 왜 타당한지 그 이유를 물을 것이라고 말하라.

2. 역할극을 하기 전, 임금 인상이나 승진을 요청하는 참가자는 상사 역할을 하는 참가자와 그 역할을 어떻게 하고 싶은지, 어떤 질문이나 답변이 가장 실제적인지에 대해 논의해야 한다. 예를 들어, 임금 인상과 승진에 대해 이야기하고 싶어 하지 않는 상사를 둔 참가자라면, 참가자가 더 집요하게 연습할 수 있도록 상사 역할을 하는 사람에게 계속 이런저런 이유를 둘러대라고 요청할 수 있다.

3. 지침이 기록된 이동식 차트 옆에 서서 각 항목을 하나씩 살피도록 하라. 임금 인상이나 승진 요청하기 연습이 이 활동의 목적임을 알리는 것으로 시작하라.

4. 참가자는 3~4명 단위 그룹으로 나눌 것이고 1회기 역할극을 할 것이라고 설명하라. 즉 참가자당 하나의 역할극을 하게 될 것이고 3명으로 구성된 그룹은 한 번 더 역할극을 하게 될 것이라고 설명하라. 참가자는 3개의 역할, 즉 임금 인상을 요구하는 첫시연자, 상사 역할을 하는 배우, 역할극을 살피고 첫시연자에게 피드백을 주는 관찰자 역할을 하게 된다.

5. 참가자를 3~4명으로 나누어 역할극 장소로 보내도록 하라. 그룹별로 자리를 잡으면, 3명 그룹은 A~C, 4명 그룹은 A~D로 번호를 붙이라고 하라. A인 사람이 첫 역할극의 첫시연자가 될 것이고 B가 두 번째, 그리고 C가 세 번째 시연자가 될 것이다.

6. 4명 그룹에서 D는 네 번째 역할극에서 첫시연자가 될 것이고, 3명 그룹은 자원자를 받아 4회기 역할극을 하게 될 것이라고 말하라. 참가자는 배우와 관찰자 역할을 역할극이 끝날 때까지 돌아가면서 하게 되는데, 이것은 모든 참가자가 모든 역할을 할 기회를 주기 위해서라는 것을 설명하라.

7. 각 참가자는 역할극을 하는 데 10분을 소요하게 될 것이라고 설명하라. 첫시연자는 1~2분 동안 자신이 속한 소그룹의 그룹원과 역할극에 대한 토의를 하고, 그 후 1~2분 동안 역할극을 한 다음에 1~2분 동안 피드백을 받게 될 것이라고 말하라. 피드백이 끝난 후에 다시 역할극을 하게 될 것이다.

8. 상담가는 벨이나 소리 신호 장치를 들고 반 전체에게 각 역할극의 시작을 알리는 벨을 울릴 것이고, 10분이 지나면 다시 벨을 울리겠다고 말하라. 시험적으로 벨을 한 번 울려 주어라.

9. 활동 시범을 보여서 참가자가 무엇을 해야 할지 명시해 주어라. 그 상황을 토의하는 첫시연자의 역할, 배우가 해야 할 상황 연기, 관찰자가 피드백하는 것, 그리고 나서 다시 역할극하는 것을 시연해 보여 주어라.

10. 참가자가 각자의 역할을 이해했는지 점검하고 역할극을 시작하라.

🐾 관리하기

1. 벨을 울리고 모든 A에게 손을 들라고 한 뒤, 그들이 역할극을 할 차례라고 말하라. A에게 그들과 함께 배우 역할을 할 참가자가 누구이고 관찰할 참가자는 누구인지 확인하라고 말하라.

2. 활동을 하는 동안 상담가는 그룹을 두루 살펴보도록 하라. 필요한 그룹은 도와주고 격려해 주어라.

3. 시간을 잘 살피고 10분이 경과하면 벨을 울려 지금은 B가 역할극을 할 시간이라고 말하라. B에게 배우 역할을 할 참가자가 누구인지, 누가 관찰자 역할을 할지 확인하라고 말하라.

4. 다음 10분이 경과하면 다시 벨을 울리고 지금은 C가 역할극을 할 시간이라고 말하라. C에게도 배우가 누구이고 관찰자가 될 참가자가 누구인지 확인하라고 말하라.

5. 10분이 경과하면 벨을 울려 지금은 D가 역할극을 할 시간이라고 말하라. 3인 그룹은 자원자를 받아 역할극을 하라고 말하라. D 혹은 자원자는 배우가 누구인지

관찰자가 누구인지 확인하라고 말하라.

6. 10분이 경과하면 벨을 울리고 활동이 종료되었다고 말하라. 상담가는 짧은 보고 시간과 관련해 언급하면서, 먼저 참가자에게 소그룹 단위로 보고용 질문을 논의한 후 전체 참가자와 보고용 질문에 대한 논의를 공유하자고 말하라.

🫧 보고하기

1. 이동식 차트 쪽으로 이동해서 보고용 페이지로 넘기면서 참가자가 보고질문을 크게 읽게 하라. 그룹별로 5분 동안 질문에 대해 토의하라고 말하라.

2. 참가자가 보고용 질문에 대해 토의하는 동안 이 그룹 저 그룹으로 이동하라. 5분이 경과하면 이동식 차트 옆에 서서 벨을 울리도록 하라.

3. 하나하나 질문을 끝까지 살펴보고 그룹이 질문에 대한 답변을 공유하게 하라.

4. 참가자에게 잘했다고 격려하고 무사히 역할극을 마친 데 대해 감사를 표하고 휴식 시간을 제안하라.

17 문제? 무슨 문제? _성과 문제 역할극

 ## 역할극 개관

역할극 유형   이번 역할극은 상사나 감독관이 직원과 성과 문제를 논의하는 단계식 성과 문제 중심 역할극이다. 이것은 성과 향상 강의, 관리 감독 훈련 프로그램, 갈등 관리 수업 등에서 사용될 수 있다.

요 약   참가자는 한 가지 특정 상황에 집중하여 그 상황 역할극을 세 번 끝낸다. 상황은 매번 난이도가 증가한다.

목 적   성과 문제 상황을 효과적으로 다루는 연습하기

수업 규모   6~18명

그룹 규모   3명

소요 시간   90~100분

자 료
- 상황 목록
- 피드백 양식
- 벨 또는 소리 신호 장치
- 큐카드(지시 문구를 적을 두꺼운 종이 _역자 주)와 매직
- 알사탕
- 지침 목록과 보고용 질문 목록

장소 세팅   강의실이나 회의장 세팅

🐙🐙 역할극하기

🫧 준비하기

1. 어디서 역할극을 시행할 것인지 결정하라. 강의실에 충분한 공간이 있다면, 강의실 뒤쪽이나 옆쪽으로 소그룹당 의자를 3개씩 배치하라. 공간이 충분하지 않다면, 3인 그룹의 참가자가 개인 의자를 움직여 배치하게 하라.

2. 각 참가자는 성과 향상 상황 목록 복사본 1부와 피드백 양식 복사본 3부를 갖도록 한다. 만약을 대비해 가까운 곳에 여분의 복사본을 두어라. 이 자료는 상담가가 쉽게 찾을 수 있는 곳에 구비해 두어라.

3. 흰색 두꺼운 도화지를 1/4로 잘라 큐카드를 준비하라. 큐카드와 매직을 각 역할극 장소에 구비해 두어라. 상담가가 쉽게 가져올 수 있는 곳에 벨 또는 소리 신호 장치를 두도록 하라.

4. 소개 시간 동안 사용할 이동식 차트에 활동을 위한 다음의 지침을 기록하라.

- 목적: 성과 문제 상황을 효과적으로 다루는 연습
- 각 그룹의 참가자 1인당 1회기
- 주요 문구를 기록할 큐카드
- 역할: 첫시연자, 배우, 관찰자
- 첫시연자의 역할극 시간: 20분
- 토의하기, 쉬운 반응 상황 역할극하기, 피드백: 5분
- 토의하기, 쉽지 않은 반응 상황 역할극하기, 피드백: 5분
- 토의하기, 어려운 반응 상황 역할극하기, 피드백: 5분
- 각 회기 끝의 소그룹 보고 활동: 5분
- 마지막 회기: 4인 그룹은 네 번째 사람이 첫시연자 역할을 하며, 3인 그룹은 추가로 자원자가 한 회기의 역할극을 더 하면 된다.

5. 준비한 이동식 차트에 다음의 보고용 질문을 기록하고, 활동을 보고할 장소에 이동식 차트를 두도록 하라.

- 이 역할극을 하면서 어떤 느낌이었는가?
- 상황이 더 어려워지면서 무엇이 바뀌었는가?
- 어려운 상황에서 무엇이 도움이 되었는가?
- 이번 역할극에서 무엇을 배웠는가?
- 역할극에서 배운 것을 어떻게 활용할 것인가?

소개하기

1. 참가자에게 성과 문제 상황을 효과적으로 다루는 연습을 하는 소그룹 역할극을 곧 할 것이라고 말하라.
2. 역할극 상황 목록을 나누어 주고 그 상황에 대한 참가자의 다양한 반응을 꼼꼼히 살펴보라. 참가자에게 이 상황을 그들의 실제 상황에 더 잘 맞도록 수정하거나 추가해도 되며 나름의 상황을 만들어 사용해도 된다고 말하라. 나름의 상황을 만들기로 결정했다면 그 상황을 단순화시키고, 이때 본명을 사용하지 말라고 조언하라.
3. 참가자에게 잠시 동안 목록 상황을 살펴보고 어떤 상황을 사용할지 결정하라고 말하라. 앞으로 하게 될 쉬운 반응, 쉽지 않은 반응, 어려운 반응에 관해 기술하라고 말하라. 또한 이 3가지 반응 후에 각 상황에 사용할 핵심 문구를 기록할 공간을 남겨 두어야 하며, 핵심 문구는 기본 취지나 주요 요청 내용이어야 한다고 말하라. 예를 들어, 빌이 회의에 참석하기 싫어해서 회의에서 자주 좋지 못한 행동을 보이는 상황이라면, 이때의 핵심 문구는 '빌은 회의에 잘 참석하고 거슬리는 행동을 멈추어야 한다.' 가 될 수 있다. 즉, 빌이 무슨 말을 하든 어떤 변명을 하든지 간에 기저선은 그가 회의에 참석해야 하고 회의에서 거슬리는 행동을 멈추어야 한다는 것이다.

4. 반 전체를 3인 그룹으로 나누도록 하라. 반 전체 참가자의 번호를 매겨 3명씩 나누도록 하라. 참가자에게 붙인 번호(남는 수는 개의치 말고)는 호명하는 것으로 사용할 수 있다. 예를 들어, 20명이면 6까지 번호를 붙여 3명씩 네 그룹과 4명씩 두 그룹을 만들게 된다. 25명이라면 8까지 번호를 붙여 3명씩 일곱 그룹과 4명씩 그룹 하나를 만들면 된다(〈표 3-1〉 참조).

5. 상황 리스트를 소지한 참가자를 역할극 장소로 보내도록 하라.

6. 큐카드를 나누어 주고 그것을 어떻게 사용하는지 알려 주어라. 참가자는 핵심 문구나 모델 또는 다른 도움이 될 만한 사항을 큐카드에 적고 역할극을 할 때 그것을 볼 수 있도록 그룹원 중 한 사람이 큐카드를 들고 있도록 요청하라고 말하라.

7. 각 역할극 그룹마다 12부의 피드백 양식을 주고 참가자와 그 내용을 살피도록 하라. 참가자에게 그들이 좋다면 관찰자에게 세부적인 행동을 살펴 달라고 하거나 특정 핵심 문구를 사용하는지 봐 달라는 요청을 할 수 있다고 말하라.

8. 지침이 기록된 이동식 차트 옆에 서서 지침을 하나씩 살펴보라. 이 활동의 목적이 성과 문제 상황을 효과적으로 다루는 법을 연습하는 것임을 알리면서 활동을 시작하라.

9. 1인당 1회기를 하는 총 4회기의 역할극이 있을 것이라고 말하라(3인 그룹은 추가적으로 회기를 갖게 된다). 한 회기 동안 같은 상황을 세 번 하게 될 것이라고 설명하라. 첫 번째는 쉬운 상황에 대한 대응 연습, 두 번째는 쉽지 않은 상황에 대한 대응 연습, 마지막 역할극에서는 어려운 상황에 대한 대응 연습을 하는 역할극을 할 것이라고 말하라. 참가자가 역할극을 얼마나 쉽게 또는 얼마나 어렵게 할지 결정하게 하고 이후 함께 연기를 할 참가자에게 그것을 설명해야 한다고 말하라.

10. 각 참가자는 세 번의 역할극을 하는 데 20분이 주어질 것이고 각 역할극은 5분 정도 하면 된다고 말하라. 역할극은 다음의 패턴, 즉 상황에 대해 토의하기, 상황 역할극하기, 피드백받기 순으로 진행되어야 한다. 이것은 세 번 실시되어야 하고 매번 직원의 반응이 단계적으로 어려워지게 된다. 역할극 회기의 마지막 5분은 소그룹의 그룹원과 역할극에 대해 보고하는 데 사용하게 될 것이다.

11. 3인 그룹은 A~C로, 4인 그룹은 A~D로 호명하도록 하라. 참가자가 각 회기마다 다른 역할을 하게 될 것이라고 설명하라. A는 첫 역할극의 첫시연자가 될 것이고, 두 번째는 B가 그리고 세 번째는 C가 첫시연자 역할을 하게 된다. 만일 D가 있는 경우라면, D가 네 번째 회기의 첫시연자가 된다. 다른 그룹원은 다른 역할을 맡으면 된다.

12. 첫시연자가 상황을 선택하여 역할극을 시작하고, 직원 역할을 하는 배우는 첫시연자가 지목하도록 하며, 다른 참가자는 관찰자가 되어 피드백을 주고 시간을 재면 된다고 말하라.

13. 각 참가자가 세 번의 역할극을 하는 데 20분을 줄 것이라고 말하라. 먼저 5분 동안 쉬운 상황에 대해 토의하고 역할극을 하고 피드백을 받은 뒤, 이후 쉽지 않은 상황을 같은 순서로 진행하고 마지막으로 어려운 상황을 진행하게 된다.

14. 각 역할극이 끝나면 각 그룹은 토의하고 일어난 일과 배운 것을 보고하는 데 5분이 주어진다. 이후 그다음 사람이 역할극을 이어 하도록 하라.

15. 3인 그룹은 남은 20분 동안 자원자를 받아 추가 역할극을 실시하면 된다.

16. 벨 또는 소리 신호 장치를 들고 전체 참가자에게 각 회기가 끝나기 5분 전에 경고음을 주겠다고 말하면서 벨소리를 내도록 하라. 이후 회기가 종료되면 알려 주겠다고 말하고 다시 벨을 울리도록 하라.

17. 참가자가 하게 될 역할극에 대한 시연을 함으로써 요약해 주도록 하라. 먼저 첫시연자 역할을 하라. 즉, 상황을 설명하고, 쉬운 상황으로 역할극을 하고, 피드백을 주고 나서 좀 더 어려운 상황으로 옮겨 가도록 하라.

18. 참가자가 각자의 역할을 이해했는지 점검하고 나서 역할극을 시작하라.

👆 관리하기

1. 참가자가 활동을 하는 동안 그룹 사이를 두루 돌아다니도록 하라. 첫 회기가 잘 되는지, 지침대로 되어 가는지 살피도록 하라.

2. 15분 후에 벨을 울리고 첫 회기가 5분 남았다고 알려 주어라. 참가자에게 첫시

연자가 한 세 번의 역할극에 대한 보고 준비를 해야 한다는 것을 재차 알려 주도록 하라. 5분을 기다렸다가 다시 벨을 울려서 다음 참가자가 역할극을 할 시간임을 알려라.

3. 각 그룹이 다음 참가자의 역할극이나 다음의 상황으로 넘어가는지 확인하라.

4. 유독 잘하는 그룹에게는 잘한다고 격려해 주어라.

5. 15분 후, 다시 벨을 울리고 두 번째 회기가 5분 남았음을 알려 주어라. 세 번의 역할극에 대한 것과 첫시연자가 무엇을 배웠는지 보고할 것을 상기시키도록 하라. 5분을 기다렸다가 다시 벨을 울려서 세 번째 역할극으로 넘어갈 시간임을 알려라.

6. 자세히 살펴서 다음 역할극으로 넘어가는지 확인하라.

7. 15분 후, 다시 벨을 울리고 세 번째 회기가 5분 남았음을 알려 주어라. 이번 회기를 보고할 것을 상기시키도록 하라. 5분을 기다렸다가 다시 벨을 울려서 마지막 역할극인 네 번째 역할극으로 넘어갈 시간임을 알려라.

8. 참가자에게 아주 잘하고 있으며, 이번이 마지막 회기인 만큼 좀 더 힘을 내라고 격려하라. 상담가는 참가자가 힘이 나도록 사탕과 같은 간식거리를 나누어 주어도 좋다.

9. 3인 그룹의 마지막 역할극 준비를 도와라. 누군가 자신의 상황을 다시 하고 싶다거나 어려운 상황을 해 보고 싶어 하는지 살펴보라. 아니면 3인 그룹에서 리더를 한 명 지명해서 마지막 회기의 진행을 위임하라.

10. 15분 후, 다시 벨을 울리고 마지막 회기가 5분 남았음을 알려 주어라. 이번 회기의 보고를 상기시키고, 5분을 기다렸다가 다시 벨을 울려 시간이 경과되고 역할극이 종료되었다는 것을 알려라.

11. 참가자가 아주 잘했고 그들이 했던 것과 배운 것을 이야기해 보면 많은 도움이 될 것이라고 말하라.

12. 만일 참가자가 피곤해 하거나 들떠 있다면, 보고 시간 전에 5~10분간의 휴식을 주도록 하라.

1. 보고 시간은 유쾌하면서 진지하게 접근하라.
2. 보고용 질문이 기록된 이동식 차트 옆에 서라. 참가자가 휴식 시간을 마치고 돌아오면 개인 의자를 가지고 상담가 주변으로 둥글게 앉게 하라.
3. 보고 시간에 어느 정도의 시간을 할애하도록 하라. 참가자가 질문에 대해 생각하고 배운 것에 대해 논의하게 하라. 이동식 차트에 기록된 질문을 가지고 활동을 보고하게 하라.

고려해야 할 사항

이 활동은 변수를 바꾸어 하면 매우 간단해질 수 있다. 이 활동을 단순하게 진행하려면, 너무 어렵지 않은 상황 목록을 사용하도록 하라. 또한 피드백은 구두 피드백만 사용하고, 각 회기 끝에 5분 토의나 보고 시간을 갖도록 하라. 이렇게 하면 15분 정도 소요되는 회기를 만들 수 있다.

성과 문제 상황

1. 빌은 회의에 참석하기를 싫어하고 회의에 참석해서도 자주 좋지 못한 행동을 보인다. 그는 회의에 참석하더라도 매번 늦고 아무런 준비도 하지 않은 채 참석하기 때문에 회의 성과에 기여하는 바가 없다. 또한 그는 옆 사람과 잡담을 하는 나쁜 습관이 있다. 일전에 당신이 그의 이러한 습관해 대해 주의를 주어서 잠시 동안 진전이 좀 있었지만, 그것도 얼마 가지 못하고 옛날 버릇이 다시 나타나고 있다.

- 쉬운 반응: 그가 사과하고 더 나아질 것을 약속한다.
- 쉽지 않은 반응: 그가 스스로 더 잘하려고 한다고 변명한다. 게다가 회의가 너무 많은 것은 시간 낭비라고 말한다.
- 어려운 반응: 그가 화를 내고 당신이 회의에 대해 지나치게 민감하다며 당신을 비난한다. 회의가 자신의 업무 시간을 너무 많이 빼앗아서 업무에 방해가 되므로 회의가 더 적어진다면, 훨씬 더 많은 일을 할 수 있을 것이라고 말한다.
- 사용할 핵심 문구:

2. 알프레도는 감독관에게 너무 거칠게 군다. 그는 감독관과 그들이 하는 일을 비난한다. 때문에 감독관 상당수가 알프레도의 상사인 당신에게 불만을 터뜨린다. 알프레도의 거친 행동과 모욕적인 대화 방식은 다른 사람들을 위협하고 분노하게 한다.

- 쉬운 반응: 그가 자신의 태도를 반성하고 더 잘하기로 약속한다.
- 쉽지 않은 반응: 그는 변명을 하면서 자신이 다른 사람보다 더 거칠게 구는 것은 아니라고 말한다. 그들이 심하게 느긋한 것이고, 당신에게 하지 말았어야 할 말을 했다고 말한다.
- 어려운 반응: 그는 화가 나서 당신이 노동자에게 지나치게 만만하게 군다고 비난한다. 그가 그들에게 강하게 나가지 않으면, 그들이 자신과 회사를 이용해 먹으려 할 것이라고 말한다.
- 사용할 핵심 문구:

3. 헬렌은 전혀 생산적이지 않다. 그녀는 기질적으로 사교적인 사람이라 직장에서도 다른 사람들과 만나 이야기하기를 좋아한다. 또한 그녀는 너무 많은 업무 시간을 사적인 전화 통화로 보낸다. 그녀의 길고 지루한 대화는 동료들도 손사래를 칠 정도이다. 그녀는 자신이 맡고 있는 2개의 중요한 프로젝트는 안중에도 없다.

- 쉬운 반응: 그녀가 수긍하여 사과한 뒤에 더 잘하겠다고 약속한다.
- 쉽지 않은 반응: 그녀가 변명을 하며 자신이 어느 누구보다 생산적이라고 말한다. 그녀가 사교적이고 말이 좀 많다는 이유로 그녀를 비생산적이라고 평가하는 것은 부당하다고 말한다.
- 어려운 반응: 그녀는 화를 내며 당신에 대해 비난한다. 그녀는 당신에게 당신이 가장 좋아하는 사람들은 그녀만큼 생산적이지 않은데도 당신은 그들에게는 아무 말도 하지 않는다고 비난한다.
- 사용할 핵심 문구:

4. 낸시는 정리 정돈을 하지 않아서 그녀의 업무 장소는 엉망이다. 파일이며, 보고서며, 큰 각대 봉투가 여기저기 널려 있다. 그녀는 동료의 전화 메시지를 기록한 뒤 그것을 엉뚱한 곳에 둔다. 업무 시한도 잘 맞추지 못해서 프로젝트 2개가 늘어 버렸다.

- 쉬운 반응: 그녀가 수긍하여 더 잘하겠다고 약속한다.
- 쉽지 않은 반응: 그녀가 변명을 하며 할 일이 너무 많다고 말한다. 그녀는 "물건을 깔끔하게 정리 정돈할 시간이 없어요. 2개의 프로젝트는 사람들이 요구 조건을 계속 바꾸는 바람에 일을 더 많이 하게 한 사람들에게 책임이 있다고요." 라고 불평만 해댄다.
- 어려운 반응: 그녀가 화를 내며 자신의 지유분방한 스타일은 기한을 맞추는 일이나 프로젝트 2개를 늦게 제출한 일과는 아무 상관이 없다고 말한다. 그녀는 그 프로젝트는 도무지 기한을 맞출 수 없도록 제안된 것 자체가 문제였다고 말한다.
- 사용할 핵심 문구:

5. 테드는 도움을 요청하기 싫어한다. 그는 혼자 큰일을 떠맡고는 일정을 넘겨 스트레스를 받곤 한다. 그는 상당히 조용하고 약간은 수동적인 사람으로 보인다. 그

는 사람들에게 아무 이야기도 하지 않고, 심지어 잡무까지 떠맡는데, 그 일의 상당 부분은 자신의 업무와 직접적으로 관련이 없는 일이다.

- 쉬운 반응: 그가 어느 정도는 의사 표현을 해야 한다는 데 동의하고 도움이 필요한 경우, 도움을 요청하겠다고 말한다. 그가 더 잘하겠다고 약속한다.
- 쉽지 않은 반응: 그가 도움을 요청할 사람이 없다고 변명한다. 그는 "모두가 바쁘고 자신처럼 할 일을 많이 떠맡고 있기 때문에 회사가 더 많은 인력을 고용하여 직원의 짐을 덜어 주어야 한다."라고 말한다.
- 어려운 반응: 그가 자신이 도움을 요청했지만 누구도 그에게 도움을 주지 않았다며 화를 낸다. 그는 자신이 도움을 청하면, 사람들은 도리어 그에게 할 일을 더 많이 주었고, 그가 생각하기에 일을 배분하는 방식이 공평하지 않아 많은 사람들이 빈둥거리며 일하고 있다고 말한다.
- 사용할 핵심 문구:

6. 여러분의 상황을 적어 보세요.

- 쉬운 반응:

- 쉽지 않은 반응:

- 어려운 반응:

- 사용할 핵심 문구:

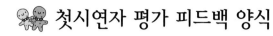 첫시연자 평가 피드백 양식

다음의 척도를 사용하여 역할극의 첫시연자를 평가하라.

①보통 ②잘함 ③꽤 잘함 ④매우 잘함

내 용				
1. 모델, 안내 지침, 계획 등에 잘 따랐다.	1	2	3	4
2. 메시지가 분명하고 이해가 되었다.	1	2	3	4
3. 메시지가 짧고 핵심이 분명했다.	1	2	3	4
4. 목적 혹은 당신이 원했던 바가 분명했다.	1	2	3	4
5. 비난조이거나 비판적이지 않았다.	1	2	3	4
6. 분명하고 확신 있는 목소리로 말했다.	1	2	3	4
7. 다른 사람의 이름을 사용했다.	1	2	3	4
8. 눈을 잘 맞추며 말했다.	1	2	3	4
9. 몸동작이 적절했다.	1	2	3	4
10. 여유가 있으면서도 효과적인 제스처를 사용했다.	1	2	3	4

그 밖의 조언:

18 너는 왜 그렇게 사람들을 힘들게 하니?
_까다로운 사람 중심의 역할극

🍪🍪 역할극 개관

역할극 유형　이것은 까다로운 사람을 직면하는 사람 중심의 소그룹 역할극이다. 이 역할극은 참가자가 대인관계 기술을 형성하고, 특히 까다로운 사람을 다루는 프로그램에서 매우 효과가 좋다.

요 약　참가자는 까다로운 사람을 다루는 연습을 한다. 참가자는 자신들의 역할극을 돌아가면서 녹화한다.

목 적　녹화된 자료를 통해 피드백함으로써 까다로운 사람을 직면하는 기술 형성하기

수업 규모　8~16명

그룹 규모　4명

소요 시간　90~100분

자 료
- 까다로운 사람 유형이 포함된 상황 목록
- 4인 그룹당 캠코더와 비디오테이프 각 하나씩
- 큐카드, 매직, 셀로판테이프, 벨 또는 소리 신호 장치
- 그룹당 슈퍼맨 망토 또는 그와 유사한 소품 하나씩(선택 사항)
- 지침 목록과 보고용 질문 목록

장소 세팅　강의실이나 회의장 세팅

🍪 역할극하기

🫘 준비하기

1. 이 활동을 시행할 장소를 결정하라. 만일 휴게실이 있다면 그곳을 이용하라. 그렇지 않다면 강의실 뒤쪽이나 옆쪽으로 4인 소그룹당 의자를 배치할 충분한 공간이 있는지 보라. 휴게실도 없고 강의실 뒤나 옆에 충분한 공간도 없다면, 참가자 스스로 강의실 여기저기에 4인 그룹이 활동할 수 있도록 의자를 배치하게 하라.

2. 각 참가자마다 까다로운 사람을 직면하는 유인물을 만들게 하라. 흰 도화지를 1/4로 잘라 큐카드를 준비하라. 각 역할극 장소에 이 큐카드와 매직을 준비하라.

3. 각 그룹당 캠코더와 비디오테이프가 있는지 점검하라. 캠코더가 제대로 작동하는지, 배터리는 충분한지 확인하라.

4. 상담가가 쉽게 닿을 수 있는 곳에 회기 시작과 끝에 사용할 벨 또는 소리 신호 장치와 소품을 두도록 하라.

5. 소개 시간 동안 사용할 이동식 차트에 활동을 위한 다음의 지침을 기록한 뒤 역할극을 실시할 장소에 차트를 구비하라.

- 목적: 녹화된 자료를 통해 피드백함으로써 까다로운 사람을 직면하는 기술 형성하기
- 그룹의 각 참가자당 1회기의 역할극을 실시한다.
- 각 상황마다 녹화된 자료를 통해 피드백을 받기 이전과 이후에 두 번의 역할극을 실시한다.
- 그룹당 4명씩 배정한다.
- 역할: 첫 시연자, 까다로운 사람, 녹화하는 사람(4인 그룹의 경우, 관찰자 포함)
- 각 역할극 진행(20분): 토의, 역할극, 피드백, 역할극 다시하기, 피드백, 토의

- 5분 전에 경고음을 주고 회기가 끝날 때 다시 벨을 울린다.
- 큐카드와 슈퍼맨 망토

6. 다음의 보고용 질문이 기록된 이동식 차트 페이지를 따로 한 장 마련해 놓고 활동을 시작하면 벽에 걸도록 하라.

- 이 역할극을 하는 것이 얼마나 어려웠는가?
- 역할극을 녹화해 활용한 것이 유용했는가?
- 까다로운 사람을 다루는 것에 대해 무엇을 배웠는가?
- 배운 것을 어떻게 사용할 것인가?

🍡 소개하기

1. 참가자에게 이 활동의 목적이 녹화된 피드백을 사용하여 까다로운 사람을 다루는 기술을 형성하는 것임을 알려라.
2. 역할극 상황 목록을 나누어 주고 정보와 상황에 대해 반 전체와 꼼꼼히 살펴라. 참가자에게 목록에 있는 3가지 상황을 사용하거나 이 상황을 변형시킨 것을 사용하라고 말하라. 만일 참가자가 나름의 상황을 만들어서 하고 싶어 하면, 그렇게 하라고 하라.
3. 참가자에게 유인물에 있는 상황 중 하나를 하거나 참가자가 사용할 나름의 역할극 상황을 짜는 데 5분을 주어라. 3~4분 후에 그 상황에 대해 다른 사람에게 이야기하는 것이 그 상황을 준비하는 데 도움이 될 것이라고 말하라. 참가자에게 파트너 한 명을 찾아, 하게 될 역할극 상황을 토의하게 하라. 2~3분 후에 토의를 멈추고 이동하라.
4. 큐카드와 매직을 나누어 주고, 참가자에게 역할극에서 사용하고 싶은 핵심 문구를 기억하기 좋게 이것을 사용하라고 말하라. 자신이 첫시연자의 차례가 되면, 큐카드에 기억하고 싶은 문구를 써서 역할극을 하는 동안 그것을 볼 수 있는 곳

에 큐카드를 두면 된다고 설명하라. 관찰자가 있는 그룹이라면, 관찰자가 역할극을 하는 동안 들고 있어도 된다.

5. 참가자를 4인 그룹으로 나누어 그들을 역할극 장소로 보내라. 그들에게 상황 목록을 가져가라고 말하라.

6. 지침이 적힌 이동식 차트 옆에 서서 하나씩 꼼꼼히 살펴보도록 하라. 이 활동의 목적이 녹화된 피드백을 사용하여 까다로운 사람을 다루는 기술을 형성하는 것임을 반복하고서 시작하라.

7. 각 참가자가 1회기씩 하게 되며(필요한 경우, 추가 회기를 하라.) 총 4회기 역할극이 될 것이라고 설명하라. 1회기 동안 같은 상황을 두어 번 연기하게 될 것이라고 설명하라. 첫 번째 역할극이 끝나면 녹화된 테이프를 보고 이후 피드백에서 배운 것을 구체화하여 다시 역할극을 하게 된다.

8. 각 그룹은 테이프가 들어 있는 캠코더를 구비하고 각 그룹 내 적어도 한 참가자는 캠코더 사용법을 알고 있는지 확인하라.

9. 참가자가 3명인 그룹은 A~C, 4명인 그룹은 A~D로 번호를 부르라고 하라. A는 첫 역할극에서 첫시연자가 될 것이고, B는 두 번째 역할극에서, C는 세 번째 역할극에서 그리고 D는 마지막 역할극에서 첫시연자 역할을 하게 될 것이라고 설명하라. 그룹원은 필요에 따라 다른 역할을 맡아야 한다.

10. 첫시연자는 상황을 선택하고, 역할극을 시작한다. 배우는 첫시연자가 지목하여 까다로운 사람 역할을 맡고, 녹화자는 역할극 녹화와 시간 확인을 담당하게 한다. 그룹 구성원이 4명인 경우, 나머지 한 참가자는 역할극을 관찰하고, 첫시연자가 원하면 구두 피드백을 해 줄 수 있다.

11. 각 참가자에게는 자신의 역할극을 두어 번 하는 데 20분이 주어질 것이라고 설명하라. 참가자는 역할극에 대해 토의하고 역할극을 하고 역할극 녹화 테이프를 보고, 다시 역할극을 해야 한다. 시간이 남으면 참가자와 소그룹 내 다른 참가자들이 두 번째 역할극을 녹화한 자료를 보고 피드백을 주고받으면 된다.

12. 3인 그룹은 추가로 20분을 주고 자발적인 역할극을 하게 될 것이라고 말하라.

13. 벨 또는 소리 신호 장치를 들고 각 회기가 끝나기 5분 전에 경고음을 울리겠다

고 말하면서 소리를 들려주도록 하라. 이후 회기가 종료될 때도 알려 줄 것이라고 말하고 벨 소리를 들려주도록 하라.

14. 슈퍼맨 망토가 준비되었다면, 각 그룹에 하나씩 나누어 주고 역할극에서 첫시연자 역할을 할 때 이 망토를 입으면, 천하무적이 될 것이라고 말하라.

15. 활동 시범을 보여서 참가자가 무엇을 해야 하는지 요약해 주어라. 첫시연자 역할을 하여 상황을 설명하고 역할극을 하고 비디오를 보고 나서, 다시 역할극을 하라. 슈퍼맨 망토를 입었는지, 큐카드를 사용하는지 확인하라.

16. 그룹별로 각각의 참가자가 자신의 역할을 이해했는지 확인하고 역할극을 계획하는 데 5분을 주겠다고 말하라. 5분을 기다렸다가, 벨을 울리고 역할극을 시작하라.

관리하기

1. 참가자가 활동을 하는 동안 그룹 사이를 돌아다니도록 하라. 첫 회기가 잘 진행되고 있는지, 지침대로 이루어지는지 살펴보라. 슈퍼맨 망토를 입은 참가자를 격려하고 큐카드의 사용을 지지하라.

2. 15분 후에 벨을 울리고 첫 회기가 5분 남았다고 알려 주어라. 5분을 기다려서 다시 벨을 울려라. 다음 참가자의 역할극 시간이라고 말하고 그가 원하는 역할극을 하라고 격려하라.

3. 모든 그룹이 다음 상황으로 넘어가는지, 역할을 바꾸는지 잘 살피도록 하라.

4. 15분 후에 다시 벨을 울리고, 두 번째 회기가 5분 남았다고 알려라. 5분을 기다려서 다시 벨을 울려 다음 역할극으로 넘어갈 때라고 알려라.

5. 자세히 살펴보고 다음 역할극으로 넘어가는지 확인하라.

6. 15분 후 다시 벨을 울리고 이번 회기가 5분 남았다고 알려라. 5분을 기다려서 다시 벨을 울리도록 하라. 만일 3인 그룹이 있다면, 시간이 경과했고 역할극이 종료되었다고 알려라. 4인 그룹이 있다면 그들에게 마지막 회기를 하라고 말하고 3인 그룹은 자원자를 받아 역할극을 하나 더 하라고 독려하라.

7. 모든 역할극이 끝나면, 참가자에게 훌륭하게 역할극을 수행한 것에 대해 칭찬하라. 참가자가 했던 것과 배운 것에 대해 보고 시간을 가지면 많은 도움이 될 것이라고 말하라.

8. 보고 시간 전에 10분간 휴식 시간을 주도록 하라.

9. 휴식 시간 동안 강의실 여기저기에 보고용 질문이 기록된 이동식 차트를 걸도록 하라. 각 그룹에 보고에 사용할 매직이 구비되어 있는지 확인하라.

📋 보고하기

1. 휴식 시간이 끝나고 참가자가 돌아오면 강의실 여기저기를 다니며 이동식 차트 페이지에 있는 보고용 질문 아래에 의견을 적으라고 말하라.

2. 몇 분 후, 그룹을 오가며 참가자 간에 질문에 대한 각자의 생각을 토의하게 하라.

3. 힘든 역할극을 집중해서 잘 마쳐 주어 감사하다고 말하고 활동을 마치도록 하라.

🍪 고려해야 할 사항

• 슈퍼맨 망토가 영 편하지 않다면, 행운의 100원 카드나 네 잎 클로버 핀을 사용해 보도록 하라.

• 이 활동과 동시에 구두 피드백과 서면 피드백을 병용하면 보다 효과적이다. 비디오카메라가 한 대만 있는 경우라면, 그룹마다 돌아가면서 사용하고 다른 그룹에서 카메라를 사용하면 서면 피드백이나 구두 피드백을 사용하면 된다.

🍪 까다로운 사람과의 대면 상황

대면한다는 말은 면 대 면으로, 특히 넘어야만 하는 장벽을 만나는 것, 즉 누군가와 일대일로 만나서 반박해야 하는 점이나 사건에 대해 상대방의 말이나 행동에 도전하는 것을 말한다.

까다로운 사람들은 협박을 하거나, 제멋대로이거나, 일부러 주의를 끌거나, 자주 다른 사람에게 상처를 주거나, 습관적으로 무엇인가를 피하는 등 다양한 이유로 까다로운 행동을 한다. 그러나 대부분 그런 사람들은 자신의 행위가 받아들여지기 때문에 서슴없이 그러한 행동을 한다. 까다로운 행동은 까다로운 사람이 원하는 것을 이루게 한다. 행동이 효과가 없다면, 그들도 더 이상 그 행동을 지속하지 않는다.

따라서 까다로운 행동을 변화시키거나 수정하거나 제거하기 위해서는, 까다로운 사람을 단호하게 대면해서 그 행동을 다루어야 한다. 그의 행동과 그 행동이 가지는 영향력을 자세히 설명하고 나서 그에게 행동을 그만두라고 요청하라. 까다로운 사람이 그 행동을 계속하거나 행동에 대한 구실을 대기 시작하면, 당신은 침착하면서도 단호하게 그 사람과 대면하여 계속해서 그에게 다른 행동을 하라고 요청해야 한다. 다른 행동에 대한 요청 시 사용할 핵심 문구를 생각해 보고 필요할 때 그것을 반복해서 사용하도록 하라.

몇 가지 상황과 핵심 어구에 대한 예를 들어 보자.

○ **욕쟁이** 이러한 사람은 공격적이고 심하게 욕을 하며 제멋대로이고 다른 사람을 위협하는 행동을 한다. 이같이 공격적인 행동에 대한 자연스러운 반응은 맞서 싸우거나 반대로 아무것도 하지 않고 그 상황을 관망하는 것이다. 가장 효과적인 행동은 그 행동에 단호하게 맞서고 그에게 이렇게 말하는 것이다. "나를 멍청이 바보라고 부르면서 바닥에 서류를 내친 일은 좋은 방법이 아니라고 생각합니다. 오늘 아침에 서류를 충분히 살펴보고 오늘 오후 임원회의 전에 그것에 대해 이야기하도록 합시다."

○ **계속 불평하는 사람** 이 같은 유형은 다른 사람을 간접적으로 자극하거나, 자기 마음대로 하기 위해서 의도적으로 주의를 끌거나, 수동적으로 불평하는 행동을 한다. 이런 유형에 대한 자연스러운 대응은 이런저런 식으로 그를 잘 달래서 불평을 그만하게 하거나 무시해 버리는 것이다. 이런 불평꾼을 다루는 가장 효과적인 방법은 그를 단호하게 대면하여 그 상황에서 하고자 하는 것이 무엇인지 물어보는 것이다. "그거 듣기 거북한데요, 대체 무슨 말이 하고 싶은 겁니까?" 그 사람이 다시 불평을 할 때는 방관하지 말라. 대신 지속적으로 단호하게 그 불평꾼을 대면하여 이 상황에서 하고자 하는 것이 무엇인지 집요하게 물어보라. 그 사람과 직면할 때는 계속해서 눈을 맞추도록 하라. 그러면 불평꾼들은 대개 불평을 멈춘다(적어도 그 상황에서만큼은).

○ **무례하게 비꼬는 사람** 이들은 사람을 비꼬고, 깔보는 말을 하고, 조롱하여 다른 사람을 이상한 사람으로 만들거나 기분을 상하게 함으로써 스스로 우월감을 느끼려고 한다. 이처럼 수동 공격적인 행동은 매우 파괴적일 수 있다. 이런 유형의 까다로운 사람은 그가 무엇을 말했고, 왜 말했는지 단호하게 질문하면서 직면해야 한다. 이러한 유형의 사람은 상대방이 "지금 제가 약속한 것을 하지 않을 것이라고 말씀하셨나요?" 하고 대응하면, 종종 선한 척하면서 이렇게 말한다. "그런 뜻으로 말씀 드린 것이 아니에요. 농담인 거 아시잖아요?" 이럴 때 당신은 당황하지 말고 침착하지만 단호하게 답변해야 한다. "당신한테 그것이 어떤 의미이든지 간에, 그 말은 정말 불쾌합니다. 전 그런 태도는 좋아하지 않습니다. 앞으로 다시는 제게 그런 말을 하지 마십시오."

- 까다로운 사람과 그 사람의 행동을 설명하라.

- 당신은 그 행동에 대해 어떻게 단호하게 대처할 것인가?

- 사용할 핵심 문구:

19 이봐, 친구, 거기는 내 주차 구역이라고!

_ 갈등 관리를 위한 집단 역할극

 ## 역할극 개관

역할극 유형 이 활동은 3명의 참가자가 동시에 역할극을 하는 갈등 관리를 위한 문제 중심의 집단 역할극이다. 이 활동은 어떤 갈등 관리 수업에도 유용하기에 필자도 갈등 관리 훈련 프로그램에서 이것을 사용했다.

요약 2명의 참가자가 직장 내 갈등 상황을 연기하고 나머지 참가자는 심판 역할을 맡아 갈등을 관리한다. 1회기에서는 갈등 관계에 있는 두 사람이 쉽게 갈등 상황을 묵인하지만, 2회기에서는 심판에게 더 어려운 상황을 만들어 낸다.

목적 직장에서의 갈등 관리 훈련하기

수업 규모 10~24명

그룹 규모 4~5명

소요 시간 90~100분

자료
- 갈등 관리를 위한 안내 지침이 기록된 유인물
- 갈등 상황 목록 유인물
- 검은색과 하얀색 줄무늬 조끼와 호루라기(선택 사항)
- 회기 시작과 끝을 알릴 벨 또는 소리 신호 장치
- 지침 목록과 보고용 질문 목록

장소 세팅 강의실이나 역할극 장소를 세팅할 만큼 여분의 공간이 있는 회의장

🍪🍪 역할극하기

🍮 준비하기

1. 이 활동은 각 역할극 그룹마다 어느 정도의 공간이 필요하다. 가능하면 각 그룹당 6~8개의 의자로 여유 있게 작은 원을 만들 수 있는 곳으로, 뒤쪽이나 양옆으로 빈 공간이 많은 곳에서 활동을 지휘하도록 하라. 뒤쪽이나 옆쪽의 공간이 충분하지 않다면, 역할극을 시작할 때 각 그룹이 6~8개의 의자를 가져가 배치하게 하면 된다.

2. 갈등 관리 유인물과 갈등 상황 목록을 모든 참가자가 갖도록 충분한 양을 복사해 두도록 하라.

3. 회기 시작과 끝에 사용할 벨 또는 소리 신호 장치, 심판 조끼나 호루라기 등은 상담가가 쉽게 닿을 수 있는 곳에 두어라.

4. 소개 시간 동안 사용할 벽보나 이동식 차트 페이지에 활동에 대한 다음의 지침을 기록하도록 하라.

- 목적: 직장에서의 갈등 관리 훈련하기
- 그룹 내 각 참가자는 1회기씩 역할극을 한다.
- 각 회기는 같은 상황에 대해 2가지 난이도로 나누어 연기하게 된다.
- 역할: 심판, 갈등 관계에 있는 두 사람, 관찰자
- 각 회기당 역할극 진행: 20분
- 상황 토의, 쉬운 상황 역할극, 피드백과 토의: 10분
- 상황 토의, 좀 더 어려운 상황의 역할극, 피드백과 토의: 10분
- 종료 5분 전과 종료 시에 벨을 울린다.
- 각 그룹마다 줄무늬 조끼와 호루라기(사용할 경우)

🐛 소개하기

1. 참가자에게 이제 갈등 상황 관리 연습을 위한 그룹 역할극 활동을 할 것이라고 말하라. 갈등 관리 유인물을 나누어 주고 그 내용을 꼼꼼히 살피게 하라.

2. 직장 갈등 상황 목록 유인물을 나누어 주고 참가자가 역할극에 사용할 상황을 목록에서 한 가지 선택하라고 말하라. 원한다면 상황을 추가해도 된다.

3. 참가자에게 잠시 동안 상황을 훑어보고, 하고 싶은 상황에 표시하라고 하라.

4. 반 전체를 4~5인 그룹으로 나누고 그들을 역할극 장소로 보내라. 유인물을 지참하게 하고 조끼와 호루라기가 준비되었다면, 이것을 나누어 주고 심판 역할을 할 때 그것을 사용하라고 말하라.

5. 지침이 기록된 이동식 차트 옆에 서서 하나씩 꼼꼼히 살피도록 하라.

6. 각 참가자마다 한 회기씩 역할극을 할 것이라고 설명하라. 한 회기 동안 같은 상황을 두 번 하게 되는데, 처음에는 쉬운 상황을 하고 두 번째는 좀 더 어려운 상황을 할 것이다.

7. 어떤 상황으로 역할극을 할지, 각 역할극을 얼마나 쉽게 혹은 어렵게 할 것인지 결정하고 각 역할극을 하기 전에 토의하게 하라. A~D로 번호를 부르고 만일 5인 그룹이라면 E까지 부르라고 하라. A는 첫 번째 역할극에서 첫 심판이 될 것이라고 말하라. B와 C는 갈등 관계에 있는 두 사람 역할을 하고, D와 E는 역할극을 관찰하고 A에게 구두 피드백을 하면 된다. 각 역할은 그룹 내에서 돌아가며 하게 될 것이라고 설명하라.

8. 각 회기마다 20분이 주어질 것이라고 말하라. 먼저, 5분 동안 역할극을 어떻게 할 것이고, 누가 어떤 역할을 맡을 것인지 논의하게 하라. 그 후 3분 정도 역할극을 하고 관찰자로부터 구두 피드백을 받아야 한다. 마지막으로 다시 역할극을 실시해야 하는데, 이번에는 같은 상황을 좀 더 어렵게 구성하고 관찰자로부터 피드백을 받고 역할극에 대한 최종 토론을 해야 한다.

9. 사용할 벨이나 소리 신호 장치를 들어 각 회기가 끝나기 5분 전에 경고음을 주겠다고 말하면서 벨을 울려라. 이후 시간이 경과하면 알려 주겠다고 말하고 다시

벨을 울려라.

10. 역할 시범을 보여서 참가자가 무엇을 해야 할지 명시하라. 먼저 쉬운 갈등 상황에서 심판 역할을 하고 이후 좀 더 어려운 상황을 다루는 것을 시범 보인다.

11. 각각의 참가자가 자신의 역할에 대해 이해했는지 확인하라. 이후 벨을 울리고 활동을 시작하라.

🍧 관리하기

1. 참가자가 활동을 하는 동안 그룹 사이를 이동해 다니도록 하라. 첫 회기가 잘되고 있는지 또한 지침대로 진행되는지 확인하라.

2. 15분 후에 벨을 울리고 첫 번째 회기가 5분 남았다고 알려라. 5분을 기다린 후 다시 벨을 울려 다음 역할극을 시작할 때임을 알려라. 이번에는 B가 심판 역할을 하게 된다.

3. 역할극의 전환을 잘 살펴라. 모든 그룹이 다음 상황으로 넘어가는가 확인하라.

4. 15분 후에 벨을 울리고 두 번째 회기가 5분 남았다고 알려라. 5분을 기다린 후 다시 벨을 울려 다음 역할극을 시작할 때임을 알려라. 이번에는 C가 심판 역할을 하게 된다.

5. 자세히 살펴보고 그룹이 다음 역할극으로 넘어가는가 확인하라.

6. 15분 후에 벨을 울리고 세 번째 회기가 5분 남았다고 알려라. 5분을 기다린 후 다시 벨을 울리면서 5분간의 짧은 휴식 시간을 가지라고 말하라. 그룹원에게 자유롭게 휴식을 취한 후 5분 후에 다시 모이라고 말하라.

7. 모든 참가자가 휴식을 마치고 돌아오면 벨을 울려 네 번째 역할극의 시작을 알린다. 이때는 D가 심판 역할을 하게 된다.

8. 15분 후에 벨을 울려 네 번째 회기가 5분 남았다고 알려라. 5분을 기다린 후 다시 벨을 울려라.

9. 이번이 마지막 회기이고 E가 심판이 된다고 말하라. 4인 그룹인 경우, 자유 역할극을 할 것이고 그룹원이 다른 상황을 선택하여 역할을 나누고 마지막 역할극을

하면 된다고 말하라.

10. 15분 후에 벨을 울리고 마지막 회기가 5분 남았다고 알려라. 5분을 기다린 후 다시 벨을 울려 역할극의 종료를 알려라.

11. 참가자에게 대단히 잘했다고 칭찬하고 했던 것과 배운 것에 대해 보고 시간을 갖는 것이 많은 도움이 될 것이라고 말하라.

🐌 보고하기

1. 보고 시간은 유쾌하면서도 진지하게 접근하라.
2. 보고용 질문이 기록된 이동식 차트 옆에 서서 참가자에게 의자를 들어 상담가 주변으로 둥글게 원을 만들게 하라.
3. 참가자가 역할극에서 배운 것이나 보고용 질문에 대해 생각하고 토의하도록 시간을 주고, 이동식 차트에 있는 질문으로 활동을 보고하라.

🍪 직장 내 갈등 상황

당신은 다음과 같은 상황에서 어떻게 대처할 것인가?

1. 베티와 샬럿은 둘 다 월말 보고를 하는 것을 싫어해서 그것을 누가 할지를 놓고 늘 신경이 곤두서 있다. 이것은 그들 업무의 한 부분이고 또 함께 그것을 하도록 되어 있지만 시간이 지나면서 그들은 이 문제로 인해 많은 갈등을 겪게 되었다. 양쪽 모두 상대방이 매달 월말 보고를 했으면 하고 바라기 때문에 이 문제로 줄기차게 다툰다. 그들의 작은 전쟁은 회사의 유쾌한 분위기를 망치고 있다. 오늘 아침, 그들은 회의장에서 서로에게 주먹을 날릴 뻔했다. 그들 각각 이러한 상황에 대해 상사인 당신에게 보고를 하고 있다.
2. 아이다와 잭은 복도에서 서로에게 소리를 지르고 있다. 아이다는 잭이 연간 보

고서를 제출하지 않았기 때문에 화가 몹시 나 있고, 잭은 아이다가 언제나 자기 뒤에서 마치 상사인 양, 더 우습게는 엄마인 양 행동한다면서 그녀 등 뒤에다 소리를 질러 대고 있다. 그들이 당신 사무실 앞에서 소리를 지르고 있다.

3. 케이트와 래리는 당신과 함께 품질보증팀에 속해 있고, 그들은 평가 중인 새로운 냉방 시스템의 결점 원인을 놓고 열띤 토론을 벌이고 있다. 각자가 자신의 자료가 정확하고 상대방이 오류를 범하고 있다고 확신하고 있다. 그들은 품질 문제를 해결하는 데 초점을 두는 대신, 계속해서 상대의 평가 방법을 비판하고 잘못을 증명하려고 하고 있다. 이 같은 시끄러운 논쟁은 시간만 낭비할 뿐이며, 사람들의 신경만 날카롭게 하고 있다.

4. 비키와 트레이시는 당신 사무실의 옆 공간을 사용하고 있다. 그들은 공간을 나누어 이용하는 문제로 날마다 논쟁을 한다. 누구의 물건이 누가 일하는 데 방해가 되고 누가 무엇을 빌려 갔는데 돌려주지 않는다는 둥의 논쟁을 계속하고 있다. 그들은 대학 시절 룸메이트였지만, 지금은 서로를 지독하게 싫어하는 중년의 여인이다. 오늘 그들은 하도 크게 싸워서 당신이 전화상으로 통화하던 고객의 목소리를 거의 들을 수 없을 지경이다.

5. 빌과 프레드는 휴게실에서 서로에게 소리를 지르고 있다. 빌은 자신이 막 진입하려던 주차장 공간에 프레드가 유유히 끼어들어 가로챘다고 비난하고 있다. 프레드는 그런 빌을 바보라고 놀리며 그를 옆으로 밀어젖혔다. 당신이 휴게실에 들어섰을 때 빌이 프레드의 팔을 잡고 한 대 때리겠다면서 위협을 하고 있다.

6. 프랜과 래리는 서로 잘 지낸 적이 없고 가능한 한 서로를 피하려고 하지만 바로 지금 그들은 둘 다 당신이 관리하는 프로젝트에 참여하고 있고, 그들의 불화가 일을 방해하고 팀원에게 스트레스를 주고 있다. 오늘 아침, 프랜은 래리에게 필요한 정보를 주지 않겠다며 거절했기 때문에, 래리가 당신에게 와서 프랜에게서 그 정보를 받아 자기에게 갖다 달라고 요청했다. 당신은 그 둘과 커피를 마시며 그 상황에 대해 이야기하려는 참이다.

7. 당신이 역할극에서 하고 싶은 나름의 갈등 상황을 설정하라.

_____

_____

_____

_____

 갈등 관리

직장에서 직원 간의 갈등 상황은 대개 사고방식, 원칙 혹은 행동 양식의 불일치나 충돌에서 온다. 다음의 행동 지침이 도움이 될 것이다.

1. 단호하게 대하라(수동적이거나 막말을 해서는 안 된다).
- 직접적이고 솔직하게, 정직하지만 재치 있게 자신을 표현하라.
- 눈을 맞추면서 분명하고 엄중하게 말하라.
- 바로 서서 어깨를 펴고 고개를 들도록 하라.

2. 그들을 인정하라.
- 가능하면 그들의 이름을 불러 주어라.
- 그들이 말하는 것을 당신이 듣고 또 이해하고 있다는 점을 알려라.
- 그들의 상황, 느낌, 요구 등에 대해 인정하라.

3. 개인적인 감정으로 접근하지 말라.
- 긴장을 풀고 이완하라.
- 비판적인 말은 삼가라.

4. 최근의 문제나 상황에 초점을 맞추어라.

- '당신은 ○○하지 말았어야 했어.' 혹은 '당신이 이해를 못한 거지.' 처럼 '당신' 이라는 말을 사용하지 않도록 하라.
- '문제가 이런 것 같습니다.' 혹은 '지금 필요한 것은…….' 과 같은 문구를 사용 하라. 가능한 한 자주 메시지나 요구를 반복하라.

5. 필요하다면 타임아웃을 외쳐라.

- 화나 분노를 가라앉히고, 홀로 사무실로 들어가거나 다른 장소로 가도록 하라.
- 누군가가 부적절하게 행동한다면, 생각할 시간을 줄 테니 나중에 다시 이야기하 자고 말하고 자리를 떠나라.

갈등 관리 모델

1. 상황을 설명하라, 부정적인 영향을 설명하라. 그리고 갈등을 해결하자고 요청 하라.
2. 문제의 해결 방법에 대한 대안을 제시하라.
3. 양자에게 모두 좋은(win-win) 해결안을 제안하고 그가 이것에 동의하도록 협상 하라.

20

마요네즈 좀 주세요 _ 낯선 곳에서 점심 주문하기

 역할극 개관

역할극 유형　이 활동은 외국이나 낯선 지역의 레스토랑에서 점심 주문을 해야 하는 상황에 처한 사람들을 위한 역할극 활동이다.

요약　참가자는 3인 그룹과 4인 그룹으로 구성되어 낯선 레스토랑의 웨이터에게 점심 주문을 하는 역할극을 하게 된다. 이 활동은 대본이 있는 역할극으로 시작하여 두 번째 역할극에서는 대본 없이 역할극을 하게 된다.

목적　낯선 레스토랑에서 식사 주문 연습하기

수업 규모　6~24명

그룹 규모　3~4명

소요 시간　75분

자료

- 각 참가자당 역할극 대본 1부
- 각 참가자당 메뉴 1부
- 회기 시작과 끝을 알릴 소리 신호 장치
- 지침 목록과 보고용 질문 목록

장소 세팅　강의실이나 회의장 세팅

🍪 역할극하기

🔵 준비하기

1. 이 활동을 시행할 장소를 결정하라. 강의실 공간이 충분하다면 뒤쪽이나 양옆으로 소그룹당 3~4개의 의자를 배치하라. 만일 뒤쪽이나 옆쪽에 공간이 충분하지 않다면, 강의실 여기저기에 소그룹당 3~4개의 의자를 배치하라.

2. 각 참가자가 사용할 대본 1부와 메뉴 1부를 만들도록 하라.

3. 가까운 곳에 호루라기나 소리 신호 장치를 두어라.

4. 소개 시간 동안 이동식 차트에 활동을 위한 다음의 지침을 기록하라.

   • 목적: 낯선 레스토랑에서 식사 주문 연습하기
   • 대본과 메뉴를 사용하라.
   • 각 참가자는 하나의 역할극을 하게 되며 처음에는 대본을 보고, 다음에는 대본 없이 하게 된다.
   • 역할: 첫 시연자, 웨이터, 관찰자
   • 주문: 토의, 대본을 사용하여 역할극하기, 피드백받기, 대본 없이 역할극하기
   • 4인 그룹은 4회기의 역할극을 하고 3인 그룹은 자원자를 받아 네 번째 역할극을 하게 된다.

5. 다음의 보고용 질문이 기록된 이동식 차트를 활동을 보고할 장소에 두어라.

   • 낯선 레스토랑에서 주문하는 것이 왜 그렇게 어려운가?
   • 역할극 전에 메뉴에 대해 토의하는 것이 도움이 되었는가?
   • 역할극을 할 때 대본이 도움이 되었는가?
   • 이번 역할극에서 무엇을 배웠는가?

1. 참가자에게 낯선 레스토랑에서 식사 주문을 연습하는 소그룹 역할극 활동을 할 것이라고 말하라. 첫 번째 역할극을 할 때는 대본을 사용하고, 이에 대한 피드백을 받은 후에는 대본 없이 다시 역할극을 할 것이라고 말하라.

2. 이 활동에서는 메뉴를 사용할 것이라고 말하라. 메뉴 복사본과 대본 복사본을 각 그룹별로 나누어 주고 1~2분 동안 자세히 살펴보라고 하라.

3. 반 전체 참가자와 함께 대본에 몇 개의 괄호가 있는지 등 대본을 꼼꼼히 살핀 뒤에, 몇 분 동안 함께 역할극을 할 파트너를 정하라고 말하라. 자기 옆이나 뒤에 앉아 있는 사람이 파트너로 좋을 것이라고 제안하라.

4. 참가자에게 서로 같이 살펴보고 메뉴에 있는 항목으로 대본에 있는 괄호를 채우라고 말하라. 이때 상담가는 이리저리 다니며 메뉴에 있는 어려운 항목이나 용어에 대한 질문에 답하여 도움을 주도록 하라. 이 활동이 끝나면 다시 지침이 기록된 이동식 차트 옆에 서도록 하라.

5. 지침을 하나씩 꼼꼼히 살펴보도록 하라.

6. 상담가가 반 전체 참가자를 3~4인 그룹으로 나눌 것이고, 각 참가자는 1회기 역할극을 하게 되며, 3인 그룹은 추가로 1회기 역할극을 할 기회가 있다고 설명하라. 참가자는 주문을 받는 웨이터, 주문을 하는 첫시연자, 역할극을 관찰하고 첫시연자에게 구두 피드백을 줄 관찰자로 3가지 역할을 하게 된다.

7. 참가자를 3~4인 그룹으로 나누고 그들을 역할극 장소로 보내라. 그룹별로 자리가 잡히면, 3인 그룹은 A~C, 4인 그룹은 A~D로 번호를 부르라고 요청하라.

8. 웨이터 역할과 관찰자 역할을 돌아가면서 하기 때문에 모든 참가자가 모든 역할을 할 기회를 갖게 된다고 설명하라. 4인 그룹에서 D는 네 번째 역할극의 첫시연자 역할을 하게 되고, 3인 그룹은 그때 추가로 자원자를 받아 네 번째 역할극을 하게 된다고 말하라.

9. 각 참가자가 역할극을 하는 데 10분이 주어질 것이라고 설명하라. 참가자는 1~2분 동안 역할극에 대해 토의하고 나서, 1~2분 동안 역할극을 하고, 1~2분

동안 피드백을 받을 것이라고 말하라. 피드백 이후, 한 번 더 역할극을 하게 된다.

10. 활동 시범을 보여 참가자가 하게 될 역할을 명시하도록 하라. 첫시연자가 되어 상황을 토의하고, 웨이터와 상황 역할극을 하고, 관찰자로부터 피드백을 받아 다시 역할극을 하라.

11. 이 활동의 목적이 낯선 레스토랑에서 식사 주문을 연습하는 것임을 강조하고 모든 참가자가 자신의 역할을 이해했는가 점검한 뒤에 역할극을 시작하라.

🍨 관리하기

1. 벨을 울려 모든 A에게 손을 들라고 하고, A가 낯선 레스토랑에서 주문하는 역할을 할 것이라고 말하라. A에게 누가 웨이터이고, 누가 관찰자인지 점검하라고 말하라. 이번 첫 번째 역할극에서는 대본을 사용해야 한다고 설명하라.

2. 벨을 울려 시작을 알려라. 참가자가 활동을 할 때 그룹 사이를 이동하면서 필요한 곳에 가서 돕고 용기를 주도록 하라.

3. 시간을 잘 살펴서 10분이 경과되면 벨을 울리고, B가 역할극을 할 차례이니 누가 웨이터가 되고 누가 관찰자 역할을 할지 확인하라고 말하라.

4. 10분이 경과되면 벨을 울리고, C가 역할극을 차례이니 누가 웨이터가 되고 누가 관찰자 역할을 할지 확인하라고 말하라.

5. 10분이 경과되면 벨을 울리고, D가 역할극을 할 차례라고 말하라. 3인 그룹은 자원자를 받아 다른 역할극을 하나 더 하라고 말하라. 누가 웨이터가 되고 누가 관찰자 역할을 할지 확인하라고 말하라.

6. 10분이 경과하면 벨을 울려 활동의 종료를 알려라. 참가자에게 짧은 보고 시간을 가질 것이며, 먼저 소그룹 단위로 보고용 질문에 대해 토의를 하고 여기서 논의된 것을 전체 그룹이 함께 나누자고 제안하라.

1. 이동식 차트 쪽으로 가서 보고용 페이지를 넘겨 참가자가 보고용 질문을 크게
   읽도록 하라. 질문을 하나씩 꼼꼼히 살피고 각 그룹에서 이 질문을 토의하는 데
   5분을 주도록 하라.
2. 보고용 질문을 토의할 때 그룹 사이를 돌아다니다가 5분이 경과하면 이동식 차
   트 옆에 서서 벨을 울려라.
3. 그룹에게 잘해 주어서 매우 고맙다고 말하고 짧은 휴식 시간을 주어라.

🍪 낯선 레스토랑에서의 주문을 위한 대본

자리에 앉은 후

Waitperson: Hi, howya doin' today?

You: Just fine, thank you.

Waitperson: Can I get you something to drink while you look at th menu(⟨표 8-1⟩을
보며)?

You: Yes, thank you. I'll have a cola, please.

Waitperson: Diet or regular?

You: Regular.

웨이터가 음료를 가져온 후

Waitperson: So, what can I get for you?

You: I'd like to order a sandwich please. I'd like _____

Waitperson: Do you want fries or chips with that?

You: I'd like _____

Waitperosn: What would you like on your sandwich?

You: _____

Waitperson: Anything else?

You: No thank you.

이후

Waitperson: Would you care for some dessert?

You: What kind of pie do you have?

Waitperson: We've got apple, cherry, peach, banana crème, coconut crème, and
chocolate pecan.

You: I'll have a piece of coconut crème, please.

Waitperson: Would you like some coffee with that?

You: No, thank you.

이후

Waitperson: Will there be anything else?

You: No, thank you.

Waitperson: I'll just leave your bill here.

You: Thank you.

Today's Dessert Menu

Homemade Pies–$2.25
Apple, Cherry, Peach, Bananna Crème, Coconut Crème, Chocolate Pecan

Fresh Cakes and Pastries–$2.25
Chocolate Cake, Angel Food Cake, Carrot Nut Cake, Strudel Delight, Fresh Apple Turnover

Add a scoop of Vanilla Ice Cream to any dessert for only $1.00

Donuts–baked fresh every day

Donuts: Yeast, Cake, Plain, Glazed, Powdered, Cinnamon Sugar, Iced
Twists: Plain, Glazed, Cinnamon Sugar
Specials: Bizmarks, Dunking Sticks, Pinwheels, Crullers, Apple Fritters, Donut Holes

Donuts:50 cents each, 3 for a dollar
Twists Et Specials: 60 cents each, 2 for a dollar
Donut Holes: 10 cents each, dollar a dozen

The Bloomington
DELI AND DONUT SHOP

*Home of the
World's Greatest
Sandwiches*

LUNCH MENU

HOURS:
M–F 6am to midnight
S ɛt S 8am to midnight

Five Fantastic Soups

*Vegetable Medley
*Creamy Tomato
*Beef Barley
*Ham and Bean
*French Onion

All soups are served with your choice of a slice of home baked French bread or warm, fresh corn bread.

Cup of Soup $1.75
Boul of Soup $2.75

Salads

*Chef's salad with ham, cheese, and sliced boiled egg–$4.00
*Tossed salads with sliced roasted chicken–$4.00
*Small side salad–$1.50

Choice of dressings: Italian, Creamy Italian, French, Poppyseed, Ranch, Cranberry Vinegarette

GREAT DELI SANDWICHES

1. Choose your bread:
   white, wheat, rye, Kaiser roll, sourdough, French baguette, pita, roll-up
2. Choose your filling:
   Turkey, Ham, Roast Beef, Salami, Pastrami, Bologna, Tuna Salad, Chicken Salad, Bacon
3. Choose your cheese:
   American, Cheddar, Swiss, Monterey Jack
4. Choose your trimmings:
   mayo, mustard, ketchup, butter, lettuce, onion, pickles, hot peppers
5. Choose your side:
   chips, pretzels, cole slaw

All sandwiches are $ 4.95

Drinks

Soft Drinks: Coca-Cola, Diet Coke, Sprite, Dr. Pepper, Root Beer, Orange
Other Drinks: Milk, Chocolate Milk, Orange Juice, Coffee, Iced Tea, Hot Tea

All drinks: $ 1.25

즉흥 역할극

ROLE PLAY MADE EASY
CHAPTER #09

　즉흥 역할극은 참가자가 역할극을 준비할 시간을 거의 갖지 못하는 상당히 비구조화된 역할극을 말한다. 즉흥 역할극은 역할극 '21. 완벽한 발표'와 '23. 15초 내외'와 같이 예상하지 못한 상황을 빠르고 효과적으로 다루는 기술을 형성하기 위해서나 학습자가 모델이나 안내 지침을 순간적으로 적용하는 능력을 테스트하기 위해 사용된다. 즉흥 역할극은 또한 역할극 '22. 미쳐 버릴 것 같군!'과 '24. 자, 확인해 봅시다', '25. 순회 기자'처럼 학습활동 계획이나 학습활동 보고에 유용하게 사용된다.

21 완벽한 발표 _효과적인 발표를 위한 역할극 대회

🎭 역할극 개관

역할극 유형　이 활동은 효과적인 발표를 연습하는 즉흥 역할극이다. 이 활동은 대중 강연이나 발표 기술을 목적으로 하는 강의를 위한 유쾌하고, 돋보이는 활동이다.

요 약　참가자는 발표 대회에서 각기 다른 유형의 대회 참가자 역할을 한다. 각 역할극이 끝날 때, 참가자는 시연했던 그룹의 역할을 생각해 보게 된다. 유머러스한 타입의 대회 참가자는 수업 내용을 평가할 때 활동을 재미있게 이끌게 된다.

목 적　재미있는 방식으로 발표하기

수업 규모　6~24명

그룹 규모　4~6명

소요 시간　30~45분

자 료
- 한 그룹에게 수여할 상
- 회기의 시작과 끝을 알릴 소리 신호 장치
- 연기 상황이 기록된 유인물
- 지침 목록과 보고용 질문 목록

장소 세팅　강의실이나 회의장 세팅

🍪🍪 역할극하기

🍪 준비하기

1. 이 역할극은 강의실 앞쪽에서 이루어진다. 소그룹은 배치된 테이블이나 의자에서 회의를 하고 나서 반 전체 앞에서 발표를 하게 된다.

2. 활동을 위해 사용될 적절한 상을 준비하라. 1등 자리, 2등 자리, 3등 자리 혹은 영광스러운 표창 리본이나 작은 장난감 트로피를 사용해도 좋다. 또는 사탕이나 과자 한 봉지, 땅콩 한 팩 등 간단히 나눌 수 있는 그룹 단위의 상품을 사용해도 된다. '최고 발표자 상' '발표 대상' '최고 코믹 발표자 상'과 같은 문구가 새겨진 상장을 사용할 수도 있다.

3. 각각의 그룹 역할이나 발표 주제가 적힌 종이를 준비한다. 활동이 시작되면 각 그룹에게 한 장씩 나누어 주어라.

4. 발표하는 동안 사용할 벨 또는 소리 신호 장치를 준비하라.

5. 소개 시간 동안 사용할 이동식 차트에 활동에 대한 다음의 지침을 기록하라.

- 목적: 재미있는 방식으로 발표하기
- 그룹당 역할을 할당받는다.
- 발표 시간은 3분을 준다.
- 발표 준비를 위해 10분을 제공한다.
- 상담가가 각 발표가 시작할 때와 끝날 때를 알려 줄 것이다.
- 발표를 잘한 그룹이나 참자가에게는 포상을 한다.

6. 이동식 차트에 다음의 발표용 질문을 기록하여 활동을 보고할 장소에 두도록 하라.

- 재미있는 발표를 하면서 어떠한 느낌이 들었는가?

- 역할극 활동을 할 때 당신은 발표용 태도를 사용했는가?
- 역할극을 통해 무엇을 배웠는가?

🐣 소개하기

1. 참가자에게 지금까지 말하기와 발표 태도를 얼마나 잘 학습했는가 테스트하기 위해 마지막 활동인 그룹 대회를 열 것이라고 설명하라.
2. 이동식 차트 쪽으로 가서 이 활동에 대한 지침 목록을 참가자와 함께 살펴보라.
3. 반 전체 참가자를 소그룹으로 나누고, 각 그룹마다 이 공개 강연 대회 동안 하게 될 역할을 배정받을 것이라고 말하라. 이것은 그룹 발표가 될 것이고, 모든 그룹 원이 어떤 식으로든 발표에 참여해야 한다고 설명하라. 참가자는 이 활동을 재미있게 하면서 실제 자신에게 배정된 역할을 제대로 수행해야 한다고 말하라.
4. 상담가가 그들의 발표를 관찰하고, 주어진 역할을 얼마나 잘했는가, 발표가 얼마나 혁신적이었는가에 준해 상을 줄 것이라고 말하라.
5. 참가자를 4~6인 그룹으로 나누어라.
6. 각 그룹의 주제와 역할 배정표를 나누어 주고, 준비하는 데 10분을 줄 것이고, 10분이 경과하여 벨을 울리면 발표를 시작하라고 설명하라.
7. 참가자가 각자의 역할을 이해했는가 점검한 뒤에 벨을 울려 발표 준비를 시작하라.

🐣 관리하기

1. 참가자가 발표를 준비하는 동안 그룹 사이를 빠르게 이동하라. 참가자의 질문에 답을 하고 필요하다면 무엇을 해야 하는지에 대한 제안도 하라.
2. 8분이 경과하면 2분 경고음을 울리고 10분이 경과하면 벨을 울려 발표 시간이 되었음을 알려라.
3. 숫자 순으로(혹은 역순으로) 발표하라고 말하라.

4. 재미있게 하라. 모든 참가자가 각 발표 후에 힘껏 박수를 치고 평가를 하도록 독려하라.

5. 모든 발표가 끝난 후, 반 전체가 아주 잘했다고 격려하라. 각 그룹마다 하나씩 상을 주도록 하라. 상으로는 '최고 발표자 상' '발표 대상' '최고 코믹 발표자상'처럼 상의 부문을 정하여 사용하도록 하라.

📝 보고하기

모든 그룹에 상을 수여한 후에, 이동식 차트에 기록된 질문으로 강의실 앞쪽 그룹부터 활동을 빠르게 보고하게 하라.

🍪🍪 그룹 역할과 발표 예제

1. 국제 경기의 참석 경험을 통해 얻은 교훈에 대해 말하는 올림픽 역도 선수단

2. 들새 관찰을 위해 다양한 장소를 여행하는 데서 오는 많은 이점에 대해 말하는 연륜 있는 들새 전문가

3. 지역 치어리더 경기에 참여함으로써 얻는 많은 이점에 대해 말하는 중학생 치어리더

4. 대륙 횡단 오토바이 질주 모임에 참석함으로써 얻는 많은 이점에 대해 말하는 오토바이족

5. 큰 대형 할인매장에서 쇼핑하는 것의 많은 이점에 대해 말하는 할인 쇼핑족

6. 세계 각국을 다니며 강아지 쇼에 참석하는 데서 얻는 많은 이점에 대해 말하는 강아지 쇼 마니아

미쳐 버릴 것 같군! _최악의 상황에 대한 역할극

 역할극 개관

역할극 유형 진짜 끔찍한 상황을 만나게 되는 이 즉흥 역할극은 효과적인 회의에 관한 프로그램을 시작하기에 매우 좋은 방법이다.

요 약 몇몇 참가자는 각자 하게 될 역할을 뽑고 난 뒤에 최악의 10분짜리 회의를 연기한다. 그동안 다른 참가자는 이를 관찰하고 기록한다. 이후에는 맡게 된 역할과 행동 및 이러한 행동이 회의의 효율성에 미치는 영향을 보고하게 된다.

목 적
- 회의를 비효율적이게끔 하는 행동과 태도 제거하기
- 편안한 상황에서 회의하는 방법 찾기

수업 규모 10~24명

그룹 규모 6~8명

소요 시간 30~45분

자 료
- 역할을 배정한 목록이 기록된 카드나 종이
- 지침과 모임 안건이 기록된 유인물
- 활동의 시작과 끝을 알릴 벨 또는 소리 신호 장치
- 지침 목록과 보고용 질문 목록

장소 세팅 역할극을 위해 뒤쪽이나 옆쪽으로 회의용 테이블을 놓을 수 있는 충분한 공간이 있는 강의실이나 회의장

🧑‍🤝‍🧑 역할극하기

🍮 준비하기

1. 수업 전에, 활동할 장소를 결정하라. 이상적인 형태는 6~8명이 둘러앉을 수 있는 큰 테이블이 있고, 그룹이 그곳에서 역할극을 하고 관찰자는 관찰하고 기록할 수 있는 충분한 공간이 있는 곳이 좋다.

2. 역할극 참가자의 역할 배정 내역이 기록된 유인물을 준비하라. 5개의 특정 역할이 있고 거기에 회의 그룹에 추가된 참가자로 '지금 있는 그대로의 자신'의 역할이 더해지게 된다.

3. 회의와 회의 안건을 위한 지침이 기록된 유인물을 준비하라.

4. 활동의 시작과 끝을 알릴 벨 또는 소리 신호 장치를 준비하라.

5. 이동식 차트에 다음의 지침을 기록하고, 소개 시간 동안 사용하도록 강의실 앞에 두도록 하라.

- 목적
  - 회의를 비효율적이게끔 하는 태도와 행동 제거하기
  - 편안한 상황에서 회의하는 방법 모색하기
- 6~8명으로 구성된 그룹이 회의 역할극을 한다.
- 나머지 참가자는 관찰하고 기록한다.
- 10분짜리 회의 역할극 1회기를 하게 된다.
- 안건을 내놓고 회의 진행자가 시작하고 지시한다.
- 상담가는 회의 시작과 끝을 알려 준다.
- 활동이 끝나면, 상담가는 그 자리에 머물러서 보고를 시작하라.

6. 이동식 차트에 다음의 보고용 질문을 기록하라. 첫 페이지로 펼쳐 놓고 역할극

에 사용될 탁자 끝쯤에 이동식 차트를 두도록 하라.

- 회의가 얼마나 성공적이었는가?
- 회의의 어떠한 면이 가장 현실적이었는가?
- 가장 비효율적인 행동은 무엇이었는가?
- 관찰자는 무엇을 관찰했는가?
- 이 모임에 참석하면서 어떤 느낌이었는가?

소개하기

1. 참가자에게 회의를 비효율적으로 만드는 태도와 행동을 제거하고, 편안한 상황에서 회의하는 방법을 모색하기 위해 소그룹 역할극 활동을 할 것이라고 설명하라. 인원이 10명이면 참가자 중 8명이 역할극에 참여하고, 나머지 2명의 참가자는 관찰하고 기록하게 된다.

2. 활동을 위한 지침 목록이 기록된 곳으로 이동하라. 목적이 회의를 비효율적으로 만드는 태도와 행동을 제거하는 것임을 반복하라.

3. 10분의 회의 동안 하게 될 역할을 배정받을 것이라고 말하라. 참가자에게 이 활동을 재미있고 진짜 회의를 진행하는 것처럼 해야 하지만, 너무 지나치게 해서도 안 된다고 설명하라.

4. 한 참가자가 회의 리더 역할을 하여 회의를 이끌 것이라고 설명하라. 그룹에는 안건이 주어지고 회의에 참석하는 모든 참가자에게는 제각각 다른 역할이 배정된다.

5. 관찰자는 회의 테이블 옆쪽과 뒤쪽에 서서 관찰한 것을 기록해야 한다고 말하라. 특히 파괴적이고, 심란하거나, 비생산적인 행동을 지적하게 하라.

6. 역할극을 하게 될 8명의 자원자를 받고 각각의 참가자에게 안건이 기록된 종이와 역할 배정 목록 유인물을 나누어 주어라.

7. 자원자를 역할극 장소로 보내라. 그리고 테이블에 둥글게 자리를 잡고 시작 신

호를 기다리라고 말하라. 나머지 참가자는 테이블 옆쪽이나 뒤쪽에 자리를 잡아서 관찰하고 기록하라고 말하라.

8. 모두가 자신의 역할을 이해했는지 점검한 후 준비되었다 싶을 때, 벨을 울리고 시작하라.

👐 관리하기

1. 테이블 옆에 서서 일어나는 일을 관찰하라. 보고 시간 동안에 나눌 만한 특별히 재미있고 흥미로운 반응을 기록하라.
2. 3분이 남았을 때, 그룹에게 3분 경고음을 알리고 10분이 경과하면, 벨을 울려 활동을 종료시켜라.

👐 보고하기

1. 참가자에게 짧은 보고 시간을 가질 것이라고 말하고 테이블 끝으로 이동하라. 이동식 차트 옆에 서서 보고용 질문 목록 페이지로 넘겨 보고를 지휘하도록 하라.
2. 이동식 차트에 있는 질문을 활용하여 빠르게 활동을 보고하라.
3. 관찰자와 다른 참가자의 도움을 얻어 가장 파괴적이고, 심란하거나 비생산적인 행동 목록을 만들도록 하라.

👥 고려해야 할 사항

• 그룹이 커지면 커질수록 관찰자도 더 많아진다. 회의 참석자의 최대 인원은 8~10명으로 하도록 하라.
• 시간이 있다면, 회의를 녹화하여 테이프를 빠르게 살피고, 중요한 지점에서 멈추

어서 비효율적인 행동을 토의하는 것도 상당히 유익할 것이다.

• 이 활동은 프로그램 시작 부분에서 비효율적이고 파괴적인 행동을 보여 주고 나서, 프로그램 끝에 참가자가 파괴적인 행동을 다루는 기술과 새로운 행동에 대한 시범을 보이는 방식으로 다시 한 번 실시한다.

🍪🍪 회의를 위한 회의: 안건

• 개회하기: 안건 재고 및 승인
• 임원회의 빈도에 대해 논의하고 결정하라.
• 조만간 있을 회의의 날짜, 시간 및 장소를 논의하고 결정하라.
• 매달 첫 임원회의에서 직원 개발 활동을 계획하기 위한 위원회를 구성하라.
• 내년 1월에 있을 임원 은퇴식 계획을 위한 위원회를 구성하라.
• 회의 요약과 연기

🍪🍪 회의를 위한 역할 배정

○ **부적합한 회의 리더** 그는 리더십이 없고, 준비도 되어 있지 않은 데다가 회의를 끝내려고 서두르고 있다. 또한 사람들이 의견을 말할 때 끼어들고, 모든 안건은 대충 건너뛰며, 시계만 쳐다보고 있다.

○ **회의주의자** 그는 모든 것에서 습관적으로 결점을 찾아낸다. 또한 문제나 난점을 지적하는 데 빠르고, 회의 내내 불평만 한다.

○ **말 많은 허풍쟁이** 그는 자기중심적이라 모든 것을 '나'의 관점에서 본다. 주제가 무엇이건 간에 이 허풍쟁이는 회의에 참석하여 생고집을 부리기 일쑤다. 자기 경

험을 말하느라 회의 안건은 안중에도 없다.

○ **불평꾼**　그는 자주 불평을 하고 문제나 난점을 쉽게 꺼낸다. 회의에서 논의되고 있는 것이 무엇이건 간에 옆 사람에게 불평을 하고 잡담을 한다.

○ **수동적 참가자**　그는 회의가 끝나기만을 기다린다. 그는 거의 말을 하지 않으며 회의에 있어서 아무것도 기여하는 바가 없다. 한술 더 떠 회의 시간에 다른 일거리를 가져오기도 한다.

○ **당신**　당신이 늘상 하던 대로 하면 된다.

23

15초 내외 _행동 변화 요청 대회

🤼 역할극 개관

역할극 유형 이 즉흥 역할극 활동은 행동 변화 요청 모델을 빠르고 효과적으로 적용하는 참가자의 능력을 테스트한다. 이 활동은 피드백 프로그램과 관리·감독 수업에 유용하다.

요약 참가자는 상황을 뽑고 적절한 대응을 할 준비를 짧게 한다. 재판관이 그들의 역할극을 평가하고 포인트를 준다. 4회기 후에 가장 많은 포인트를 획득한 그룹이 상을 받는다.

목적 생각하거나 계획할 시간이 거의 없이 행동 변화를 요청하는 모델을 사용하여 적절히 대응하기

수업 규모 8~24명

그룹 규모 4명

소요 시간 30분

자료
- 상황에 대한 설명이 기록된 종이
- 상황 설명 종이를 담을 모자나 그릇
- 재판관의 행동이 기록된 유인물
- 회기 시작과 끝을 알릴 소리 신호 장치
- 스톱워치, 빈 점수 카드, 매직
- 전체 그룹에게 나누어 줄 상품
- 지침 목록과 보고용 질문 목록

장소 세팅 강의실이나 회의장 세팅

🍪🍪 역할극하기

🍦 준비하기

1. 수업 전에, 이 역할극을 시행할 장소를 결정하라. 의자를 그룹별로 배치할 수 있고, 상담가가 이동식 차트 옆에 설 수 있는 아담하면서 개방된 장소를 정하라.

2. 각 종이쪽지마다 하나의 상황 설명을 적어 준비하라. 종이를 접어서 모자나 그릇에 넣어 두어라. 이 활동 끝에 목록에 있는 상황을 사용하거나, 나름의 상황을 만들도록 하라. 그룹당 4~5개의 상황 설명 쪽지가 필요하고, 반 전체에 적어도 20개의 상황 설명 쪽지가 필요하다.

3. 재판관을 위한 지침 목록 복사본을 준비하라. 재판관에게 줄, 아무것도 적혀 있지 않은 흰색 도화지로 된 빈 카드와 매직을 준비하라.

4. 역할극 시작과 끝에 사용할 벨 또는 소리 신호 장치를 준비하고, 스톱워치나 시간을 재는 다른 장비가 있는지 확인하라.

5. 이동식 차트에 다음의 지침을 기록하고 소개 시간 동안 사용할 수 있도록 보관하라.

- 목적: 행동 변화 요청 모델 연습하기
- 3~4명 단위 그룹과 재판관 한 그룹
- 4회기로 돌아가면서 활동하며 각 역할극은 30초 동안 한다.
- 그룹은 상황을 뽑아 2명의 그룹원이 역할극을 한다.
- 상황을 읽고 배우를 선택하고 준비하는 데 15초, 그리고 역할극을 하는 데 15초를 배정한다.
- 상담가는 각 그룹원이 상황을 뽑고 발표하고 역할극이 끝날 때를 알려 준다.
- 재판관은 빠르게 포인트를 주거나 직접 알려 준다.
- 재판관 한 명은 이동식 차트에 점수를 기록한다.

6. 이동식 차트에서 몇 페이지를 뒤로 넘겨 다음의 보고용 질문을 기록하라. 이것이 끝나면 첫 페이지로 다시 넘겨 보고용 질문 앞으로 빈 페이지가 오도록 하라. 재판관 한 명이 점수를 기록하는 데 그것을 사용하고, 상담가는 이후 활동을 보고할 때 그것을 사용하게 된다.

- 무슨 일이 일어났는가?
- 역할극을 즉흥적으로 해 보니 기분이 어떠한가?
- 재판관이 되어 보니 기분이 어떠한가?
- 이번 역할극에서 무엇을 배웠는가?

🍡 소개하기

1. 지침 목록이 기록된 이동식 차트 페이지 앞에 서서 이 활동의 목적이 오늘 수업 중 참가자가 사용했던 행동상의 변화를 요청하는 모델을 연습하는 것임을 설명하라.

2. 참가자를 4인 그룹으로 나눌 것이며 돌아가면서 하는 방식으로 각 그룹은 역할극을 하게 될 상황을 뽑게 될 것임을 설명하라. 그룹마다 상황을 읽고, 배우를 정하고, 역할극 준비를 하는 데 15초가 주어진다. 이후 역할극을 하는 데 15초가 주어진다.

3. 참가자에게 역할극을 할 시간이라는 것을 말하고 대회를 하는 동안 여러 번 벨을 울리도록 하라. 역할극은 총 4회기로 구성된다.

4. 참가자를 4인 그룹과 재판관 한 그룹으로 나누어라. 만일 참가자가 24명인 경우, 4명씩 여섯 그룹을 만들면 된다. 여섯 그룹 중 한 그룹이 재판관 역할을 맡고 나머지는 경쟁자 역할을 하면 된다. 23명인 경우는 4명씩 다섯 그룹을 만들고, 3인 그룹은 재판관 역할을 하면 된다. 참가자가 21명이거나 22명인 경우는 4명씩 네 그룹을 만들고, 구성원이 5명 혹은 6명인 그룹 하나를 만들어 재판관 역할을 맡기는 식이다. 재판관이 5~6명이라면, 그들 중 한 명은 활동 시간을

재고 벨을 울리고, 다른 한 명은 이동식 차트에 점수를 매기고, 나머지는 발표를 평가하면 된다.

5. 참가자를 발표 그룹과 재판관 그룹으로 나누어 재판관 개개인에게 유인물을 나누어 주고 그것을 꼼꼼히 읽으라고 말하라. 또한 그들에게 아무것도 쓰이지 않은 빈 도화지와 매직을 주도록 하라. 그들이 재판관 관련 지침을 읽을 동안 상담가는 나머지 참가자에게 지침 복사본 내용을 큰 소리로 읽어 주도록 하라.

6. 나머지 참가자에게는 재판관이 역할극을 관찰하고 1~6점 척도로 점수를 매길 것이라고 설명하라. 2명의 재판관(혹은 더 많이)이 각 역할극 끝에 의논한 뒤 점수를 알려 주게 한다. 이동식 차트를 맡은 다른 재판관은 점수를 매기고 회기 끝에 총점수를 알려 주면 된다.

7. 활동이 어떻게 진행되는지 시범을 보여라.

8. 그룹을 활동 장소로 보내어 각 그룹에 번호를 매기고 1조부터 순서대로 할 것이라고 설명하라.

9. 상황 쪽지가 들어 있는 모자(혹은 그릇)를 들어 보여라. 모자를 돌리면서 상황을 뽑아야 하는 시간이 되면 벨을 울릴 것이며, 준비하는 데 15초를 줄 것이고 역할극을 시작할 때가 되면 다시 벨을 울릴 것이며, 15초 발표가 끝나면 마지막 벨을 울리겠다고 말하라.

10. 참가자가 각자의 역할을 이해했는가 점검하라.

11. 벨을 울려 첫 번째 그룹이 상황을 뽑게 하라.

🐌 관리하기

1. 참가자가 준비를 하고 있을 동안, 상담가는 재판관과 역할극 동안 무엇을 살펴야 하는지 빠르게 토의하라.

2. 재판관에게 각 발표 후 몇 분 동안 논의한 뒤 역할극에 대한 점수가 동의되면, 이것을 카드에 기록해 들어 올리라고 설명하라.

3. 15초가 지나면 벨을 울려 참가자에게 역할극의 시작을 알려라. 15초 후에 역할

극을 해 주어서 고맙다고 말하라. 재미있게 진행하라. 모든 참가자에게 각 역할극 후에 박수를 치게 함으로써 각 역할극에 대한 평가를 독려하라.

4. 재판관이 점수 카드를 들어 이동식 차트를 맡은 재판관이 점수를 기록하는 동안 다음 그룹으로 모자를 건네고, 잠시 쉰 다음 벨을 울려 상황을 뽑게 하라.

5. 역할극을 끝까지 진행하고 마지막 회기까지 점수를 기록하라. 마지막 회기 바로 직전에 이번 회기까지의 점수를 극적으로 알리면 된다.

6. 마지막 회기를 진행한 후, 마지막 점수를 계산하라.

7. 연기 심사를 하라. 재판관이 각 그룹마다 하나씩 상을 주게끔 하라. 가장 포인트를 많이 받은 그룹이 '연기 대상'을 받고, 가장 극적인 연기를 한 그룹이 '최고 연기자 상', 가장 재미있게 연기한 그룹이 '최고 코미디 상'을 받게 된다.

👤 보고하기

1. 시상식이 끝나면 참가자에게 짧게 보고 시간을 가지면 좋겠다고 말하고 이동식 차트 옆에 서 있는 상담가 주변으로 둥글게 하나의 그룹을 만들어 달라고 요청하라.

2. 이동식 차트에 있는 질문으로 빠르게 활동을 보고하라.

👥 행동 변화를 요청하는 상황

1. 앨리스는 사무실에서 많은 동료에게 걸려 오는 전화를 받지만, 너무 자주 동료에게 메시지를 전달하는 일을 잊는다.

2. 낸시의 작업 공간은 엉망진창이다. 파일, 리포트, 서류, 각대 봉투가 이리저리 널려 있다. 때때로 그녀의 어지러운 물건들이 통로까지 차지해 다른 사람의 공간까지 침범하기도 한다.

3. 랠프는 프로젝트, 기한 날짜, 작업 업무 등을 기입해 두는 차트 하나를 벽면에

걸어 두었다. 그러나 그 차트의 마지막 장에 동료들의 이름에 뒤따르는 평가 절하된 진술은 동료들의 심기를 불편하게 한다.

4. 레이첼은 자기만의 방식대로 일을 진행하는 것을 좋아해서 동료가 무엇을 원하고 또 그것을 어떠한 방식으로 접근할지 제안함으로써 동료를 돕곤 한다.

5. 소니는 까다로운 행동을 즐기는 듯 보인다. 그는 생산적인 논쟁을 좋아하고 종종 재미를 목적으로 반대 의견을 낸다. 특히 그는 화를 내거나 변호하려고 들 것이 뻔한 동료와 그런 논쟁을 즐긴다.

6. 에이프릴은 영업팀의 일원이지만 팀원을 고려하지 않고 종종 자기 마음대로 행동하고 결정을 내린다. 이런 그녀에게 팀원은 몹시 짜증이 난 상태이다.

7. 오스카는 팀원과 함께 팀워크 워크숍에 출석했지만 참여하지는 않고 행사 내내 빈정거리기만 했다. 모든 팀원은 현재 그 때문에 화가 난 상태다.

8. 리코는 일상적인 농담을 즐기고 그의 익살로 많은 동료가 즐거워한다. 그러나 몇몇 동료는 최근에 그가 농담으로 사람을 가지고 논다고 불평한다.

9. 글로리아는 자신에게 맡겨진 일은 참 잘 해낸다. 그러나 자발적으로 일을 하는 데 어려움이 있어서 일이 끝나면 다음 업무가 지시될 때까지 기다리곤 한다.

10. 조지는 전화 때문에 신경 쓰는 것을 싫어해서, 오랫동안 전화의 전원을 꺼 버리기 일쑤다. 고객과 동료는 조지의 이러한 행동에 상당히 화가 나 있다.

11. 멜리사는 방해를 다루는 것을 힘들어한다. 그녀는 그녀의 사무실에 불필요하게 많이 드나들거나 수시로 전화하는 동료를 불쾌하게 생각하고 싶지는 않지만, 그들이 너무 많은 시간을 빼앗아 간다.

12. 홀리는 자신의 일에 너무나 철저하지만, 일의 속도가 너무 늦는 경우가 많다. 실수가 없게 하려고 일을 너무 반복해서 하는 경향이 있기 때문이다.

13. 제프리는 어떤 주장을 반박하거나 동의하지 않을 때 다른 사람의 얼굴을 손가락으로 가리키는 습관이 있다. 사람들은 그가 공격적이라고 생각한다.

14. 레아의 조용한 목소리와 나긋나긋한 말투 때문에 그녀의 말은 알아듣기가 힘들다. 사람들은 그녀의 말을 알아듣지 못해서 좋은 아이디어를 놓치기 일쑤다.

15. 데릭이 집단 앞에서 발표할 때, 그는 가능한 모든 정보와 수도 없이 많은 예시

와 삽화를 제시하여 설명한다. 그러나 얼마가 지나면 아무도 그의 이야기를 듣지 않는다.

16. 프랭크는 사람들이 이야기할 때 끼어드는 안 좋은 습관을 가지고 있다. 몇몇 사람은 프랭크의 이 같은 행동을 그다지 개의치 않지만, 어떤 사람들은 자주 화를 낸다.

17. 잭슨은 타인이나 일에 대해 아주 비판적이다. 그의 많은 동료들은 그가 모든 일에 대해 매번 부정적으로 평가하는 것을 보고 불만스러워 한다.

18. 폴린은 아무 준비도 없이 회의에 들어오는 경우가 잦다. 때때로 그녀는 파일과 서류를 아무렇게나 섞어서 가져오기 때문에, 발표 시작 직전에 그것을 분류하는 데 많은 시간을 소비한다.

19. 데이비드는 회의에서 리더를 맡을 때, 주제에 따른 회의 진행을 힘들어한다. 데이비드가 진행하는 회의에서는 자주 비공식적인 이야기가 나오는 것은 물론, 간혹 공식적인 이야기가 논의되더라도 사람들은 여전히 소곤거리며 주제에서 벗어난 이야기를 계속한다.

20. 일레인은 회의 참석 시 꼭 다른 일거리를 가져온다. 어느 날 그녀는 심지어 신문을 가져와서 회의 시간에 읽기도 했다.

🍪🍪 행동 변화 요청 판정하기

1. 역할극을 할 때, 행동 변화를 요청하는 참가자가 다음의 모델을 얼마나 잘 사용하는지 점검하라. 4가지 모델의 항목 중 각각을 효과적으로 사용했다면, 1점을 주도록 하라. 비언어적 행동이 훌륭했다거나 전반적으로 효율적이었다면, 추가 점수를 줄 수 있다. 점수 범위는 0~6점이다.

2. 역할극이 끝나면, 호루라기를 불고 당신이 주고자 하는 점수를 결정하고 다른 재판관과 그것을 점검하라. 당신의 평균 점수를 결정하고 화이트보드에 그것을 기록하라. 이동식 차트에 기록하여 그것을 재판관과 참가자가 보도록 하라.

행동 변화 요청 모델	
특정 행동을 설명하라.	1점
행동의 효과를 설명하라.	1점
관심사를 말하라.	1점
바람직한 행동(바람직하지 않은 행동)을 요청하라.	1점
보너스: 눈 맞춤 자주 하기와 적절한 몸동작	1점
보너스: 역할극의 전반적인 효과	1점

24 자, 확인해 봅시다! _그룹 보고 활동

🪆 역할극 개관

역할극 유형 이 활동은 다양한 학습활동을 보고하는 데 사용되는 즉흥 역할극이다. 이 활동은 기술자, 과학자, 기술전문가와 같은 사람들이 참가하는 프로그램에서 특히 효과가 좋다.

요 약 소그룹 참가자는 과학자처럼 행동하고 활동에서 배운 것에 관한 자료를 수집하면서 여러 그룹을 다닌다. 이후 그들은 결과를 확인하고 배운 것에 대한 과학적인 견해를 나눈다.

목 적 보고질문에 대한 답변을 개관하기

수업 규모 어떤 규모나 가능

그룹 규모 수업 규모만큼

소요 시간 10~20분

자 료
- 과학자가 사용할 인터뷰 유인물
- 클립보드와 펜(선택 사항: 흰 과학자용 가운, 가운용 간이 필통)

장소 세팅 강의실이나 회의장 세팅

🧑‍🤝‍🧑 역할극하기

🫧 준비하기

1. 수업 전에 과학자가 사용할 인터뷰 유인물 복사본을 준비하라.
2. 상담가가 쉽게 닿을 수 있는 곳에 클립보드와 펜을 두도록 하라.

🫧 소개하기

1. 그룹 학습활동 끝에, 상담가는 이 활동을 보고하는 데 도움을 요청하라. 각 그룹마다 과학적인 인터뷰를 할 자원자를 받아라.
2. 자원자를 앞으로 오게 하여 그들에게 가운과 가운용 간이 필통, 클립보드를 인터뷰 자료와 함께 주도록 하라. 이후 자원자는 자신이 속한 그룹을 제외한 한 그룹과 빠르게 인터뷰하게 된다.
3. 5분 내로 인터뷰를 종료하고 원래의 자리로 돌아오라고 요청하라.

🫧 관리하기와 보고하기

1. 과학자가 인터뷰하는 동안 그룹 사이를 이동하라. 활동을 주의 깊게 관찰하되 끼어들지는 말라.
2. 과학자가 자리로 돌아오면, 결과를 확인하고 결과가 실제 과학 결과인 듯이 발표하라고 말하라.
3. 발표가 끝나면 감사를 표하고, 수고했으니 박수를 쳐 주자고 제안하라.

🐙 고려해야 할 사항

- 이 활동은 기술 분야에 종사하는 사람이 참가하는 프로그램에서 효과가 좋다. 필자는 이것을 기계 기술자와 의료 기술자가 참가하는 프로그램에 사용했었다. 그들은 간단한 문제를 심각한 척하는 것에 대해 즐거워했고 때로는 박장대소하기도 했다.
- 소품을 이용하면 좀 더 진지해진다. 클립보드와 흰 가운, 가운용 간이 필통을 활용하도록 하라.

25 순회 기자 _ 즉흥 보고 역할극

역할극 개관

역할극 유형   이 활동은 다양한 학습활동을 즉흥적으로 보고하는 데 사용되는 역할극이다. 이 활동은 많은 사람들이 참가하는 프로그램에 유용하다.

요 약   참가자는 순회 기자처럼 행동하며 여러 그룹을 다니며 방금 끝낸 활동에서 경험한 것과 배운 것에 관해 다른 참가자를 인터뷰한다.

목 적   수업에 참석한 다양한 참가자로부터 보고용 질문에 대한 인터뷰하기

수업 규모   어떤 규모나 가능

그룹 규모   수업 규모만큼

소요 시간   10~20분

자 료
- 2~3개의 무선 마이크 또는 가짜 마이크
- 보고용 질문 목록이 기록된 이동식 차트

장소 세팅   강의실이나 회의장 세팅

🐙 역할극하기

준비하기

1. 수업 시작 전에 2~3개의 마이크를 준비하라.
2. 리포터로 자원한 참가자에게 나누어 줄 다음의 리포터 유형 문구가 기록된 종이 쪽지를 준비하라.

   "네, 저는 ○○ 훈련 뉴스 소속 순회 기자입니다. 저는 지금 막 흥미로운 활동을 끝마친 사람들과 함께 서 있습니다. 이 활동에 대해 이분들이 느낀 점을 청취자 여러분과 함께 나누어 보도록 하겠습니다."

   "수잔, 저는 ○○ 학습활동을 지금 막 마친 ○○○ 씨와 함께 서 있습니다. ○○○ 씨, 당신의 그룹에서 무슨 일이 있었나요? 당신은 이 활동을 어떻게 진행했습니까?"

3. 다음의 보고용 질문이 기록된 이동식 차트를 활동을 보고할 장소에 준비하라.

   • 당신의 그룹에서 무슨 일이 있었나요?
   • 당신은 무엇을 배웠습니까?
   • 당신은 배운 것을 어떻게 적용할 것입니까?

소개하기

1. 상담가는 그룹 학습활동이 끝나면, 그룹 앞에 서서 이 활동을 보고할 것이며, 그러기 위해서는 참가자 가운데 순회 기자 역할을 할 자원자가 필요하다고 요청하라(두세 명 혹은 각 그룹당 한 명).

2. 순회 기자를 앞으로 나오게 하여 그들에게 마이크와 질문 목록을 주어라. 상담 가가 활동을 인도할 테니, 순회 기자는 활동에 대해 여러 그룹을 인터뷰하면 된 다고 말하고 그들을 현장으로 보내도록 하라.

🐌 관리하기와 보고하기

1. 이 활동에서 상담가가 직접 마이크를 사용하라. 순회 기자가 참가자를 인터뷰하 는 시간임을 알리고 인터뷰 활동을 진행하라. 이후 상담가가 현장에 있는 순회 기자와 이야기를 나누는 본부 아나운서처럼 활동 보고를 진행하라.
2. 이동식 차트에 있는 질문으로 활동을 보고하라.

고려해야 할 사항

• 이 활동은 예외적으로 아주 큰 그룹과 할 때 효과가 좋다. 무선 마이크를 든 6명 가량의 순회 기자가 많은 청중을 몰입시키도록 상담가는 흥미로운 보고 활동을 지도할 수 있도록 한다.

• 상담가는 진지하게 이 활동의 주제로 들어가야 한다. 바바리코트와 기자증을 사 용할 준비를 하라. 훈련 방송사의 이름도 짓고 로고와 기자증에 방송사 이름을 새기도록 하라. 필자의 경우, 발표를 하기 전에 몇몇 사람에게 바바리코트를 입 고 와 달라고 부탁하고 큰 그룹에서 이 활동을 한 적이 있다. 그때 중절모를 준비 하고 모자 테두리에 크게 '우리는 최고!'라고 쓴 큰 카드를 붙였다. 보고 시간이 되었을 때, 필자는 순회 기자를 앞으로 나오게 해서 모자와 마이크를 들고 '현장 에서 생방송 보고'를 하게 하였다. 사람들로 가득 찬 거대한 공간에서 발표를 마 치는 매우 훌륭한 순간이었다.

PART 3

나만의 역할극 만들기

　제3부에서는 여러분만의 역할극을 계획하고 개발하는 단계적인 설명이 제공된다. 또한 여러 가지 상황에 적용하도록 고안된 양식과 체크리스트가 소개되어 있다. 제10장에서는 역할극 계획하기의 기본 단계를 다룬다. 즉, 한계 설정하기, 세부 항목 결정하기, 필요한 자료 준비하기, 역할극 실시하기 등으로 구성된다. 제11장에서는 여러분이 반복적으로 사용하게 되는 양식과 유인물을 실었다. 여기에는 제10장에서 사용된 양식의 복사본이 제시되므로 여러분은 여러분만의 역할극 활동을 계획하고 개발하는 데이 양식을 복사하여 활용하면 된다. 또한 여러분이 고안하는 많은 새로운 프로그램에서 사용할 만한 3가지 기본 유인물도 포함되어 있다.

계획하기

　자신만의 학습활동을 계획하는 것만큼 즐겁고 만족스러우며 매우 효과적인 것도 없다. 결국 당신의 프로그램이나 여러분의 학생 또한 학습 환경에 있어서 당신보다 익숙한 사람이 있을까? 이 책 앞부분에서 역할극 계획하기와 실시하기를 접했고, 제2부에서는 다양한 역할극을 다시금 따라 해 보았기 때문에, 자신만의 역할극을 계획하는 것에 대한 부담을 덜 수 있을 것이다. 필자의 개인적인 견해 역시 역할극을 계획하는 것이 전혀 어렵지 않다고 보기 때문에 적극 추천하는 것이다.

　단언컨대, 행동시연 활동이나 역할극 혹은 분위기를 돋우는 즉흥 역할극의 코스나 프로그램은 많은 도움이 될 것이다. 또한 역할극이 진짜 자산이 되기 위해서는 새로운 프로그램과 자료를 기획하지 않으면 안 된다. 여기서는 어떻게 역할극을 계획해야 할지 살펴보도록 하자.

　학습활동을 계획하는 기본 과정은 한계 설정하기부터 시작한다. 자신의 정확한 한계를 정하기 위해서는 학습 목표를 결정하고, 만들고자 하는 역할극 활동 유형을 선택해서 예상되는 역할극에 대한 요약본을 써야 한다. 그다음으로 모든 세부 항목을 결정하고 필요한 것을 준비하여 역할극을 실전에 옮기게 된다. 이 장에서 각 단계를 면밀하게 검토하면서 무엇이 필요한지 살펴보도록 하자.

🍪 자신의 한계를 정하라

어떤 사업을 계획할 때 첫 번째 단계는 사업의 범위와 목표를 결정하는 것이다. 목적이 무엇인가? 무엇을 성취하고자 하는가? 시간과 장소는 어떻게 할 것인가? 전반적으로 어떤 분위기를 만들고자 하는가? 이러한 것들이 모두 중요하게 고려되어야 할 질문이며, 당신이 자신만의 역할극을 계획하는 경우에 이 내용은 반드시 숙고해야만 한다.

그러나 학습활동을 계획할 때, 가장 중요한 질문은 '당신은 학습자가 이 활동에 참여함으로써 무엇을 배우거나 성취하기를 원하는가?'이다. 당신의 학습 목적은 어떤 유형의 역할극 활동이 이 목적에 가장 잘 부합하는가를 결정하는 데 도움이 된다. 또한 당신이 선택한 역할극 활동 유형은 시간, 장소, 자료 및 다른 변수에 관한 당신의 결정에 영향을 미치게 된다.

학습 목적을 결정하라

역할극에서 당신이 성취하고자 하는 바에 초점을 맞출 수 있도록 다음의 목록을 사용하도록 하라. 참가자가 역할극을 통해 얻기를 바라는 것에 대해 고민해 보고 다음의 항목에서 그것에 상응하는 것에 체크하도록 하라.

____ 워밍업을 하여 서로를 알게 하라.
____ 필요한 자료에 대해 배우게 하라.
____ 특정한 행동을 시도하라.
____ 정보와 경험을 공유하라.
____ 불안감에 대해 토의하고 드러내라.
____ 특정 문구를 사용하여 시연하라.
____ 특정 행동을 사용하여 연습하라.

_____ 특정 회사에서 요구하는 행동을 실행하라.

_____ 특정한 행동 패턴을 연습하라.

_____ 특정 안내 지침을 따르라

_____ 특정 모델을 사용하여 연습하라.

_____ 특정 문제 상황을 다루는 기술을 형성하라.

_____ 까다로운 사람을 다루는 연습을 하라.

_____ 예상하지 못한 상황을 다루는 기술을 형성하라.

_____ 어떤 모델이나 안내 지침을 자동적으로 적용하는 능력을 테스트하라.

_____ 특정 행동을 자동적으로 사용하는 능력을 테스트하라.

일단 역할극을 위한 학습 목표에 대해 분명한 생각을 갖게 되면, 명확하고 간결한 행동 목적을 진술하도록 하라. 목표가 2~3가지라면, 그것을 한 문장으로 조합하면 된다. 이 문장은 앞으로 역할극 계획을 안내하게 되므로 참가자가 무엇을 해야 할지를 정확하게 기술해야 한다. 다음은 목적 진술이 잘된 예이다.

• 참가자 간에 서로를 잘 알게 되고 참가자의 역할을 생각해 보게 될 것이다.

• 참가자는 고객 인사 행동을 사용하여 시연하게 될 것이다.

• 참가자는 행동 변화 요청 모델을 사용하여 연습하게 될 것이다.

• 참가자는 까다로운 사람을 다루는 기술을 형성하기 위해 녹화된 자료를 참고하여 피드백 활동을 하게 될 것이다.

• 참가자는 회의를 비효율적이게 하는 태도와 행동을 표현하고 이러한 태도와 행동의 결과를 경험하게 될 것이다.

계획할 역할극 유형을 선택하라

이 책 초두부터 우리는 역할극 학습활동의 5가지 유형/범주를 논의해 왔다(역할극 학습활동의 5가지 유형/범주는 p 23~24를 참고하라). 자신의 목적 진술을 기억하면서 당신이 역할극에서 성취하고자 하는 바와 가장 잘 맞는 범주를 역할극 학습활동의 5가지 유형에서 찾도록 하라.

이 범주를 고려해 본 다음, 어떤 유형의 역할극을 계획할 것인지 결정하라. 이 5가지 범주 중 하나에 딱 맞아떨어지는가? 아니면 두세 개를 조합한 형태인가? 당신의 역할 극에서 예상되는 상황을 상상할 수 있는가? 그렇다면, 지금 상상하고 있는 것을 기록하여 그것을 구체화하라.

일어날 일에 대해 대략적으로 요약하라

역할극 활동 범주를 선택한 후에는 활동 범주 내에서 학습 목표에 부합하도록 계획되고 개발될 다른 몇 가지 방법을 상상해 보도록 하라. 당신이 하고자 하는 활동에 대한 아이디어가 있으면, 그 활동에서 예상되는 상황을 대략적으로 요약해 보는 것이 많은 도움이 된다. 다음에 몇 가지 예가 있다.

- 워밍업 역할극에서 참가자는 복역 중인 죄인, 쉬고 즐기려고 이곳에 온 유람객, 배우기 위해 이곳에 온 학습자 가운데 하나의 역할을 연기함으로써 서로 상호작용하게 된다.
- 적절한 인사 행동에 관한 행동시연에서 참가자는 둥글게 서서 돌아가면서 다른 모든 참가자와 차례로 인사하게 된다.
- 적용 활동에서 참가자는 행동 향상 상황카드를 뽑고, 그 카드에 명시된 상황에 대응하는 모델을 사용하여 빠르게 역할극을 함으로써, 행동 변화를 요청하는 모델의 사용을 연습하게 된다.
- 소그룹 사람 중심 역할극에서 참가자는 까다로운 사람을 다루는 3가지 난이도의 역할극을 단계적으로 연습하면서 돌아가면서 녹화를 하게 된다.
- 황당한 회의에 대한 즉흥 역할극에서 참가자는 성공적인 회의를 방해하는 비효과적인 행동을 연기하는 역할을 하고, 모든 참가자가 그러한 행동이 야기하는 문제를 경험하게 된다.

이제 자신의 역할극에서 연기할 상황에 대해 대략적으로 요약해 보라. 다양한 아이디어가 있다면, 2~3개로 대략적인 요약을 하고 나서 가장 적절해 보이는 것 하나를 선택하라.

🐙🐙 세부 항목을 결정하라

역할극의 목적을 결정하고, 계획할 역할극 유형을 선택하고, 역할극 활동에서 하고자 하는 것에 대한 대략적인 요약을 하고 나면, 역할극의 세부 항목을 정해야 한다. 세부 항목 결정하기는 기본적으로 몇 가지 결정을 해야 한다. 즉, 참가자를 어떻게 그룹화할 것인가, 몇 회기를 하고, 몇 번 반복할 것인가, 어떻게 상황을 얻을 것인가, 어떠한 형태의 피드백을 사용할 것인가 등이다.

이러한 결정을 돕기 위해 계획 문제를 다룰 만한 체크리스트를 모아 제시하였다. 이는 제2장에서 다루었던 내용이다. 어떠한 것이 가장 좋은 선택인지 잘 결정할 수 없을 때는 제2장으로 돌아가서 세부 주제에 대해 살펴보도록 하라.

목록을 꼼꼼히 살펴보고 적절한 항목을 체크해 보면서 떠오르는 생각과 이후 언급할 내용을 기록하는 것이 도움이 될 것이다. 필자는 많은 경우, 쉽게 기억할 것이라고 생각했던 아이디어조차 나중에는 전혀 기억이 나지 않아 애를 먹었던 경험이 많다. 역할극 계획하기는 창조적인 과정이다. 다음에 제시되는 체크리스트와 양식을 당신의 창조적인 작업을 인도할 작업표라고 생각하고, 여백을 자유롭게 써 보고, 사용할 목록을 만들고, 기본 계획의 대략을 그려 보도록 하라.

역할극 세부 항목 결정을 위한 체크리스트

A. 예비 활동을 할 것인가?

_____ 워밍업을 할 것인가?

_____ 활동 시범을 보일 것인가?

B. 어떤 유형으로 그룹화하고 몇 명씩 할 것인가?

_____ 반 전체를 한 그룹으로

_____ 반 전체를 두 그룹으로

_____ 소그룹 _____

_____ 소그룹이라면 어떻게 나눌 것인가?

C. 몇 회기로 하고 연기는 몇 번 할 것인가?

_____ 하나의 상황을 각 참가자가 1회기씩 1번 연기하기

_____ 연기를 한 후 피드백을 하고 하나의 상황을 각 참가자가 1회기씩 2번 연기하기

_____ 단계적으로 점차 난이도를 높여 각 참가자가 하나의 상황으로 1회기씩 2~3번 연기하기

_____ 2회기로 하고 회기마다 다른 상황을 각 참가자가 연기하기

_____ 기타: _____

D. 참가자가 어떤 역할/부분을 할 것인가?

_____ 첫 시연자, 배우, 관찰자

_____ 첫 시연자, 배우, 관찰자, 녹화 기록원

_____ 코치

_____ 시간 기록원

_____ 기타: _____

E. 어떤 형태의 상황을 사용할 것인가?

_____ 참가자가 해당 강의에서 목록을 만든다.

_____ 상황 개발 목록을 사용한다.

_____ 상담가가 수업 전에 상황 목록을 준비한다.

_____ 기타: _____

F. 시간 사용은 어떻게 할 것인가?

_____ 개별 역할극을 하는 데 얼마나 걸릴 것인가?

_____ 역할극 후에 토의나 보고 시간이 있는가?

_____ 회기마다 개별 역할극을 몇 개나 할 것인가?

_____ 회기 후에 토의나 보고 시간이 있는가?

_____ 몇 회기를 할 것인가?

_____ 전체 그룹 최종 보고는 얼마나 걸릴 것인가?

_____ 전체 활동은 얼마나 걸릴 것인가?

G. 어떤 유형의 피드백을 사용할 것인가?

_____ 구두 피드백

_____ 서면 형태의 피드백

_____ 녹화된 비디오테이프 피드백

_____ 조합: _____

H. 재미있게 하는 것을 잊지 말라!

_____ 하나의 테마나 주제를 사용하라.

_____ 소품, 의상, 무대장치를 사용하라.

_____ 경쟁을 사용하라.

_____ 상을 수여하라.

_____ 보상이나 인센티브를 사용하라.

I. 어떤 형태의 장소 세팅이 필요한가?

_____ 휴게실을 사용하라.

_____ 강의실에서 분리된 역할극 공간을 사용하라.

_____ 지정된 강의실에서 역할극 공간을 배치하라.

_____ 지정된 교탁과 의자를 배치하라.

J. 어떤 자료를 개발하거나 수집해야 하는가?

_____ 정보 유인물, 자료

_____ 상황 목록

_____ 상황 개발 양식

_____ 피드백 양식

_____ 캠코더와 비디오테이프

_____ 재생 장치

_____ 벽보, 신호, 이동식 차트

_____ 지침 목록

_____ 피드백 질문 목록

_____ 소품 또는 의상

_____ 상품

_____ 기타: _____

K. 역할극 동안 상담가는 무엇을 할 것인가?

_____ 시간 기록원

_____ 관찰자

_____ 순회 코치

_____ 기타: _____

🍪🍪 종합하기

이제 활동 목적 진술, 대략적 요약, 체크리스트, 수많은 아이디어, 기록을 종합하여 실행에 옮길 때가 되었다. 필자의 경우, 역할극 계획 과정에서 모든 요소를 점검할 수 있도록 개발해 둔 양식을 사용한다.

다음에 한 가지 양식을 제시하였고, 다른 하나는 제11장에 있다. 이 양식에는 5가지 요소가 포함되어 있으며, 이것은 역할극을 실행할 때 사용하기에 용이하다. 이 5가지 요소는 역할극 개관, 역할극 이전의 준비 사항, 역할극 소개를 위한 지침, 역할극 관리를 위한 안내 지침, 역할극 보고를 위한 안내이다.

이에 대한 몇 가지 지침을 숙지하고 당신이 계획하는 역할극을 설명하기 위한 본 보기 계획 양식을 기록해 보라. 이 양식은 역할극 개관부터 시작하며 역할극 유형을 포함하는데, 즉 활동을 위한 목적 진술과 요약 진술이 그것이다. 또한 적절한 수강 인원과 그룹 규모, 예상 소요 시간에 대한 정보를 준다. 필요한 자료 목록과 장소 세팅에 대한 설명도 도움이 될 것이다.

다음으로 역할극을 하기 전에 준비해야 하는 사항이다. 여기서는 활동을 실시하기 전에 무엇을 해야 하고 무엇을 준비해야 하는지 기술해야 한다. 자료 복사, 상황 목록이나 캠코더와 같은 항목은 프로그램 전에 준비가 되어야 한다. 이동식 차트에 보고 목록 기록하기, 장치 점검하기, 강의실 배치와 같은 활동은 프로그램 전이나 역할극 전에 준비되어야 한다.

역할극 준비 구성에서 3가지 부분은 소개하기, 관리하기, 보고하기로 역할극의 실시나 사용과 관련이 있다. 이 내용은 제3장에서 다루었고, 이것을 위해 무엇을 할 것인가에 대한 상세한 단계적 항목을 설명한 바 있다. 그러한 세부 사항은 특히 전에 해 본 적이 없는 활동의 경우나 당신이 만든 역할극을 다른 사람이 사용할 경우, 매우 유용하다.

활동 소개는 무대 세팅, 지침 목록 만들기, 역할 시범 보이기 등이 포함되어야 한다. '역할극 관리하기' 항목 아래로 역할극의 기술적인 부분뿐 아니라 참가자와 역할극 내용 모두를 관찰하는 자세한 행동 목록을 만들도록 하라. 또한 활동이 어떻게 종료되는지도 언급해야 한다. 마지막 부분인 역할극 보고하기에서는 보고에 대한 특정한 안내와 보고용 질문을 제시해야 한다.

역할극을 개발하고 역할극 계획 서식을 작성하고 난 뒤, 처음으로 역할극을 실시하기 전에 2가지 활동을 더 포함시키는 것이 도움이 된다. 즉, 머릿속으로 과정을 상상하기와 역할극을 테스트하거나 시험적으로 하기는 제3장에서 이미 설명하였으며, 역할극을 보완하는 데 상당한 도움이 될 것이다.

역할극 계획 서식

역할극 개관

역할극 명칭:

역할극 유형:

요약:

목적:

수업 규모:

그룹 규모:

소요 시간:

자료:

장소 세팅:

역할극하기

A. 준비하기

1.

2.

3.

4. 활동을 위한 기본 지침을 쓰시오.

• 목적:

•

•

•

5. 다음의 보고용 질문이 기록된 이동식 차트를 활동을 보고할 장소에 두시오.

• 무슨 일이 일어났는가?

• 느낌이 어떠한가?

• 무엇을 배웠는가?

• 배운 것을 어떻게 적용할 것인가?

B. 소개하기

  1. 지침 목록 앞에 서서 이 활동의 목적과 이 활동을 통해 참가자가 얻게 될 이점을 설명하시오.

  2.

  3.

  4.

C. 관리하기

  1.

  2.

  3.

D. 보고하기

  1.

  2. 다음의 질문으로 활동을 보고하시오.

    • 무슨 일이 있었는가?

    • 느낌이 어떠한가?

    • 무엇을 배웠는가?

    • 배운 것을 어떻게 적용할 것인가?

역할극을 실시하라

역할극이 시작되면, 계획했던 대로 과정을 진행하라. 역할극을 실시하기 전에 공간을 배치하고, 자료와 장비를 모아 정리하고, 필요하다면 이동식 차트에 지침과 보고용 질문을 기록하도록 하라. 무대 세팅을 하고 지침을 꼼꼼히 살핀 후 역할극을 시작하라. 역할극에 포함된 과정을 짧게 시범을 보이고 나서 그룹별로 활동을 시작하게 하라.

참가자가 활동을 하는 동안 상담가는 과정을 살피고 필요한 경우, 돕고 안내하도록 하라. 문제가 있는 경우, 해당 소그룹에 들어가 그 문제를 언급하되, 좀 더 폭넓은 문제라면 타임아웃을 외치고 문제를 언급하고 나서 다시 역할극으로 돌아가게 하라. 시간이 되면 활동을 끝내고 보고를 하면 된다.

어느 때건 새로운 학습활동을 시도하고 기록을 하고 자료에 대한 조언을 기록하면 좋다. 이러한 과정에서 수정하고, 변경하고, 개선하고 싶은 부분이 많을 것이다. 필자처럼 당신도 당신이 실제로 하는 것보다 더 많은 것을 기억할 것이라고 생각하기 쉽다. 그렇기 때문에 역할극을 할 때마다 꼼꼼히 기록하고 역할극 활동을 다듬어 나가도록 해야 한다. 흥미 요소를 눈여겨보고, 항상 즐거운 요소를 첨가하도록 하라. 이렇게 2~3회 실시하고 나면, 잘 조율되고 쉽게 전달되면서도 상당히 만족스러운 학습활동을 하게 될 것이다. 그러면 곧 다른 역할극을 계획할 수 있다.

°유용한 양식

이 장에서는 앞으로 여러분이 계획하고 실시할 모든 역할극에 유용하게 쓰일 양식과 유인물을 제시하였다. 처음 6가지 양식, 즉 학습 목표 결정하기, 목적 진술 작성하기, 역할극 유형 선택하기, 역할극 대강 요약하기, 역할극 세부 항목 결정을 위한 체크리스트 및 역할극 계획 서식은 제10장에서 다루었던 것으로, 여러분은 이 양식을 역할극을 계획하는 데 사용할 수 있을 것이다.

다음으로 여러분이 많은 역할극에서 복사하여 사용하게 될 3가지 기본 유인물, 즉 상황 개발 양식, 일반적 피드백 양식 및 비언어적 피드백 양식을 모델로 사용할 수도 있고, 이것을 수정하고 보완하여 여러분의 특정 프로그램 내용과 계획에 필요한 대로 응용할 수도 있다.

자신만의 역할극 활동을 계획하기 시작하면, 확신컨대 여러분도 여러분 나름의 양식, 체크리스트 및 다양한 도구와 기획 장치를 사용할 수 있게 될 것이다. 그리고 시간이 지나면서 효과적인 역할극을 계획하고 실시하는 과정이 자연스러워지고 효과적인 학습활동을 창조하는 일이 매우 보람 있는 작업이라는 사실을 알게 될 것이다.

재미있게 만들어 가기를 바라며 행운을 빈다!

계획 양식

여기서는 다음의 양식이 제시된다.

- 학습 목표 결정하기
- 목적 진술 작성하기
- 역할극 유형 선택하기
- 역할극 대강 요약하기
- 역할극 세부 항목 결정을 위한 체크리스트
- 역할극 계획 서식

당신의 역할극에서 이루고자 하는 것에 초점을 맞추는 데 도움이 되도록 다음의 목록을 사용하시오. 이 역할극에 참여한 참가자가 원하는 것에 대해 생각해 보고, 다음 중 해당하는 것에 체크하시오.

_____ 워밍업을 하여 서로를 알게 하라.

_____ 필요한 자료에 대해 배우게 하라.

_____ 특정한 행동을 시도하라.

_____ 정보와 경험을 나누라.

_____ 불안감을 토의하고 드러내도록 하라.

_____ 특정한 문구를 사용하여 시연하라.

_____ 특정 행동을 사용하여 연습하라.

_____ 특정 회사에서 요구하는 행동을 실행하라.

_____ 특정한 행동 패턴을 연습하라.

_____ 특정 안내 지침을 따르라.

_____ 특정 모델을 사용하여 연습하라.

_____ 특정 문제 상황을 다루는 기술을 형성하라.

_____ 까다로운 사람을 다루는 연습을 하라.

_____ 예상하지 못한 상황을 다루는 기술을 형성하라.

_____ 어떤 모델이나 안내 지침을 자동적으로 적용하는 능력을 테스트하라.

_____ 특정 행동을 자동적으로 사용하는 능력을 테스트하라.

목적 진술 작성하기

일단 역할극을 위한 학습 목표에 대한 분명한 생각을 갖게 되면, 명확하고 간결한 행동 목적을 진술하도록 하라. 이 진술은 역할극 계획을 소개하는 것으로 참가자가 무엇을 해야 할지 정확하게 기술해야 한다. 다음은 목적 진술이 잘된 예다.

- 참가자는 고객 인사 행동을 사용하여 시연하게 된다.
- 참가자는 행동 변화 요청 모델을 사용하여 연습하게 된다.
- 참가자는 까다로운 사람을 다루는 기술을 형성하기 위해 녹화된 비디오테이프 피드백을 사용하게 된다.
- 참가자는 회의를 비효율적이게끔 하는 태도와 행동을 표현하고 이러한 태도와 행동의 결과를 경험하게 된다.

- 역할극 활동을 위한 행동 목적을 진술하시오:

역할극 유형 선택하기

다음에는 역할극 학습활동의 5가지 유형/범주가 제시되어 있다. 자신의 목적 진술을 기억하면서 당신의 역할극에서 성취하고자 하는 것과 가장 잘 맞는 범주를 찾도록 하라.

- 워밍업(warm-up) 워밍업은 짧고 간단한 역할극 활동으로 보다 어렵고 복잡한 역할극을 시도하는 준비 단계라고 할 수 있다. 워밍업은 참가자 간에 서로에 대해서 알게 하고, 수업 내용과 특정 행동에 익숙해지도록 하기 위해 사용된다. 참가자는 워밍업 역할극을 통해 서로 사귀고 부대끼면서 이 과정에 대한 각자의 기대 등을 공유할 수 있다.

- 행동시연(behavior rehearsal) 행동시연은 기준이나 지정 어구 혹은 특정 행동을 반복적으로 사용하는 역할극이다. 행동시연은 특정 기업에서 요구되는 행동을 연습하거나 학습자가 특정 행동 패턴을 일상에서 사용하도록 조건을 형성하기 위해 사용된다. 예를 들어, 고객 서비스 부서의 참가자는 '특별 고객 사은행사' 역할극을 통해 고객에게 자기소개를 하는 행동시연을 사용할 수 있다.

- 적용 활동(application activity) 적용 활동에서 참가자는 특정 형식이나 지침에 편안해지거나 익숙해지도록 특별한 형식을 사용하거나 주어진 지침을 따르는 연습을 한다. 예를 들면, 지도·감독 기술 시간에 학습자의 행동 변화를 촉진하는 데 사용될 수 있다.

- 문제 중심, 사람 중심 역할극(problem-and people-focused role play) 문제 중심, 사람 중심 역할극은 참가자가 특수한 문제 상황을 다루거나 유달리 까다로운 사람을 다루는 기술을 형성하는 소그룹 활동이다. 참가자가 불만족스러워 하는 고객이나 부정적인 사람을 다루는 연습을 하는 활동이 문제 중심, 사람 중심 역할극의 좋은 예가 될 것이다.

- 즉흥 역할극(impromptu role play) 즉흥 역할극은 주로 참가자가 역할극을 준비할 시간이 거의 없는, 완전히 구조화되지 않은 역할극을 말한다. 이 즉흥 역할극은 종종 예상하지 못했던 상황을 빠르고 효과적으로 다루는 기술을 형성하거나 어떤 형식이나 지침을 자동적으로 적용하는 학습자의 능력을 테스트할 때 사용된다. 또한 이것은 매번 비효율적이거나 나쁜 습관에 대한 토론을 시작할 때 최고의 방법이기도 하다. 예를 들어, 업무 향상을 위한 모임에 관한 수업 활동을 시작할 때, 형편없는 회의에 대한 즉흥 역할극은 많은 회의에서 발견되는 일반적인 문제를 이끌어 내는 데 흥미로운 방법이 될 수 있다.

- 당신이 계획하고 있는 역할극 유형은 어떤 것인가?

역할극 대강 요약하기

역할극 활동 범주를 선택한 후에는 활동 범주 내에서 학습 목표에 부합하도록 계획되고 개발될 다른 몇 가지 방법을 상상해 보도록 하라. 당신이 하고자 하는 활동에 대한 아이디어가 있으면, 그 활동에서 예상되는 상황을 대략적으로 요약해 보는 것이 많은 도움이 된다. 다음에 몇 가지 예가 있다.

- 워밍업 역할극에서 참가자는 복역 중인 죄수, 쉬고 즐기려고 이곳에 온 유람객, 배우기 위해 이곳에 온 학습자 가운데 하나의 역할을 연기함으로써 서로 상호작용하게 된다.
- 적절한 인사 행동에 관한 행동시연에서 참가자는 둥글게 서서 돌아가면서 다른 모든 참가자와 차례로 인사하게 된다.
- 적용 활동에서 참가자는 행동 향상 상황카드를 뽑고, 그 카드에 명시된 상황에 대응하는 모델을 사용하여 빠르게 역할극을 함으로써, 행동 변화를 요청하는 모델의 사용을 연습하게 된다.
- 소그룹 사람 중심 역할극에서 참가자는 까다로운 사람을 다루는 3가지 난이도의 역할극을 단계적으로 연습하면서 돌아가면서 녹화를 하게 된다.
- 황당한 회의에 대한 즉흥 역할극에서 참가자는 성공적인 회의를 방해하는 비효과적인 행동을 연기하는 역할을 하고, 모든 참가자가 그러한 행동이 야기하는 문제를 경험하게 된다.

- 이제 자신의 역할극에서 연기할 상황에 대해 대략적으로 요약해 보라. 다양한 아이디어가 있다면, 2~3개로 대략적인 요약을 하고 나서 가장 적절해 보이는 것 하나를 선택하라.

역할극 세부 항목 결정을 위한 체크리스트

A. 예비 활동을 할 것인가?

_____ 워밍업을 할 것인가?

_____ 활동 시범을 보일 것인가?

B. 어떤 유형으로 그룹화하고 몇 명씩 할 것인가?

_____ 반 전체를 한 그룹으로

_____ 반 전체를 두 그룹으로

_____ 소그룹 _____

_____ 소그룹이라면 어떻게 나눌 것인가?

C. 몇 회기로 하고 연기는 몇 번 할 것인가?

_____ 하나의 상황을 각 참가자가 1회기씩 1번 연기하기

_____ 연기를 한 후 피드백을 하고 하나의 상황을 각 참가자가 1회기씩 2번 연기하기

_____ 단계적으로 점차 난이도를 높여 각 참가자가 하나의 상황으로 1회기씩 2~3번 연기하기

_____ 2회기로 하고 회기마다 다른 상황을 각 참가자가 연기하기

_____ 기타: _____

D. 참가자가 어떤 역할/부분을 할 것인가?

_____ 첫 시연자, 배우, 관찰자

_____ 첫 시연자, 배우, 관찰자, 녹화 기록원

_____ 코치

_____ 시간 기록원

_____ 기타: _____

E. 어떤 형태의 상황을 사용할 것인가?

_____ 참가자가 해당 강의에서 목록을 만든다.

_____ 상황 개발 목록을 사용한다.

_____ 상담가가 수업 전에 상황 목록을 준비한다.

_____ 기타: _____

F. 시간 사용은 어떻게 할 것인가?

_____ 개별 역할극을 하는 데 얼마나 걸릴 것인가?

_____ 역할극 후에 토의나 보고 시간이 있는가?

_____ 회기마다 개별 역할극을 몇 개나 할 것인가?

_____ 회기 후에 토의나 보고 시간이 있는가?

_____ 몇 회기를 할 것인가?

_____ 전체 그룹 최종 보고는 얼마나 걸릴 것인가?

_____ 전체 활동은 얼마나 걸릴 것인가?

G. 어떤 유형의 피드백을 사용할 것인가?

_____ 구두 피드백

_____ 서면 형태의 피드백

_____ 녹화된 비디오테이프 피드백

_____ 조합:_____

H. 재미있게 하는 것을 잊지 말라!

_____ 하나의 테마나 주제를 사용하라.

_____ 소품, 의상, 무대장치를 사용하라.

_____ 경쟁을 사용하라.

_____ 상을 수여하라.

_____ 보상이나 인센티브를 사용하라.

I. 어떤 형태의 장소 세팅이 필요한가?

_____ 휴게실을 사용하라.

_____ 강의실에서 분리된 역할극 공간을 사용하라.

_____ 지정된 강의실에서 역할극 공간을 배치하라.

_____ 지정된 교탁과 의자를 배치하라.

J. 어떤 자료를 개발하거나 수집해야 하는가?

_____ 정보 유인물, 자료

_____ 상황 목록

_____ 상황 개발 양식

_____ 피드백 양식

_____ 캠코더와 비디오테이프

_____ 재생 장치

_____ 벽보, 신호, 이동식 차트

_____ 지침 목록

_____ 피드백 질문 목록

_____ 소품 또는 의상

_____ 상품

_____ 기타: _____

K. 역할극 동안 상담가는 무엇을 할 것인가?

_____ 시간 기록원

_____ 관찰자

_____ 순회 코치

_____ 기타: _____

역할극 계획 서식

역할극 개관

역할극 명칭:

역할극 유형:

요약:

목적:

수업 규모:

그룹 규모:

소요 시간:

자료:

장소 세팅:

역할극하기

A. 준비하기

1.

2.

3.

4. 활동을 위한 기본 지침을 쓰시오.

• 목적:

•

•

•

5. 다음의 보고용 질문이 기록된 이동식 차트를 활동을 보고할 장소에 두시오.

• 무슨 일이 일어났는가?

- 느낌이 어떠한가?

- 무엇을 배웠는가?

- 배운 것을 어떻게 적용할 것인가?

B. 소개하기

   1. 지침 목록 앞에 서서 이 활동의 목적과 이 활동을 통해 참가자가 얻게 될 이점을 설
      명하시오.

   2.

   3.

   4.

C. 관리하기

   1.

   2.

   3.

D. 보고하기

   1.

   2. 다음의 질문으로 활동을 보고하시오.

      - 무슨 일이 있었는가?

      - 느낌이 어떠한가?

      - 무엇을 배웠는가?

      - 배운 것을 어떻게 적용할 것인가?

🍪 일반적인 역할극 유인물

여기서는 '상황 개발 양식', '일반적 피드백 양식', '비언어적 피드백 양식' 이 제시된다.

상황 개발 양식

1. 두세 문장으로 당신이 할 역할극 상황을 기술하라:

2. 이 상황을 어렵게 만드는 요인이 있는가?

3. 이 역할극에서 참가자의 역할을 기술하고 상담가가 원하는 참가자의 역할을 상세히 기술하라:

4. 이 역할극에서 당신은 어떤 행동에 초점을 두고 있는가? 당신이 말하거나 하고자 하는 바는 무엇인가?

5. 이 역할극을 성공적으로 이끌기 위해 어떤 점을 고려할 것인가?

일반적 피드백 양식

다음의 척도를 사용하여 역할극에서 첫시연자를 평가하시오.

⓪ 아주 형편없음　① 형편없음　② 보통　③ 좋음　④ 아주 좋음　⑤ 훌륭함

1. 모델, 안내 지침, 계획을 따랐다.	0	1	2	3	4	5
2. 메시지가 분명하고 이해가 잘되었다.	0	1	2	3	4	5
3. 메시지가 짧고 핵심이 분명했다.	0	1	2	3	4	5
4. 목적이나 원하는 것이 분명했다.	0	1	2	3	4	5
5. 비난조이거나 비판적이지 않았다.	0	1	2	3	4	5
6. 분명하고 확신에 찬 목소리로 말했다.	0	1	2	3	4	5
7. 다른 사람의 이름을 사용했다.	0	1	2	3	4	5
8. 눈 맞춤을 지속적으로 잘했다.	0	1	2	3	4	5
9. 몸동작이 적절했다.	0	1	2	3	4	5
10. 자연스럽고 효과적인 제스처를 사용했다.	0	1	2	3	4	5

• 그 밖의 조언:

비언어적 피드백 양식

다음의 척도를 사용하여 발표할 때 비언어적 측면을 평가하시오.

⓪ 아주 형편없음 ① 형편없음 ② 보통 ③ 좋음 ④ 아주 좋음 ⑤ 훌륭함

1. 분명하고 확신에 찬 어조로 말했다.	0	1	2	3	4	5
2. 긍정적이고 설득력 있는 어조였다.	0	1	2	3	4	5
3. 눈 맞춤을 지속적으로 잘했다.	0	1	2	3	4	5
4. 편안하고 유쾌한 얼굴 표정이었다.	0	1	2	3	4	5
5. 몸동작이 적절했다.	0	1	2	3	4	5
6. 침착하면서 효과적인 제스처를 사용했다.	0	1	2	3	4	5
7. 효과적인 영상물을 사용했다.	0	1	2	3	4	5

• 그 밖의 조언:

Blatner, A. (1988). *The art of play.* Malabar, Fla.: Krieger.

Buckner, M. (1999). *Simulation and role play.* Alexandria, Va.: American Society of Training and Development.

Dunning, D. (2002). *Introduction to type and communication.* Palo Alto, Calif: Davies-Black.

Ellis, A. (1975). *A guide to rational living.* North Hollywood, Calif.: Wilshire Book Company.

Galbraith, M., & Zelenak, B. (1991). "Applying Psychodramatic Methods to Education" In M. Galbraith (Ed.), *Facilitating adult learning: A transactional process.* New York: Human Sciences Press.

Knowles, M. (1998). *The adult learner.* Houston: Gulf Publishing.

Stibbard, J. (1998). *Training games-from the inside.* Sydney, Australia: Business and Professional Publishing.

Thiagarajan, S. (1999). "How to Design and Guide Debriefing" In E. Biech (Ed.), *The annual, volume 1, 1999 training.* San Francisco: Jossey-Bass Pfeiffer.

찾 아 보 기

저 자 소 개

_ 수잔 엘 샤미(Susan El-Shamy)

그녀는 학부에서 신문방송학을 전공하고, 영어학으로 석사학위를 마친 뒤, 상담과 지도로 교육학 박사학위를 받았다. 엘 샤미는 미국의 인디애나대학교(Indiana University)와 이집트의 아메리칸대학교(American University)에서 부학장을 역임하면서 대학에서 발군의 능력으로 일하고 있다. 또한 미국 인디애나주 블루밍턴에 있는 훈련 및 개발 지원 회사인 진보기획의 사장으로서 훈련 상품과 프로그램을 활발하게 연구하고, 계획하며, 강의하고 있다. 최근 20년 동안 그녀는 벌리츠(Berlitz), 코닝(Corning), 모토로라(Motorola), 푸르덴셜(Prudential), 퀘스트 다이아그노스틱스(Quest Diagnostics), 톰슨 소비자 전기(Thomson Consumer Electronics) 등을 포함한 다양한 굴지의 회사에서 국내외적으로 훈련 프로그램을 강연하고 있다. 그녀는 인디애나대학교 경영학부의 강사이자 정부급 인재 양성 회의의 연설가로도 활약 중이다.

엘 샤미의 저서로는『신세대를 위한 발표법(How to Design and Deliver Training for the New and Emerging Generations)』(Pfeiffer, 2004), 『초보자를 위한 역동적 교수법: 게임, 활동 및 오리엔테이션 지도(Dynamic Induction: Games, Activities, and Ideas to Revitalize Your Employee Orientation Process)』(Gower Publications, 2003) 등이 있다.

역자소개

_ 이호선

연세대학교 대학원 상담학 박사(Ph. D.)

현 서울가정법원 상담위원

  Dr. Lee 상담센터장

  한국노인상담연구소장

  KBS TV/Radio, CBS TV/Radio 패널

  서울시립대학교, 경희대학교, 국민대학교 등 출강

전 연세대학교 연합신학대학원 겸임교수

저서   노인상담(학지사, 2005)

     세계의 노인교육(학지사, 2006)

     노인상담론(도서출판 공동체, 2006)

     성격과 심리(Bluesword, 2008)

     노인 성상담(시그마프레스, 2008)

논문   노년기 부부 성 갈등 유형의 상호 학문 간 연구(박사학위논문, 2004)

     유배우자 여성 노인의 성 갈등 유형에 관한 논문(한국노년학, 2004)

     유배우자 남성 노인의 성 갈등 유형(한국노년학연구, 2004)

     중년 여성의 성(대한남성과학회, 2007)

     교회 내 노인인적자원 활용사례 연구(신학논단, 2008)

쉽게 배우는 **역할극**
ROLE PLAY MADE EASY

2009년 3월   5일 1판 1쇄 인쇄
2009년 3월 10일 1판 1쇄 발행

지은이 • Susan El-Shamy
옮긴이 • 이호선
펴낸이 • 김진환
펴낸곳 • **(주) 학지사**
121-837 서울특별시 마포구 서교동 352-29 마인드월드빌딩 5층
대표전화 • 02)330-5114/팩스 02)324-2345
홈페이지 • http://www.hakjisa.co.kr
등록 • 제313-2006-000265호

ISBN 978-89-6330-043-6 93180

정가 15,000원